Ute Ehrhardt
**Gute Mädchen
kommen in den Himmel,
böse überall hin**

Ute Ehrhardt

**Gute Mädchen
kommen in den Himmel,
böse überall hin**
Warum Bravsein
uns nicht weiterbringt

Wolfgang Krüger Verlag

7. Auflage: 51.-60. Tausend
© 1994 S. Fischer Verlag GmbH, Frankfurt am Main
Umschlaggestaltung: Buchholz/Hinsch/Hensinger
Gesamtherstellung: Wagner GmbH, Nördlingen
Printed in Germany 1994
ISBN 3-8105-0515-3

Ich kenne keinen sicheren Weg
zum Erfolg, nur einen zum
sicheren Mißerfolg – es jedem
recht machen zu wollen
                    Plato

Inhalt

Brav von der Wiege bis zur Bahre 11

Der große Betrug 23
Alltägliche Denkfallen 23
  Faule Ausreden 23
  Wissen Frauen nicht, was sie wollen? 24
  Sind Frauen nur sanft? 27
  Sind Frauen wirklich schwach? 33
  Müssen Frauen immer schön sein? 35
  Sind starke Frauen zwangsläufig einsam? 37
  Müssen Frauen Mütter sein? 38
  Brauchen Frauen einen Mann? 40
Berufliche Denkfallen 47
  »Hilfsbereitschaft wird belohnt.« 47
  »Ich muß tun, was von mir erwartet wird.« 51
Die Angst vor der Macht 56
  Macht macht einsam!? 57
  Macht heißt Ausbeutung!? 64
  Macht verdirbt den Charakter!? 65
  Hohe Tiere beißen!? 67
  Frauen ziehen die Fäden im Hintergrund!? 68
  Risiken müssen vermieden werden!? 74
  Macht macht unbeliebt!? 75
  Wer sich erniedrigt, der wird erhöht!? 78
  Frauen müssen auch als Vorgesetzte dienen!? . . 80
Strategien 82
  Entdecken Sie Ihren Wert! 82

Erkennen Sie Ihre Leistungen an! 84
Achten Sie auf Ihre Bedürfnisse! 84
Geben Sie Aufgaben ab! 85
Sagen Sie NEIN! 89
Sich selbst erfüllende Prophezeiung 91
Erlernte Hilflosigkeit 97
So bin ich, und so muß ich bleiben 100
Das ohnmächtige Lächeln 110
Die Körpersprache der Unterwerfung 110
Die Sprache der Unterwerfung 123

Immer nur lächeln 132
Verraten wir Frauen uns mit unserem
Lächeln? 132
Die Mona-Lisa-Mentalität 138
Die Beziehungsfallen 151
Die Verständnisfalle 151
Die Helferinnenfalle 159
Die Opferfalle 164
Die Bescheidenheitsfalle 169
Die Mitleidsfalle 174
Die zahme Frau 177
Unbewußte Selbstsabotage 183
Der kurzfristige Nutzen der Unterwer-
fung 184
Der lange Weg der Selbstfesselung 185
Frühe Wurzeln 187
Der trügerische Nutzen von Vorurteilen 196
Formen der Unterwerfung 197
Frauen machen sich selbst abhängig 199
Der weibliche Verzicht 202
Verzicht auf Widerspruch 203
Verzicht auf Intellektualität 204
Verzicht auf Selbstbehauptung 206
Verzicht auf eigene Normen 207

Verzicht auf wirtschaftliche Unabhängigkeit 209
Verzicht auf Ausbildung 209
Verzicht auf beruflichen Erfolg 211

Böse Mädchen kommen überall hin 217

Anmerkungen 222

Brav von der Wiege
bis zur Bahre

Frauen sind das brave Geschlecht. Freundlich, nachgiebig, bescheiden und großzügig. Das wird erwartet, entspricht aber auch dem Bild, das jede Frau in sich trägt.
Bravsein soll der Schlüssel zum Erfolg sein, doch das Gegenteil ist richtig.
Heute wollen Frauen nicht mehr nur brav sein. Ihr Selbstverständnis verschiebt sich. Doch die Neue Frau steckt noch voller Widersprüche. Sie setzt sich durch, aber oft mit schlechtem Gewissen. Äußerlich bleibt sie ruhig, doch innerlich tobt ein Konflikt: Auf der einen Seite will auch die Neue Frau von allen gemocht werden und müht sich ab, es allen recht zu machen. Auf der anderen Seite weiß sie, daß sie sich damit in Abhängigkeiten verstrickt. Sie will sich durchsetzen, aber sie will niemanden verletzen; sie will ihr Ziel erreichen, aber sie will niemanden überrollen; sie will kritisch sein, aber sie will niemanden schlechtmachen; sie will ihre Meinung sagen und andere überzeugen, aber sie will nicht manipulieren; sie will selbstsicher sein, aber andere nicht ängstigen.
Doch die versteckten Selbstzweifel dringen an die Oberfläche. Sie werden schemenhaft sichtbar in feinen Nuancen der Körpersprache. Ein leicht geneigter Kopf, kaum spürbar fragender Blick, ein kurzes unsicheres Lächeln signalisieren: »Im Grunde bin ich mir gar nicht so sicher.« Eine scheinbar unbedeutende, flüchtige Geste wird zur Aufforderung: »Stimme mich doch um.« Oder: »Mein Widerstand ist halbherzig.«
Frauen können sich leicht in die Situation anderer verset-

zen. Sie verstehen, wie und warum jemand eine bestimmte Meinung hat. Sie fühlen mit. Dadurch fällt es ihnen schwer, ihre Wünsche durchzusetzen oder ihre Meinung aufrechtzuerhalten.

Betrachten wir das Rollenbild »Frau« in gängigen Fernsehserien, so finden wir eine perfekte, letztlich aber nachgiebige Alleskönnerin. Mit einem Lächeln meistert sie Haushalt, Beruf, Kinder und die Verpflichtungen einer Ehefrau. Aufopfernd unterstützt sie die Karriere ihres Mannes. Sie ist schön, fit, gepflegt, voll Energie. Sie ist rücksichtsvoll, nachgiebig und hilfsbereit. Sie opfert sich auf und erwartet keine Dankbarkeit. In untergeordneter Position erlebt sie gewisse berufliche Erfolge.

Frauen leiden häufiger unter Ängsten und Depressionen als Männer. Sie glauben mehr leisten zu müssen als Männer, um die gleiche Anerkennung zu erhalten. Und die Erfahrung gibt ihnen recht. Frauen strengen sich an, perfekter, fleißiger, kompromißbereiter, hilfsbereiter und kollegialer zu sein als ihre männlichen Kollegen. Doch sie erzielen eher bescheidene Ergebnisse. Sie leisten in der Tat oft mehr als ihre männlichen Kollegen, aber sie werden nicht entsprechend entlohnt und befördert. Sie selbst erkennen ihre Leistungen am wenigsten an.

Das alte Sprichwort klingt nach: Ohne Fleiß kein Preis. Und so strampeln Frauen sich ab und leisten viel. Leider oft an der falschen Stelle. Sie leisten die Zuarbeiten, helfen anderen und glauben so, Pluspunkte auf dem Weg nach oben zu sammeln. Sie halten ihren männlichen Kollegen oder ihren Ehemännern den Rücken frei, und die stürzen sich dann gezielt auf erfolgversprechendere Arbeiten. Die Helferinnen bleiben auf der Strecke. Nur Frauen, die geschicktere Strategien nutzen, schaffen es bis an die Spitze. Für andere zu arbeiten, ist eine schlechte Strategie. Ebenso schlecht wie Bescheidenheit. Viele Frauen verstecken ihre guten Leistungen, sie wollen nicht prahlen. Sie warten darauf, entdeckt zu

werden, und sie werden bestenfalls zickig, wahrscheinlich aber depressiv, ausgebrannt oder alkoholkrank, wenn niemand ihre Fähigkeiten anerkennt.
»Frauen sind zum Dienen geboren«, postuliert ein Abteilungsleiter. Er ist der Meinung, daß Frauen besser im Dienstleistungsbereich arbeiten, sich dort, im Kleinen, auch selbständig machen können. »Dienen« liege in ihrer Natur. – Und mit ihrem Verhalten geben ihm viele Frauen indirekt recht. Sie tun genau das, was von ihnen erwartet wird. Sie brechen nicht aus. Sie verzichten darauf, ihre guten Ideen durchzusetzen. Durch Liebsein und Stillhalten glauben Frauen zu gewinnen, im Beruf und im Privatleben. Sie hoffen, einen Mann an sich zu binden, indem sie verständnisvoll und nachgiebig schweigen; ihm Unbequemes aus der Hand nehmen. Sie hoffen auf Lob und Zuneigung für Hilfsbereitschaft und Frondienste. Nettsein halten sie für die *einzige* Erfolgsstrategie, daran zweifeln sie nicht. Sie setzen auch noch auf das Vorbild ihrer Mütter, wenn die Erfahrung sie längst gelehrt hat, daß die frechen, die aufmüpfigen, die dreisten Frauen weiterkommen. Nie die braven und selten die besten!
Frauen haben oft einen unrealistisch hohen Anspruch an die eigene Leistungsfähigkeit und Belastbarkeit. Erfolge, die mit einer gewissen Leichtigkeit erreicht werden, haben für viele Frauen keinen Wert. Sie strengen sich ungeheuer an und erreichen viel. Sind sie am Ziel, geschieht etwas Fatales. Sie glauben, daß ihr Erfolg nicht das Resultat ihrer Anstrengung ist. Sie glauben, daß ihre Fähigkeiten und ihre Leistungen allein nicht ausreichen, um gute Ergebnisse zu erzielen. Ist ihnen etwas gelungen, so schreiben sie es äußeren Umständen, Glück und Zufällen zu. Erreichen sie ihre Zielvorgabe nicht, bestätigt das ihre latente Selbsteinschätzung: Sie sind eben nicht gut genug. Andere hätten es sicher besser gemacht. Sie sind verärgert über sich selbst, ziehen sich zurück und entwickeln Angst vor Herausforderungen.

Anpassung – eine folgenschwere Strategie

Frauen wollen nicht auffallen, sie passen sich lieber bis zur Unkenntlichkeit an. Sie unterliegen dem Irrtum, daß sie, derart getarnt, ihre Ziele erreichen könnten. Sich bloß nicht sichtbar machen, ist das Motto.

Sie bemühen sich, unauffällige, brave Mädchen zu bleiben und können es nicht fassen, wenn niemand ihnen ihre Zurückhaltung dankt.

Frauen müssen lernen, Dankbarkeit nicht heimlich zu erhoffen, sondern Gegenleistungen zu fordern. Sie opfern sich auf und glauben, daß andere damit in ihrer Schuld stehen, die irgendwann auch zurückgezahlt wird. Das passiert normalerweise nicht. Frauen müssen begreifen, daß sie entweder jemandem einen Gefallen tun, ihm etwas schenken wollen – ohne Gegenleistungen zu erhoffen. Oder aber, daß sie etwas tun, weil sie Dankbarkeit, Anerkennung oder Gegenleistungen erwarten. Das muß vorher aber klar ausgesprochen werden. Dann hat der andere das Recht und die Chance abzulehnen, und jeder weiß woran er ist.

Der größte Stolperstein, den Frauen überwinden müssen, ist der, daß sie unbedingt gemocht werden wollen. Dafür verzichten sie auf Selbstbestimmung, Unabhängigkeit und Macht. Statt sich selbst »zu finden«, entfernen sie sich immer weiter von sich selbst. Zeigt ihnen jemand, daß er sie mag, dann glauben sie es oft nicht. Sie erwarten nicht wirklich, daß sie respektiert werden, und das wird solange so bleiben, wie Frauen sich stärker am Denken anderer orientieren als an ihren eigenen Wünschen und Ideen.

Wenn Sie aus diesem Denken aussteigen wollen, fangen Sie jetzt an. Nennen Sie drei Gründe, warum Sie sich selbst mögen! Lassen Sie nur solche Gründe gelten, aus denen Sie Nutzen ziehen!

Frauen, die im Einklang mit sich selbst stehen, haben eine Balance gefunden zwischen ihren Ansprüchen und den Anforderungen ihrer Umgebung. Sie probieren aus, sie sind

risikofreudig. Sie wissen, Risiko heißt gewinnen und verlieren können. Und sie wollen gewinnen. Sie konzentrieren sich auf ihren Weg, ohne hypnotisiert zu sein von dem Gedanken, was andere von ihnen halten. Wichtig ist, daß sie an ihre Fähigkeiten, ihre Kompetenz und ihre zielgerichtete Tüchtigkeit glauben. Die Konsequenzen sind weder Biestigkeit noch Rücksichtslosigkeit, sondern Mut, größere Unabhängigkeit und mehr Lebenslust. Frauen, die sich entschlossen haben, etwas zu wagen, haben keine Angst vor einer Niederlage. Sie wissen, daß eine Fußballmannschaft, die ein Spiel drei zu zwei gewonnen hat, auch zwei Tore eingesteckt hat. Sie lassen sich durch eine Ablehnung oder einen Fehlschlag nicht den Wind aus den Segeln nehmen. Sie nehmen ein »Nein« nicht persönlich. Wenn ihnen etwas mißlingt, suchen sie die Gründe in der Sache, nicht in ihrer Person.
Quälen Sie sich nicht mit der Vorstellung, daß irgend jemand etwas gegen Sie hat. Zermartern Sie sich nicht den Kopf darüber, was mit Ihnen nicht in Ordnung ist, sondern *denken Sie in kreativen Lösungen.*
Leider schaffen nur wenige Frauen diesen Schritt in die Unabhängigkeit. Die meisten Frauen bleiben in alten Mustern verhaftet. Scheinbar wollen sie lieber brave Mädchen sein als lebenslustige. Wieso dieser Verzicht auf Ausflüge ins Verbotene? Warum fällt es vielen Frauen schwer, etwas vermeintlich Böses zu tun? Woran liegt es, daß Frauen etwas als böse empfinden, was für die meisten Männer ganz normal ist?
Die Angst vor Bestrafung schon von Übermut, von kleinen Regelverletzungen sitzt uns im Nacken. Was werden die anderen von uns denken? Wie werden sie sich verhalten? Werden sie ein böses Mädchen noch gern haben?
Frauen werden durch ihr Bravsein geknebelt. Stumm verzichten sie auf vieles, was Spaß macht. Selten erreichen sie, was sie sich wirklich wünschen. Die Grundsteine für diesen Verzicht liegen weit zurück. Schon die Art, wie ein Kind

gestillt wird, hat Einfluß auf sein späteres Verhalten, und gestillt werden Mädchen und Jungen deutlich verschieden. Wie aus Kindern Mädchen und Jungen werden, ist schwer nachzuvollziehen. Doch nur in diesem Zusammenhang wird deutlich, wie weibliche Hilflosigkeit und Überanpassung entstehen und was sie so zäh an Frauen kleben läßt.

In den letzten 15 Jahren wurden zwei psychologische Erklärungsmodelle entworfen bzw. verfeinert, die veranschaulichen, wie Selbstbeschneidung entsteht und aufrechterhalten wird. Sie zeigen, wie Frauen in ihre scheinbar festgefahrenen Lebenssituationen geraten und was es so schwermacht, aus diesen selbstschädigenden Systemen auszusteigen.

Die *Erlernte Hilflosigkeit* ist das zentrale Konzept für das Verständnis von weiblichen Lebenskonflikten. Viele alltägliche Probleme lassen sich als Hilflosigkeit beschreiben. Frauen verhalten sich hilflos, wenn sie einen Reifen plattgefahren haben und glauben, ihn nicht wechseln zu können. Auch Frauen, die von gewalttätigen Ehemännern geschlagen werden und sich nicht zutrauen, diese zu verlassen, verhalten sich hilflos. Martin Seligman, einer der Väter des Konzepts der Erlernten Hilflosigkeit, behauptet, daß auch dramatische seelische Beeinträchtigungen wie Depressionen oder Angstzustände als Hilflosigkeitsreaktionen zu erklären sind. Eine Vielzahl unterschiedlicher Erfahrungen kann zu der Erwartung führen: »Ich kann mir nicht selbst helfen!« Hier nehmen Angst und Depression ihren Anfang. Menschen reagieren hilflos nur, weil sie *glauben*, einer Situation oder Lebenskonstellation nicht gewachsen zu sein. Dabei ist nicht die Wirklichkeit ausschlaggebend, sondern die eigene Einschätzung, die auf der Überzeugung beruht, daß man selbst keinen Einfluß auf einen positiven Ausgang einer Situation hat. Die Folge: Menschen werden handlungsunfähig.

Hilflosigkeit ist eine erlernte Überzeugung, sie ist niemals zwangsläufig.

Das Konzept der *sich selbst erfüllenden Prophezeiung*[1] besagt: Ein Ereignis tritt deswegen ein, weil eine entsprechende Erwartung bestanden hat. Die exakte Definition von SEP (sich selbst erfüllende Prophezeiung, self-fulfilling prophecy) müßte lauten: **Wenn ich eine Erwartung über zukünftige Geschehnisse entwickle, wird die Wahrscheinlichkeit größer, daß ich mich in diesem Sinne auf die konkrete zukünftige Situation vorbereite.** Dieser Prozeß läuft zu großen Teilen unbewußt ab: Ich habe Angst vor einer Prüfung. Ich lerne aufgeregt und unstrukturiert. Es entsteht das innere Bild von falschen Antworten oder leerem Kopf. Die Wahrscheinlichkeit durchzufallen wird größer. Die Folge ist noch mehr Prüfungsangst.

Im Gegensatz dazu:
Ich glaube, daß ich es schaffen kann (Erfolgserwartung). Ich lerne gezielt. Ich bin konzentriert, alle meine Sinne sind geöffnet. Ich bin ganz bei der Sache. Ich fühle mich gelassen und selbstsicher. Es entsteht ein inneres Bild von erfolgreichen Antworten. Die Wahrscheinlichkeit zu bestehen steigt. Die Folge ist weitere Erfolgserwartung.

Die Systeme EH und SEP greifen ineinander und ergänzen sich. Eine Frau, die glaubt, technisch unbegabt zu sein, hat vielleicht eine derartige Botschaft bereits im Kindesalter aufgenommen. Sie sagt sich voraus, daß sie z. B. die Zündkerzen ihres Wagens nicht wechseln kann. Dennoch startet sie vielleicht einen halbherzigen Versuch, mit ungenügendem Werkzeug und zu geringen Kenntnissen. Sie klemmt sich den Finger an einer unzugänglichen Schraube, weiß nicht mehr, welche Kabel zusammengehören, bricht etwas ab und bestätigt sich prompt die unterschwellige Erwartung von Hilflosigkeit. Obwohl sie es in ihren Augen ernsthaft versucht hat, hat sie das Problem nicht gelöst. Sie verallgemeinert dieses vorprogrammierte Mißgeschick und zweifelt noch stärker an ihrer Fähigkeit, jemals Kontrolle über Technik zu erlangen. Innerlich ist das Thema endgültig erledigt. Für die Zukunft gilt: Sie braucht Hilfe. Ihre selbst erzeugte Unfähigkeit ist besiegelt.

Eine nicht hilflose Frau, mit einer anderen Erwartung, wechselt ihre Zündkerzen: Auch sie klemmt sich den Finger. Sie ist überzeugt, daß es sich um eine kurze unbedeutende Ungeschicklichkeit handelt. Sie erforscht die Ursachen und erkennt: Sie hatte rutschige Finger und das falsche Werkzeug. Sie achtet das nächste Mal darauf. Sie wird einen neuen Versuch unternehmen und keinen Zweifel an ihren Fähigkeiten aus diesem Mißgeschick ableiten.

Hilflosigkeit wirkt sich in unterschiedlichen Alltagssituationen aus. Hilflose Frauen zweifeln an ihrer Fähigkeit, erfolgreich zu handeln. Ziele, die sie vorsichtig ins Auge fassen, verfolgen sie selten bis zum Ende. Sie bleiben ein deutliches Stück hinter ihren Möglichkeiten zurück. Bei kleinen Schwierigkeiten geben sie auf. Dieser Mangel an Durchhaltevermögen bezieht sich nicht zwangsläufig auf alle Lebensbereiche. Die Handwerksfrau, die im Umgang mit Kunden gute Durchsetzungsstrategien hat, kann sich vielleicht bei einem Konflikt mit ihrer Mutter überhaupt nicht durchsetzen. Die Lehrerin, die mit chaotischen Schülern spielend fertig wird, gerät in Panik, wenn sie allein zur Fortbildung fahren soll. Menschen können in einem Bereich kompetent und stark sein und in einem anderen unbeholfen und ängstlich. So unglaublich es klingt, positive Erfahrungen von Erfolg und Tüchtigkeit lassen sich nicht ohne weiteres auf andere Bereiche übertragen – denn die Barriere, die eigene Leistung für sich selbst zu verbuchen, ist zu hoch. Lieber wird sie als Zufallsprodukt angesehen. Blockierende Überzeugungen entstehen durch frühe Lernerfahrungen. Sie stellen sich möglichen Veränderungen in den Weg. Menschen werden nicht von der Wirklichkeit gebremst, sondern von eigenen inneren Erklärungsmustern. Wer glaubt, eine Rechenaufgabe nicht lösen zu können, weil in seiner Familie eine mathematische Minderbegabung vorliegt, hat sich eine stabile innere Blockade aufgebaut. Wer dagegen glaubt, daß eine komplizierte Rechenaufgabe schwer ist, weiß: Es wird viel Mühe und Nachdenken kosten, sie zu lösen, aber es ist zu schaffen. Komplizierte mathematische Aufgaben zu lösen, ist für jeden Arbeit. Wer das weiß, nimmt eine solche Aufgabe als Herausforderung an. Er erwartet: Schwierigkeiten beziehen sich auf einen bestimmten Sachverhalt oder eine begrenzte Situation. Fehlschläge sind nicht zwangsläufig eigenes Versagen, sondern haben ihre Ursache in *veränderbaren* Größen. Sie sind zu überwinden, wenn man ausgeruht ist, einen besseren Tag hat, sich anders vorbereitet oder geeigneteres Material zur Verfügung hat. Sucht jemand Fehler stets bei sich und glaubt, Voraussetzungen seien unabänderlich, dann ist der Hintergrund dieser Selbstblockade wahrscheinlich Erlernte Hilflosigkeit.

Aufgrund ihrer Erfahrung glauben manche Frauen, sie wären unfähig, aus eigener Kraft heraus etwas zu schaffen. Sie verlassen sich nicht mehr auf sich selbst. Sie hoffen auf Hilfe von anderen oder vom Schicksal. Den Glauben an eigene Stärke und Lebenstauglichkeit haben sie aufgegeben, und die erworbenen Abhängigkeitsmuster lassen nur eine Lösung offen. Sie sind gezwungen, sich an die Wünsche anderer anzupassen. Das geht direkt auf Kosten von Unbeschwertheit und Lebenslust. Im Beruf warten die kompetenten, aber hilflosen Frauen darauf, entdeckt zu werden. Der Märchenprinz im Beruf heißt – Mentor! Auf ihn warten viele Frauen, die das Gefühl haben, in einer Sackgasse zu stecken. Statt zu handeln, verstecken sie ihre Fähigkeiten und ihre beruflichen Ambitionen. Aber sie sind beleidigt und enttäuscht, wenn Vorgesetzte sie nicht fördern. Um Unterstützung zu *kämpfen*, wäre die sinnvolle Reaktion.

Hilflose mißtrauen ihrem Können und ihren Fähigkeiten. Sie befürchten, auf Glück und Zufall angewiesen zu sein, um Erfolge zu haben. Sie erleben sich nicht als Verursacher ihrer guten Leistungen. Sie nehmen sich die Freude über ihre Erfolge. Nur wenn etwas schiefgeht, finden sie die Gründe bei sich.

Das wirkt sich auf Motivation und Selbstaktivierung aus. Hilflose leiden an innerer Trägheit, andauernder Müdigkeit, Burn-out-Syndrom, Schlaflosigkeit oder ziellosem Aktivismus. Sie sind verbohrt in die Überzeugung, nichts ändern zu können, Ziele nicht selbständig erreichen zu können. Sie fürchten, mit ihrem Leben nicht allein fertig zu werden. Doch die wenigsten würden sich selbst als hilflos beschreiben. Sie glauben zwar den Widrigkeiten des Lebens ausgeliefert zu sein, doch den Begriff hilflos bringen sie nur in Extremsituationen und eher mit anderen Personen in Verbindung. Etwa wenn enge Freunde oder Verwandte in einer ausweglosen Situation Zuspruch benötigen.

Nur wenige »hilflose« Frauen fühlen sich befähigt, ihr Leben selbst zu steuern, selbst die richtigen Entscheidungen zu treffen und ihren Unterhalt sicherzustellen. Diese Einschätzung bleibt nicht ohne Folgen. Wer erwartet, es selbst zu nichts zu bringen, ist auf andere angewiesen. Frauen glauben deswegen, sie müßten ihre gesamte Energie darauf richten, irgendwen bei der Stange zu halten. Sie halten das für eine Investition in die eigene Zukunft. Anstatt sich anzustrengen, die eigenen Kräfte in Selbstorganisation, Selbstbehauptung und eigene Stabilität zu investieren, schließen sie faule Kompromisse.

Ich werde aufzeigen, warum brave Mädchen nicht weiterkommen, und ich werde Wege beschreiben,
- die es Frauen ermöglichen, von einem resignierten Bravsein zu einem fröhlichen und unbekümmerten Widerstand zu kommen;
- wie Frauen den Widerspruch aufheben können zwischen zielgerichtetem Handeln zum eigenen Nutzen und angemessenem Umgang mit anderen.

Ich verdeutliche die Situation der Neuen Frau in ihrem Konflikt zwischen Abhängigkeit und Selbstbestimmung. Frauen können ihr Leben im Gleichgewicht halten, mit gutem Gewissen ihre Rechte verwirklichen. Sie können stark sein, ohne ihre Beziehungen und Freundschaften zu gefährden.

Der große Betrug

Alltägliche Denkfallen

Faule Ausreden

Viele brave Frauen ziehen einen trügerischen Schluß: Sie glauben, ein vordergründiger oder kurzfristiger Nutzen wiege ein Bravsein langfristig auf. Sie glauben, der vermiedene Streit sei es wert, mangelnde Bereitschaft des Partners hinzunehmen, die Hausaufgaben der Kinder zu beaufsichtigen. Sie glauben, das Essen im Restaurant zu zweit sei es wert, auf eine angemessene Beachtung IHRER Urlaubswünsche zu verzichten. Sie glauben, der Zweitwagen wäre ein echter Ausgleich für den Wunsch, eigenes Geld zu verdienen. Sie glauben, der neue Wintermantel könne ihren Wunsch, er möge sich um die Kinder kümmern, wenn sie in den Yogakurs geht, aus der Welt schaffen. Sie glauben, klaglos Überstunden zu machen bringe sie weiter.
Aber bei diesem Tausch verlieren Frauen. Sie blenden aus, daß sie mit diesem Konzept einen faulen Handel eingegangen sind, der zu ihren Lasten geht. Letztlich produzieren sie einen weiteren Baustein ihrer Unterwerfung. Eng verbunden mit diesen scheinbaren kleinen Siegen ist die Angst vor Selbstverantwortung – die Furcht davor, Flagge zu zeigen, Konflikte in Kauf zu nehmen. Brave Frauen fürchten nicht nur die Selbstverantwortung, sondern auch das Risiko, für einen kurzen Moment ungeliebt oder unbeliebt zu sein.
Solche selbstaufgerichteten Barrieren spiegeln das Ausru-

hen auf alten Regeln. Es sind faule Ausreden, sie verhindern den Kampf um eigene Rechte.
Trugschlüsse und *Denkfallen* blockieren uns. Es sind die vielen kleinen und großen Lebensregeln unserer Eltern/der Gesellschaft, die Bravsein verlangen. Auch kleine Denkfehler haben große Wirkungen.
Wer gegen die gesellschaftlichen Normen verstößt, erfährt Sanktionen. Er wird mit Ausschluß und Mißachtung bedroht. Das führt zu unterschiedlichen Ängsten, die wiederum zu Denkfallen werden.
Ängste haben Funktionen, die uns selten bewußt sind. Das alte Beispiel von Freud: Die Angst vor Schlangen gilt als eine verschobene Form der Angst vor dem männlichen Penis. An dieser Stelle möchte ich aber nicht den Zusammenhang zwischen sexueller Abwehr und Ängsten darstellen, sondern die Wirkung der Angst als Bewahrer des Status quo. Angst verhindert, daß wir aktiv werden.

Wissen Frauen nicht, was sie wollen?

Bettina möchte mit ihrer Familie eine Flugreise machen. Seit drei Jahren würde sie gern im Herbst für ein oder zwei Wochen auf die Kanarischen Inseln fliegen. Wenn sie in die Stadt geht, bringt sie Reiseprospekte mit, zeigt sie Peter, ihrem Mann, und Manuela, ihrer neunjährigen Tochter. Sie hat auch schon verschiedene Reiseführer gekauft. Peter ist von ihrem Vorschlag angetan, und Manuela ist begeistert von der Idee, endlich einmal zu fliegen. Doch jedes Jahr landen die drei wieder auf dem Bauernhof im Schwarzwald. Peter hatte die Ferienwohnung schon im letzten Urlaub gebucht. Und irgendwie ist es dort ja auch immer ganz nett. Trotzdem wird Bettina von Jahr zu Jahr unzufriedener. Sie nörgelt rum, beschwert sich, daß sie kochen muß und putzen. Eigentlich hätte sie lieber eine Pauschalreise gebucht.
Irgend etwas hält Bettina davon ab, ins Reisebüro zu gehen

und den nächsten Herbsturlaub einfach zu buchen. Sie befürchtet, daß Peter im Grunde lieber in den Schwarzwald fährt. Er sagt zwar immer, er wolle gern mal woanders hin, aber er tut ja schließlich nichts. So wartet Bettina den dritten Herbst, daß Peter handelt. Sie interpretiert sein Nichthandeln als heimliche Verweigerung. Sie übersieht, daß auch sie nicht handelt. Sie bucht nicht, weil sie Peter nicht überrollen will. Wenn er fliegen will, dann soll er auch buchen. Sie hat schließlich ihren Wunsch oft genug wiederholt. Aus Rücksicht auf ihn verzichtet sie. Schließlich hat sie immer wieder gesagt, daß sie gern in den Süden fliegen will. Sie kommt sich vor wie ein kleines Kind, das immer wieder bettelt, aber niemand schenkt ihm Beachtung – jeder sagt ja, aber keiner tut etwas. Daß beide äußern, sie würden gern auf die Kanarischen Inseln fliegen, zählt nicht. Die Entscheidung, es wirklich zu tun, muß Peter treffen. Er soll Nägel mit Köpfen machen und buchen.
Was in Bettinas Augen für Peter gilt, gilt für sie selbst offensichtlich nicht. Es kommt ihr nicht in den Sinn, daß, wenn *sie* fliegen will, *sie* diejenige sein muß, die Nägel mit Köpfen macht.
Helga ging es ähnlich. Die Wochenenden waren ein Fiasko, alle, Mann und Kinder, murmelten Zustimmung zu ihren Vorschlägen, aber niemand tat etwas. Doch seit ein paar Wochen hat Helga ihr Verhalten geändert. Sie macht einen Vorschlag, ohne zu überlegen, ob er den anderen in den Kram paßt – und wenn kein deutliches Nein kommt, organisiert sie das, was sie sich ausgedacht hat. Bisher haben alle mitgemacht und hatten Spaß. Und selbst, wenn einmal eines der Kinder oder ihr Mann nicht mitmachen würden, so wäre das kein Drama. Sie jedenfalls macht das, was ihr guttut – Schwimmbad, Sauna, Wandern ...

 Spüren Sie einen heimlichen Widerspruch? Liegt Ihnen vielleicht das Wort egoistisch auf der Zunge?

Werden die andern überrollt? Vielleicht kommen Ihnen Gedanken wie: »Das kann man doch nicht machen. Einfach über die Köpfe der anderen hinweg...« Dann ist Vorsicht geboten, das »brave Mädchen« in Ihnen ist sehr stark.
Bettina hatte sich schließlich vorgenommen, einen konkreten Vorschlag auszuarbeiten und zu buchen, falls keine ernsthaften Einwände kämen. Und es funktionierte. Sie hatte eine Tour ausgetüftelt, hatte Besichtigungen eingeplant und Strandtage, ein bunt gemischtes Programm. Für jeden war etwas dabei. Die Familie stimmte zu, nur Peter gab in einem Nebensatz zu bedenken, daß es dort sehr heiß sein wird.
Und genau dieser Nebensatz geisterte Bettina durch den Kopf. Bevor sie das Reisebüro betrat, holte sie sich noch eine Zeitschrift, ging in ein Café, um alles noch einmal in Ruhe durchzudenken.
Wenn es nun tatsächlich so heiß wird, daß man nichts unternehmen kann – sie wäre schuld daran, wenn der Urlaub für alle ein Reinfall wird. Je mehr sie nachdenkt, desto schrecklichere Vorstellungen kommen ihr in den Sinn. Sie bucht lieber erst morgen, will abends beim Essen noch mal vorsichtig nachfühlen, ob Peter wirklich will. Der alte Zweifel hat sie wieder ergriffen.
Es gibt keine Entscheidung, die 100 Prozent richtig ist.
Selbst Regierungen werden letztlich oft mit knapper Mehrheit bestimmt. Für unseren privaten Bereich oder auch im Beruf fällt es schwer, den Zusammenhang zu akzeptieren. Das Prinzip des Handelns ist stets gleich. Die Vor- und Nachteile müssen abgewogen werden, und dann wird eine Entscheidung getroffen.

Sind Frauen nur sanft?

Frauen tun ihre Pflicht, ohne sich zu wehren, ohne zu protestieren. Aggressivität leugnen sie, auch vor sich selbst, denn sie befürchten, die Zuneigung ihrer Mitmenschen zu verlieren. Aufkeimende Aggressionen werden sofort auf die eigene Person oder Nebenschauplätze umgelenkt. Eine Mutter, die ärgerlich auf ihr Baby ist, bemüht sich, besonders fürsorglich zu sein, denn eine gute Mutter darf nicht böse sein. Sie quält sich mit Schuldgefühlen und wagt es nicht, von ihrem Ärger gegen das hilflose Geschöpf zu reden. Die Folge: Ihre Aggressionen richten sich nach innen oder der aufgestaute Unmut kommt ungewollt an einer anderen Stelle zum Vorschein.
Frauen leiden häufiger an Migräne und Depressionen als Männer. Sie fühlen sich schlapp und müde, irgendwie lustlos. Gerade hinter diesen Leiden liegt oft ein Berg von Aggressivität verborgen.
Wenn weibliche Aggression nach außen tritt, dann oft in sehr indirekter, subtiler Weise. Stutenbissig werden Frauen genannt, die aus dem Hinterhalt zuschnappen. Ein kurzer fester Biß, und schon treten sie den Rückzug an.
Frauen sind oft eifersüchtig oder neidisch. Ihre aggressiven Gefühle aber halten sie im verborgenen, bis sie plötzlich, ungebremst, wie ein Vulkan ausbrechen. Unerwartet sind diese Ausbrüche allerdings nicht, denn im Grunde weiß jeder, Frau und Mann, daß die Unterdrückten sich irgendwann in der einen oder anderen Form wehren werden. Der Anlaß ist meist gering, eine Nichtigkeit, die das Faß zum Überlaufen bringt. Birgit war in ihren Beruf zurückgekehrt, nach drei Jahren sogenannter Familienpause, die nun alles andere als eine Pause waren, schon gar nicht von der Familie. Sie hatte ihrem Partner den Rücken freigehalten, er konnte in Ruhe sein Chemiestudium abschließen. Die Zwillinge Anna und Lisa waren nicht gerade passend gekom-

men. Anfangs hatte Birgit voll weiter gearbeitet, doch die Hoffnung, daß Gerhard Studium und Kinder bewältigen würde, zerschlug sich bald. Also kündigte sie ihren Job als Laborleiterin. Ganz aussteigen konnte sie allerdings nicht, schließlich mußte einer den Familienunterhalt verdienen. Eigene Einkünfte hatte Gerhard nicht. Also schob sie Nachtdienste, das brachte Geld, und tagsüber konnte sie Haushalt und Kinder übernehmen.

Für eine begrenzte Zeit war das okay. Reibereien gab es jedoch immer wieder. Das Geld war knapp, Birgit war erschöpft, und Gerhard hatte Prüfungspanik. Wenn er sich vom Pauken ausruhen wollte, spielte er Squash oder ging mit Freunden aus. Birgit war ärgerlich, aber sie kam sich kleinlich vor. Schließlich hatte er bald seine Prüfung – er brauchte die Entspannung. Wieder und wieder verzichtete sie auf eigene Wünsche. Selbst Zeit mit Freundinnen blieb ihr nicht, sie hatte keine Ruhe mehr, schon überhaupt nicht für intensive, tiefschürfende Gespräche.

Endlich war Gerhard mit dem Studium fertig. Er bekam zwar nicht gleich einen Job, aber nun konnte sie wieder voll einsteigen, tagsüber; keine Nachtdienste, das allein würde ihr schon guttun. Er konnte den Haushalt übernehmen, bis er eine gute Stellung fand. Und die Zwillinge gingen ja nun in den Kindergarten. Birgit freute sich auf die Arbeit. Und besonders freute sie sich, von der Hausarbeit befreit zu sein.

Doch bereits nach wenigen Tagen war klar, Gerhard würde die Hausarbeit nicht allein übernehmen. Wenn er einkaufte, fehlte die Hälfte, also fuhr Birgit auf dem Heimweg noch beim Supermarkt vorbei. Gerhard hatte zwar gewaschen, aber Birgit mußte abends noch die Wäsche aufhängen und am nächsten Tag bügeln. Anfangs tröstete sie sich damit, daß sich alles noch einspielen müsse, aber ihre Stimmung wurde immer düsterer.

Birgit war zwar ärgerlich, aber die Stärke ihrer Aggression

gestand sie sich nicht ein. Schließlich gab sich Gerhard Mühe. Was konnte er schon dafür, daß er soviel vergaß. Er hatte eben wichtigere Dinge im Kopf. Außerdem, fand Birgit, war es ihre eigene Schuld, sie hatte ihn verwöhnt, hatte klammheimlich die mütterliche Versorgung übernommen. Gerhard hatte nie die Chance zu lernen, wie man einen Haushalt organisiert. Er lebte zwar in einem Einzimmerappartement, als sie sich kennenlernten, aber die Wäsche brachte er seiner Mutter, und meistens aß er auch dort. Als sie zusammenzogen, hatte sie ihn versorgt und verwöhnt. Liebevoll bekochte sie ihn und deckte den Tisch für ein romantisches Abendessen oder ein gemütliches Frühstück.
Zwar war Birgit sauer, daß Gerhard nicht intensiver nach einer Stellung suchte, aber vielleicht brauchte er so etwas wie eine Karenzzeit nach dem Studium.
Birgit glaubte, kein Recht auf ihre Aggression zu haben. Und sie hatte Angst, Gerhards Zuneigung aufs Spiel zu setzen, wenn sie jetzt Forderungen stellte. Sie war sich nicht sicher, ob er sie noch lieben würde, wenn sie ihm seine Bequemlichkeit konsequent kappen würde.
Birgit trat in zwei Fallen gleichzeitig: Zum einen glaubte sie, kein Recht auf ihre aggressiven Gefühle zu haben. *Brave Mädchen sind nicht zornig.* Zum zweiten glaubte sie, sich die Zuneigung ihres Partners durch Dienstleistungen erarbeiten zu müssen. *Brave Mädchen opfern sich auf für andere.* »Liebe heißt ... ihm die Socken waschen.«
Birgit glaubt, wenn sie wirklich ihrem Zorn freien Lauf ließe, würde Gerhard sie verlassen. *Sie zähmt ihre schlechten* Eigenschaften seit Jahren. Sie hält ihre Aggressionen unter Kontrolle, aus Angst ihn zu verlieren. Und irgendwie fürchtet sie, er könnte sie irgendwann durchschauen. Er könnte herausfinden, daß sie gar nicht so lieb ist, wie sie immer tut. Und dann wird er sie verlassen, da ist sie sicher. Sie weiß, wie sehr er ihre Freundlichkeit schätzt. Oft genug haben sie über die Frauen seiner Freunde gelästert. Die ab-

fälligen Bemerkungen klangen ihr im Ohr: »Monika bietet Peters Kommilitonen nicht mal ein Bier oder etwas zu essen an. Sie meckert immer nur rum, daß sie nach dem Arbeitstreffen den Dreck wegmachen muß.« Wie gern sind alle zur Arbeitsgruppe bei Gerhard eingetrudelt.
Oder Ingrid, die ihnen oft das sechs Monate alte Baby aufgehalst hatte, und mit Freundinnen ins Kino ging, wenn ihr Mann und seine Kommilitonen arbeiten wollten.
Birgit war ganz anders. Sie hat den strebsamen Herren den Rücken freigehalten. Und es ging ihr runter wie Öl, wenn sie die Kritik an den anderen Frauen mit anhören durfte. Doch jetzt war sie auf dem besten Weg, genau so zu werden.
Birgit beschloß, mit beiden Frauen zu reden. Übereinstimmend berichteten sie, daß sie nicht immer so selbstverständlich »rücksichtslos« waren und noch oft Schuldgefühle haben, wenn sie ihren Interessen nachgehen. Aber beide haben es geschafft, daß ihre Partner sie ernster nehmen. Der deutlich gezeigte Zorn hat ihnen diesen Respekt verschafft.
Birgit beschließt, sich öfter zu wehren, weniger Arbeit auf sich zu ziehen und Konflikten nicht länger aus dem Weg zu gehen. *Nett und hilfsbereit sein, hat sie nicht weitergebracht.* Sie will sich nicht mehr von den Regeln anderer einschüchtern lassen. Sicher ein beschwerlicher Weg, doch der erste Schritt zur Selbstbestimmung. Birgit hat genug von der Fremdbestimmung, erst recht, wenn andere sie unter Druck setzen.
Gerhards »Antwort« auf ihr neues Verhalten ist schwer vorauszusagen. Vielleicht zieht er sich zurück, wird zornig, oder er ist erfreut. Wenn er Ablehnung und Trennungsabsichten signalisiert, ist es in erster Linie eine Reaktion auf eine fremde Situation, mit der er nicht gerechnet hat und auf die er nicht vorbereitet ist. Sollte er toben, muß Birgit Ruhe bewahren. Schließlich wird er plötzlich mit Forderungen

konfrontiert, die ungewohnt für ihn sind. Da kann es vorkommen, daß er wütend, hilflos, traurig oder beleidigt reagiert. Viele Männer haben Angst, wenn Frauen ihre starke Seite zeigen. Ihre Reaktionen darauf sind unvorhersehbar. Wichtig ist zu wissen, daß ihr Verhalten aus Verblüffung resultiert. Das darf Frauen nicht verschrecken.
Wenn Sie aus diesem Muster aussteigen wollen, akzeptieren Sie:
Keine Angst vor der eigenen Wut!
Keine Angst vor dem Ärger des Partners!
Nettsein bringt nicht weiter!
Silvia kochte vor Wut. Es war nach Mitternacht, sie kam von der Abschlußfeier ihres Computerlehrganges nach Hause. Das Haus war hell erleuchtet, und ihre beiden Kinder Oliver (7) und Jessica (4) tobten ihr entgegen. Am liebsten hätte sie gleich losgebrüllt, aber sie nahm die Kleine erst mal auf den Arm und strich Oliver über den Kopf. Bevor die Wut sie übermannte, flüsterte eine innere Stimme: »Du hättest ja auch früher heimkommen können.«
Im Wohnzimmer saß Wolfgang und spielte seelenruhig mit einem Nachbarn Schach. Offensichtlich hatte er das Chaos in Bad und Küche nicht einmal bemerkt. Zornesröte stieg ihr ins Gesicht. Sie beschimpfte Wolfgang, tobte, war enttäuscht, daß er nicht ausnahmsweise einmal die Kinder friedlich ins Bett bringen konnte – ausgerechnet heute mußte er Helmut zum Schach einladen. Er hätte mit den Kindern spielen sollen, ihnen vorlesen und darauf achten, daß sie zeitig ins Bett kamen. Plötzlich wurde ihr bewußt, wie laut sie war. Peinlich diese ganze Szene. Mit einem Mal kam sie sich kleinlich vor. Was würde Helmut von ihr halten? Wie eine Furie war sie ins Zimmer gestürzt. Beschämt murmelte sie: »Tut mir leid.« Und brachte die Kinder ins Bett.
Wenn Sie aus diesem Gedankenmuster aussteigen wollen, denken Sie daran:

Sie war zu Recht so aufgebracht!
Sie muß sich nicht mies fühlen, nachdem sie wütend war!
Es ist richtig, Ärger zu zeigen!
Es geschieht nichts Schreckliches, wenn sie tobt!
Viele Frauen haben Angst vor der eigenen Wut, denn wütende Frauen lösen bei anderen Menschen oft Hilflosigkeit aus. Ein Mann, der wutschnaubend tobt, ist gesellschaftlich akzeptiert. Und jeder weiß, ein richtiger Kerl, der rastet auch aus, das kann schon mal vorkommen. Eine Frau hingegen gilt allgemein als friedlich. Sie löst Befremden aus, wenn sie richtig loslegt. Und da wutschnaubende Frauen selten sind, weiß man auch nicht, wie man mit ihnen umzugehen hat. Die meisten Frauen bekommen regelrecht Angst vor sich selbst, wenn sie ihre Wut spüren. Sie haben keine Erfahrung mit sich selbst, wenn sie ihrem Zorn die Zügel lockern.

 Mit einer kurzen Übung können Frauen herausfinden, was geschehen könnte, wenn sie mal so richtig wütend werden:
Malen Sie sich in aller Deutlichkeit eine Situation aus, die Sie wütend macht, und stellen Sie sich bildhaft vor, was geschehen würde.
Sie können sich auch mit einer Freundin zusammensetzen und abwechselnd Sätze formulieren, was passieren würde, wenn Sie so richtig wütend wären. Nach einigen Minuten werden Sie vermutlich merken, daß die Ängste vor den schrecklichen Dingen, die passieren würden, unbegründet sind.
Die Angst vor der eigenen Wut führt oft dazu, daß Frauen ihr Gespür für ihre Gefühle von Wut und Ärger völlig verlieren. Aggressive Gefühle werden umgeleitet und gegen sich selbst gerichtet. Sie äußern sich in Müdigkeit, Dauerlächeln, Kopfschmerzen, Lustlosigkeit, Schlaflosigkeit, Depressionen etc.
Silvia konnte oft nicht schlafen, aber selten hat sie ihre Wut

als deutliche Ursache erkannt. Der Abend nach dem Streit mit Wolfgang war ein Anstoß. Als sie in dieser Nacht nicht schlafen konnte, kam ihr der Verdacht, daß sie vielleicht häufig wütend ist, es aber gar nicht mehr richtig spürt. Sie entschließt sich, ihrem Zorn auf die Spur zu kommen.
Wenn sie jetzt abends im Bett liegt und nicht schlafen kann, bildet sie Sätze: »Heute hat mich geärgert, daß...«, und sie listet jedes winziges Ärgernis auf. Nach ein paar Minuten geht sie einen Schritt weiter, sie fügt jedem Ärgernis einen Satz hinzu, der beschreibt, was geschehen wäre, wenn sie verärgert reagiert oder einfach das getan hätte, was ihr entsprochen hätte.
Bald spürte Silvia ihren Ärger bereits dann, wenn er aufkeimte. Nach ein paar Wochen wagte sie zu handeln. Sie begann in kleinen Schritten, mit Menschen, denen sie vertraut. So sagte sie einer Freundin, daß sie sauer sei, weil sie fast eine Dreiviertelstunde im Café auf sie gewartet hatte. Sie hielt mit ihrem Ärger Wolfgang gegenüber nicht mehr hinter dem Berg. Sie wurde sauer, wenn er ihr die Kinder nicht vom Hals hielt, während sie am Computer arbeitete. Sie zeigte ihrer Mutter ihren Unmut darüber, daß sie nicht bereit war, abends mal die Enkelkinder zu hüten. Sie erlaubte es sich, kratzbürstig zu sein, wenn Wolfgang am Wochenende nichts unternehmen wollte.
Oft verbirgt sich hinter der Wut die eigene Stärke.

Sind Frauen wirklich schwach?

Die meisten Frauen sind stärker als sie vermuten. Sie halten sich selbst für schwache, abhängige Wesen und glauben, den Schutz starker Männer zu brauchen.
Silke hat einen zweijährigen Sohn, Alexander. Seit seiner Geburt leidet sie unter Angstzuständen, die so stark sind, daß sie oft nicht in der Lage ist, das Haus zu verlassen. Sie geht nicht mehr einkaufen, und an Autofahren oder eine

Urlaubsreise ist nicht zu denken. Sie hatte geheiratet, um den Eltern zu entfliehen. Alexander war kein Wunschkind. Beim genauen Hinsehen gibt es nichts, was sie selbst entschieden hat. Alles hatte sich ergeben, und schließlich hat sie sich ihrem Schicksal ergeben. Jetzt kann sie nicht mehr weiter. Sie hält es nicht mehr aus, Tag und Nacht Angst zu haben. Sie sehnt sich danach, wieder fröhlich und vergnügt zu sein und sich frei bewegen zu können, und sie entscheidet sich für eine Therapie. Ganz mechanisch lernt sie, das Haus zu verlassen, Freundinnen zu besuchen, Auto zu fahren. Später beginnt sie, sich zu fragen, was sie wirklich will, und nach zwei Jahren steuert sie ihre Wünsche direkt an.
Sie hat sich von ihrem Mann getrennt, als ihr bewußt wurde, daß sie nicht sein Leben führen will.
Silke hatte Angst vor ihrer eigenen Stärke. Die Angst schützte sie davor, aufmüpfig zu werden und zu erkennen, was ihr alles mißfiel in ihrem Leben und ihrer Beziehung.
Muß eine wütende Frau als schnaubende Hysterikerin beschimpft werden?
Männer und Frauen etikettieren Stärke oft als Hysterie, als Affekthandlung oder Unbeherrschtheit. Wenn Fay Weldon den Werdegang ihrer »Teuflin« beschreibt, lachen Frauen wissend über die teuflischen Reaktionen der Heldin. Zweifellos halten Frauen den »Ausraster« der Heldin für logisch – sie lockt Kinder und Tiere aus dem Haus und vernichtet alle Symbole ihrer Unterdrückung – sämtliche Haushaltsgeräte läßt sie heißlaufen, bis der gesamte Hausstand abgebrannt ist. Sie bringt die Kinder zum Ehemann und ist endlich frei.
Zweifellos läßt sich ein erfolgreicherer Fortgang der Geschichte ausdenken, als der, daß sie versucht, ihrem Ehemann irgend etwas beizubiegen. Sie könnte wirklich unabhängig werden, sich Ziele setzen, die ihre Eigenständigkeit fördern – aber immerhin, der Anfang ist spektakulär gelungen.

Müssen Frauen immer schön sein?

»Die Weiber, die zu Hyänen werden«, stellen eine Bedrohung dar, für Männer, aber auch für Frauen – Hyänen, diese häßlichen Tiere, so sollen sie angeblich aussehen, wenn sie wütend sind. Da verstecken sie lieber ihre Wut. Der Partner sagt: »Sieh doch mal in den Spiegel. Wenn du so tobst, siehst du gräßlich aus.« Er sät auf fruchtbaren Boden, schnell versucht die Angesprochene ein verschönerndes Lächeln. Na also, es geht doch!(?)
Daß dieses Lächeln ihre Durchsetzungskraft unterminiert, bedeutet ihr nichts. Schönheit ist wichtiger als Selbstachtung. Gefallen will sie, auch wenn sie ihr Gesicht verliert. Sie lächelt, macht sich klein, paßt sich an, bevor es zu spät ist und er ihre sorgfältig versteckte »Häßlichkeit« erkennt. Wie konnte sie sich nur so gehenlassen? Der Effekt ihres Lächelns ist verblüffend. Er lenkt ein, tröstet und setzt *seine* Vorschläge in die Tat um. Er hat es geschafft. Er braucht keine Angst mehr vor ihr zu haben.
Frauen, das schöne Geschlecht. Diese Falle steht vor jeder Tür, hinter der Frauen Durchsetzungskraft, Eigenständigkeit und Selbstachtung entdecken könnten. Der Eintrittspreis wäre ihre Weiblichkeit, ihre Schönheit. Und so machen Frauen sich mit der Maske des Lächelns klein.
Das führt dazu, daß sie nicht ernst genommen werden, daß sie sich nicht darstellen können. Sie verzichten auf Macht und Unabhängigkeit.
Petra hatte lange auf diese Chance gewartet. Endlich bekam sie von ihrem Chef die Zusage, am Seminar für das neue PC-Programm teilzunehmen. Samstag sollte es losgehen, zehn Samstage lang. Der Termin war günstig, schon weil Klaus am Samstag die gemeinsame Tochter Stefanie (3 Jahre) betreuen konnte. Begeistert berichtet sie Klaus, daß es endlich geklappt hat. Selbstverständlich geht sie davon aus, daß auch er sich freut. Schließlich weiß er, wie wichtig

die Fortbildung für sie ist. Sein Kommentar haut sie um: »Schön für dich, aber hoffentlich hast du deine Mutter gefragt, ob sie so viele Samstage Zeit hat.« Petra ist wie betäubt, die Worte bleiben ihr im Hals stecken. Was hat ihre Mutter damit zu tun? Klaus weist kurz und bündig darauf hin, daß er samstags in Zukunft Squash spielen will. Er braucht das, um sich zu entspannen. Er war froh, daß er seinen Kumpel Peter nach so langer Zeit endlich von seiner Frau loseisen konnte. Er ist absolut nicht bereit, das aufzugeben.

Petra flippt völlig aus. Sie gerät in Panik, sieht ihre Chancen für diesen Lehrgang schwinden. Außerdem würde ihr Chef sie für unfähig halten. Monatelang quengeln, und – typisch Frau – kneifen, wenn es darauf ankommt. Rot im Gesicht, schreit Petra ihre Wut heraus. Die Tränen verwischen ihre Wimperntusche, die Stimme überschlägt sich. Klaus zieht alle Register: »Du müßtest dich jetzt mal sehen – wie häßlich du aussiehst, wenn du so ein hysterisches Theater abziehst.« Petra läuft aus dem Zimmer, geht ins Bad, gibt sich geschlagen. Irgendwie hatte er recht. Er arbeitet die ganze Woche, und sie will ihm samstags auch noch das Kind aufdrücken – fürsorglich ist das wirklich nicht. Sie schwankt zwischen Absagen der Fortbildung und dem Ausweg, mal wieder ihre Mutter zu bitten, und dem Gefühl, am liebsten wegzulaufen, weg von dem Mann, der sie doch nur hängenläßt.

Petra sitzt in der Falle, sie will, daß Klaus ihre beruflichen Ambitionen anerkennt, unterstützt und ernst nimmt. Doch sobald sie ernsthaft mit ihm redet, um ihre Sache zu verteidigen und ihn notfalls sogar zu zwingen, sich an seine Zusagen zu halten, fühlt sie sich wie ein kleines hilfloses Mädchen. Trotzig stampft sie auf, weint und verliert völlig die Beherrschung. Kein Wunder, daß er gewinnt. Väterlich gelassen erklärt er ihr gönnerhaft seine Sicht der Dinge und macht was ER will. Am Ende dieser Diskussionen, die sich

ständig wiederholen, würde sie sich am liebsten trennen. Und im gleichen Augenblick, in dem sie weg will, will sie ihm gefallen. Sie kommt sich ziemlich verrückt vor. Sie will weg, aber sie hat Angst, daß er sie verläßt. Vielleicht liegt darin die Ursache dafür, daß er sie so häßlich und verheult nicht sehen soll. Die Angst, verlassen zu werden, ist stärker als der Wunsch, davonzulaufen.
Es müssen nicht gleich tiefgreifende Ängste sein, die verhindern, daß Frauen ihr Potential ausleben. Oft sind es scheinbar harmlose Schablonen, die das Denken und Handeln in engen Grenzen fixieren.

Sind starke Frauen zwangsläufig einsam?

Schon ein Begriff wie Unabhängigkeit kann negativ besetzt sein und damit in eine Denkfalle münden. Sehr oft setzen wir ihn mit Einsamkeit gleich. Eine typische, aber trügerische Verknüpfung wird hergestellt: »*Wer unabhängig ist, ist auch einsam.*« Die Angst vor dem Alleinsein wird zur tückischen Falle. Manche Frauen neigen deshalb dazu, sich unentbehrlich zu machen. Sie wollen gebraucht werden. Die Vorstellung, ein einsames Leben zu führen, ist das Schlimmste, was ihnen durch den Kopf geistert. Um Gesellschaft zu haben, opfern sie sich auf, lächeln und sind innerlich trotzdem einsam. Es gibt zahlreiche Denkfallen, doch besonders die Verknüpfung von Unabhängigkeit und Einsamkeit macht vielen Frauen zu schaffen.
Die Vorstellung, Unabhängigkeit mache einsam, ist falsch!
Im Gegenteil, erst Unabhängigkeit ermöglicht ein kreatives, entspanntes und offenes Miteinander. Nur wer *nicht* auf andere angewiesen ist, kann frei entscheiden, mit wem und in welcher Weise er etwas zu tun haben will. Nur selbstbestimmte *und* unabhängige Menschen können gleichberechtigt miteinander leben.

Das schließt nicht aus, daß einer dem anderen hilft oder Menschen sich gegenseitig gefällig sind. Doch das Maß muß die eigene, freie Entscheidung bleiben. Und das scheint vielen Frauen abhanden gekommen zu sein. Geblendet von der Sorge, nicht geliebt zu werden, orientieren sie sich mehr an den Wünschen und Bedürfnissen anderer als an den eigenen. Sie befürchten andere zu verletzen und nehmen sich selbst zurück, bevor sie überhaupt wissen, was sie *selbst* wollen. Sie glauben im besten Fall, daß sie einverstanden sind mit dem, was sie aus Liebe oder Rücksicht auf andere tun, und sie können ihre eigene, aufkeimende Unzufriedenheit nicht verstehen. Sie sehen sich selbst als undankbar und launisch.

 Frauen sollten eine Pause einlegen, wenn sie das Gefühl haben, sich selbst nicht mehr ausstehen zu können oder scheinbar grundlos schlecht gelaunt sind. Suchen Sie Ihre persönlichen Denkfallen. Stellen Sie sich die Frage:
Was würde ich jetzt tun, wenn ich allein und unabhängig entscheiden könnte? Wozu hätte ich Lust? Möchte ich es allein tun oder mit jemandem gemeinsam?

Müssen Frauen Mütter sein?

Gute Mütter setzen ihre eigenen Bedürfnisse an die letzte Stelle.
Kinder gehen immer vor. Kinder sind das Wichtigste im Leben einer Frau.
Mutterschaft ist der eindeutigste Beweis, dem weiblichen Geschlecht anzugehören. Der Umkehrschluß: Frauen ohne Kind sind keine echte Frauen, ist erstens logisch falsch und zweitens ziemlich einfältig. Dennoch scheint er das Denken selbst erfolgreicher Frauen zu bestimmen.
Eine kompetente Biochemikerin lebte in einer fröhlichen und offenen Beziehung mit ihrem Mann, sie arbeiteten im

gleichen Labor und empfanden den Austausch über ihre Arbeit als spannend und anregend. Bis Grit ihren 35. Geburtstag feierte und meinte, sie müßte in den nächsten Jahren entscheiden, ob sie Mutter werden will oder nicht. Die Leichtigkeit entfloh ihrem Leben wie die Luft aus einem zerstochenen Fahrradreifen. Ohne Kind alt werden zu wollen, wurde plötzlich zur dramatischen Fehlentscheidung erklärt. Schwanger werden um jeden Preis wurde das einzige Thema. Sie erreichte ihr Ziel innerhalb eines Jahres. Nach der Geburt ihres »Lebensziels« blieb sie zu Hause und war drei Jahre die glücklichste Frau der Welt mit dem süßesten Baby der Welt. Leider war ihr Job nach weiteren zwei Jahren verloren, und kein Laborleiter dachte daran, jemanden einzustellen, der fünf Jahre aus dem Geschäft war. Danach war Grit die unglücklichste Frau der Welt und voller Wut und Verzweiflung, weil sie, wegen der wunderschönen Zeit mit dem Baby, ihre ganze Zukunft aufs Spiel gesetzt hatte. Sie fand schließlich eine Arbeitsstelle, allerdings deutlich unter ihren bisher gewohnten Anforderungen. Sie war deutlich überqualifiziert und von der früheren Befriedigung durch ihre Arbeit meilenweit entfernt.

Eine Frau berichtete, ihr Hausarzt, den sie wegen diffusen Unwohlseins konsultierte, habe ihr vorgeschlagen: »Bekommen Sie doch ein, zwei Kinder. Wenn Sie spüren, daß Sie eine richtige Frau sind, haben Sie auch keine Beschwerden mehr.«

Kind und Beruf vertragen sich ausgezeichnet,[2] denn wir glauben, eine »Nur-Mutter« gerät schnell in die Gefahr, ihr Kind zu überfordern, zu gängeln, mit Liebe zu ersticken.

Frauen, deren Kinderwunsch klein oder nicht ernstlich vorhanden ist, die aber dennoch glauben, ohne das biologische Weiblichkeitszeugnis nicht auskommen zu können, formulieren: »Ich fühle mich unvollständig, als würde ich etwas Wichtiges versäumen...« Die Sätze spiegeln den Zwiespalt der Sprecherin. Einem (gesellschaftlichen) Zwang folgend, geraten sie in Schwangerschaft und fühlen sich äußerst schnell in einem Gefängnis. Eigentlich sind sie nur Mutter, »weil auch alle Freundinnen plötzlich Kinder bekamen«, wie mir eine Frau beschrieb, die ebenfalls unter ihrer Mutterrolle erheblich litt. Viele Frauen werden Mutter, ohne sich ernsthaft für ein Kind entschieden zu haben. Über ein Leben ohne Kind haben sie nicht nachgedacht.

Brauchen Frauen einen Mann?

Das Brautkleid deckt alles Herzeleid![3]
Mädchen brauchen keine (gute) Ausbildung. Die heiraten!
In den Köpfen vieler Mütter, Väter und Töchter spukt der Glaube, jede Frau würde in ihrem Leben an den Punkt kommen, an dem sie sich für Mann und Kinder entscheidet. Das impliziert, daß sie einen Mann findet, der für sie sorgt. Gleichgültig, welche Ausbildung und welches Maß an Eigenständigkeit diese Frau erworben hat, das Ziel bleibt, einen in jeder Beziehung möglichst potenten Mann zu erobern. Um diesen Erfolg zu sichern, gelten klare Regeln, die Frauen in kleine, harmlose, brave Wesen verwandeln.
Ein zentrales Thema im Leben einer Frau ist es leider auch heute noch, einen Mann zu angeln. Je höher der Status des Mannes, desto höher auch der Status der Frau. »Ich als Zahnarztfrau...«, hört man eine etwas konservative, freundliche Frau mittleren Alters in einer Werbesendung sagen. Allein die Tatsache, daß ihr Mann Zahnarzt ist, soll vermitteln, daß auch sie kompetent ist. Eine eigene Ausbildung braucht sie nicht. Sie hat ihre Kompetenz bewiesen, indem sie einen erfolgreichen Mann an sich gebunden hat. Der Titel »Ehefrau« scheint der einzige Titel zu sein, auf den Frauen wirklich Wert legen. Sie geben sogar ihren Namen her, obwohl das Namensrecht auch andere Möglichkeiten eröffnet. Sogar die Frauen, die selbst beruflich erfolgreich

sind, werten sich auf, wenn sie einen *festen Partner* haben. Ohne Mann bleibt der eigene Erfolg unbedeutend.
Doch der Status »Ehefrau« hat einen Preis. Er liegt nicht darin, für eine qualifizierte Ausbildung zu pauken, sondern darin, eine Bereitschaft zu entwickeln, zu dienen und sich zu unterwerfen. Bereit zu sein, für andere die Dreckarbeit zu erledigen und es als Lebensglück zu betrachten, sich unterzuordnen und immer die zweite Geige zu spielen. Die frechen Mädchen werden zwar bewundert, geheiratet aber werden die unschuldigen, die braven, die bescheidenen und folgsamen, sagt der Volksmund.
Der Mann (nicht die Frau) muß hinaus ins feindliche Leben!
Eine Frau darf arbeiten, ein Mann muß!
Selbst Frauen, die jahrelang in der Frauenbewegung aktiv waren, sieht man heute als brave Familienmütter das Eigenheim wienern und dem Ehemann morgens nachwinken, der sich auf den Weg macht, um das Familieneinkommen zu sichern. Auch Frauen, die sich mit der Frauenbewegung verbunden fühlen, stolpern in Denkfallen, die ihnen suggerieren, daß sie in letzter Konsequenz eben doch einen Mann brauchen, und sei es zur Absicherung materieller Standards. Beruf und Unabhängigkeit bleiben Randerscheinungen, Übergangsstadien. Einen anständigen Beruf soll jedes Mädchen erlernen, daran rüttelt heute kaum noch jemand. **Aber**(!) ambitioniert sollen die Mädchen nicht sein. Ihre Ausbildung ist nur für den Notfall, falls sie es nicht schaffen, einen Versorger zu erobern, oder falls ihnen dieser auf die eine oder andere Weise wieder abhanden kommt und ein Nachfolger nicht sofort zur Stelle ist.
Frauen arbeiten selbständig, reisen allein, gehen ihren Interessen nach, solange bis sie eine feste Beziehung eingehen und Mutter werden. Anfangs glauben sie noch, an ihrer Freiheit festhalten zu können, aber letztlich schleichen sich die alten Rollenklischees ein. Zwar streiten Frauen mehr um die

gerechte Verteilung der Hausarbeit, aber für den reibungslosen Ablauf mit Haushalt und Kindern fühlen sie sich dann doch zuständig, auch wenn so mancher Mann heute schon mal die Treppe putzt und Kinder hütet. Wenn es darauf ankommt, einen Babysitter zu organisieren, kümmert sich die Frau darum, wenn eine Haushaltshilfe benötigt wird, sucht die Frau danach, und wenn er einkaufen geht, schreibt sie den Einkaufszettel.

Geht es aber darum, wichtige Entscheidungen zu treffen, wie etwa den Kauf eines Autos oder gar einen Wohnungswechsel, gibt er den Ton an.

 Stellen Sie sich einmal vor, Ihren Partner in kleinen Schritten zu Mitverantwortung anzuregen:

Sie geben ihm eine Telefonliste der Babysitter, und bitten ihn anzurufen und etwas zu vereinbaren. Erinnern Sie ihn mehrfach, auch wenn Sie sich merkwürdig dabei fühlen, daß er den Babysitter bestellen will.

Sie erstellen ein paarmal gemeinsam mit ihm eine Einkaufsliste, bis er sich damit gut auskennt!

Nehmen Sie ebenso Ihre Verantwortung für die großen Entscheidungen wahr.

Listen Sie Ihre Kriterien für einen Autokauf auf, und stellen Sie ihm zwei Modelle zur Auswahl!

Stellen Sie sich vor, ihn zu bitten, für Ihren Beruf in eine andere Stadt zu ziehen!

Ich kann nicht allein für mich sorgen!?

Diese Denkfalle kann sich auch hinter diesen Sätzen verbergen:

Ein Ehemann erhöht das eigene Image. Ich fühle mich sicherer, stärker und entscheidungsfähiger, solange ich einen Mann im Hintergrund habe. Meine Fähigkeiten werden eher anerkannt, wenn ich verheiratet bin. Eine Frau in festen Händen wird ernster genommen als eine alleinstehende Frau. Ein Ehemann ist ein Schutz vor eigener Berufstätigkeit und Übergriffen anderer. Also eine Lebensversicherung.

Wie sehr Frauen sich in die Vorstellung, einen Mann zu brauchen, hineinsteigern können, zeigt Jeniffers Beispiel, ihre Denkfalle lautete: *»Ich schaffe es nicht allein.«*

Jennifer ist Übersetzerin. Seit 15 Jahren ist sie mit Tim verheiratet. Sie haben drei Kinder: Nina 15, Oliver 13 und Sabrina 9. Vor fünf Jahren haben sie ein Haus mit Garten am Rande einer Kleinstadt gekauft. Jennifer hat bei keinem Kind mehr als den »normalen« sechswöchigen Schwangerschaftsurlaub in Anspruch genommen. Als Sabrina geboren wurde, wollte sie zwar ein halbes Jahr Erziehungsurlaub nehmen, aber nach drei Monaten hat sie doch wieder gearbeitet, denn in ihrer Firma wurde eine Vertretung gebraucht. Sie hatte lange Teilzeit gearbeitet und stockte ihre Stundenzahl erst mit zunehmender Unabhängigkeit der Kinder immer weiter auf.

Jennifer ist glücklich in ihrem Haus, sie genießt ihren Garten, sobald sie nach Hause kommt. Parteimitglied ist sie schon seit der 68er-Zeit, und kurz nach ihrem Einzug fragten Parteifreunde, ob sie aktiv mitmachen wolle. Politik hatte sie schon immer interessiert, und die Arbeit war eine gute Möglichkeit, Kontakt zu knüpfen. Außerdem fühlte sie sich geschmeichelt, weil sie »geholt« wurde.

Jennifer ist tatkräftig, sie meistert ihren Job, organisiert den Haushalt, zieht ihre Kinder groß und ist begeistert politisch engagiert. Sie ist eine starke, selbstbewußte Frau. Es sieht ganz so aus, als ob Jennifer eine politische Karriere vor sich hätte. An derartige Chancen hatte sie nicht geglaubt.

Doch aus heiterem Himmel steht plötzlich alles in Frage. Aus auf den ersten Blick fadenscheinigen finanziellen Gründen besteht ihr Mann darauf, das Haus zu verkaufen und in die nächste Großstadt zu ziehen, gerade als ihr politisches Engagement begann, sich auszuzahlen.

Und obwohl Jennifer weiß, daß die finanziellen Gründe vorgeschoben sind, gibt sie nach. Sie kann nicht sagen, was hinter seiner Entscheidung steckt, wagt aber nicht nachzuforschen. Sie stimmt zu. Das Haus wird verkauft. Sie hängt ihre politische Karriere an den Nagel.
Auf den ersten Blick ist es erstaunlich, daß ihr Mann mit dieser Erpressung Erfolg hat. Jennifer und Tim fühlen schon lange keine wirkliche Bindung mehr. Sie leben eher aus Bequemlichkeit in einem Haushalt zusammen. Es gab bisher keinen zwingenden Grund sich zu trennen, und da sind ja auch noch die Kinder ...
Dennoch hält Jennifer plötzlich an ihrer Ehe fest. Sie ist der festen Überzeugung, daß sie Tim braucht. Sie ist sich sicher, daß sie ohne Mann nicht erfolgreich sein kann.
Sie glaubt, als alleinstehende Mutter verliert sie alle Chancen, in ihrer beruflichen Position ebenso wie in der Politik. Der Status der verheirateten Frau wiegt in ihren Augen stärker als ihr Engagement und ihre Kompetenz. Damit wertet sie ihre Arbeit ab. Ihre Fähigkeiten wiegen weniger als das Image der Ehefrau und Mutter. Sie fürchtet, ihre Parteifreunde würden sie und ihr Können nicht mehr schätzen, wenn sie keinen Mann hat. Und sie glaubt, daß ihre politische Kompetenz »nur für eine Kleinstadt« ausreicht. Letztlich verzichtet sie auf eine eigene Karriere, aus Angst »ohne Mann« zu sein. Sie traut sich nicht zu, ihr Leben allein zu meistern – obwohl sie optimale Bedingungen hat.
Jennifer ist blind für ihre Chancen. Sie hängt an ihrem Haus, aber die Idee, sich über Finanzierungen zu informieren, die es ihr ermöglichen, das Haus allein zu halten, kommt ihr nicht in den Sinn. Dabei hat sie bisher alle Bankgeschäfte und die Hausfinanzierung der Familie allein geregelt. Ein Gespräch mit ihrer Hausbank würde ihr deutlich machen, daß es durchaus machbar ist, ein Haus allein zu halten. Aber trotzig besteht sie in ihren Gedankenspielen darauf, daß sie keine Chance habe, sich und ihren Kindern ein Dach über

dem Kopf zu sichern. Mit der Drohung, ohne Mann dazustehen, scheinen alle ihre Fähigkeiten auf Eis gelegt zu werden.
Die Angst, nicht für sich selbst sorgen zu können, sitzt tief, selbst dann, wenn Frauen über einen langen Zeitraum für die Familie gesorgt haben.
Jennifer weiß, daß sie bisher alles allein geschafft hat, aber sie verbeißt sich in das Gefühl, ohne Tim nicht abgesichert leben zu können. Selbst die eigene konkrete Erfahrung ist nicht stark genug gegen die alte tiefsitzende Denkfalle:
Eine Frau braucht einen Mann. Eine Frau braucht immer jemanden, der sie fördert, der sie rettet, der ihr hilft.
Auch die Angst vor dem Imageverlust ist groß. Eine verlassene Frau ist eine Frau, mit der etwas nicht in Ordnung ist. Und allein das diffuse Gefühl, daß etwas nicht stimmt mit einer Frau, die allein lebt, zwingt manche Frau dazu, nachzugeben und gegen ihre Wünsche und Gefühle zu entscheiden.
Jennifer glaubt, ihren Mann mit Nachgiebigkeit halten zu können. *Er* will in die Großstadt ziehen, doch *sie* organisiert die neue Wohnung, den Möbeltransport. *Sie* weist die Kinder in die neuen Schulwege ein, veranstaltet Kennenlernparties für die Älteren und Spielnachmittage für die Jüngste. *Sie* tut alles dafür, daß alle sich wohl fühlen. *Sie* erleichtert den Kindern den Abschied und tut so, als wäre sie zufrieden, damit auch Tim kein schlechtes Gewissen ihr gegenüber haben muß. Und *sie* glaubt, daß sie unfähig ist, ihre Existenz allein zu sichern und ihr Leben mit den Kindern zu organisieren.
Sie hofft, daß Bravsein ihre Ehe rettet. Dafür verzichtet sie auf alles, was ihr wichtig ist und sie weiterbringen würde. Sie fügt sich in ihr vermeintliches Schicksal und ist blind für andere Wege.
Verzicht kann keine langfristige Lösung sein.
Jennifer wird sich rächen, vielleicht auf eine subtile Weise,

so, wie viele Frauen es tun. Sie verbraucht horrende Summen, um sich mit ihrem Schicksal auszusöhnen. Erst mal ein paar Tage Urlaub, selbstverständlich eine Flugreise, um sich von den Strapazen zu erholen. Zwei Wochen Cluburlaub mit einer Freundin. Neue Möbel, »es lohnt wohl kaum, den alten Plunder mitzunehmen«. Abends geht sie oft aus. Nur weil sie nicht mehr politisch arbeiten konnte, will sie nicht zu Hause versauern. Die Konflikte waren programmiert. Jennifer hielt Tim gegenüber still, aber sie verlagerte ihren Zorn auf Nebenkriegsschauplätze.
Sie glaubte, daß sie vernünftig und durchdacht gehandelt hatte, und übersah dabei, daß sie ihre Bedürfnisse außer acht ließ. Sie zwang sich zu Gelassenheit und befriedigte lediglich Schein- oder Ersatzbedürfnisse.
Frauen haben nicht gelernt, zuerst danach zu forschen, was sie selbst wollen. Sie denken nicht darüber nach, was *ihre* Bedürfnisse sind, und welche Befürchtungen sie davon abhalten, ihren Weg zu gehen. Durch eine Weile Nachdenken wäre Jennifer vielleicht bewußt geworden, daß ihr politischer Erfolg, die Zusammenarbeit mit den Parteifreunden und das Gefühl, etwas in Bewegung zu bringen, wesentliche Bestandteile ihrer Zufriedenheit sind. Sie hätte spüren können, daß sie aus dieser Arbeit einen lebenswichtigen Nutzen zieht, nämlich Selbstbestätigung und Selbstachtung. Beides gab sie fahrlässig auf für das fragwürdige Image, eine verheiratete Frau zu sein.
Jennifers Denkfalle bestand darin zu glauben, das Etikett »Frau mit Mann« zu brauchen. Dafür opferte sie ihre Selbstachtung.
Aber einen Gewinn hatte sich auch Jennifer versprochen: Sie wurde vor dem Risiko bewahrt, sich ernsthaft ihren Lebenschancen zu stellen. Sie wurde durch das Bremsen ihres Mannes geschützt, vor der Gefahr zu versagen, aber auch davor, eine Karriere mit allen Konsequenzen zu leben.
Jennifer hat bewiesen, daß sie unabhängig und selbständig

agieren kann. Sie hat nicht nur für sich, sondern für ihre gesamte Familie, auch für ihre Eltern und Geschwister, wichtige Entscheidungen getroffen. Sie hat Geldgeschäfte geregelt, einen kühlen Kopf in Krisen bewahrt und entschieden gehandelt, wenn jemand krank war. Sie kann:
ihren Lebensunterhalt verdienen, ihre politischen und organisatorischen Fähigkeiten verkaufen, Menschen für sich gewinnen, Menschen überzeugen.
Das alles hat sie bewiesen. Weder ihr Mann noch irgend jemand sonst hat Anteil an ihren Erfolgen. Das muß Jennifer erkennen. Sie muß an sich und ihr Können glauben. Sie muß selbst zu der Überzeugung kommen, daß sie auch ohne Mann Anerkennung und Respekt verdient. Und sie muß die Anerkennung für ihre Leistung energisch fordern.

Kommt es Ihnen bekannt vor, daß Sie es nicht wagen, den ersten Schritt zu tun? – Kommt es Ihnen bekannt vor, daß Sie allzu schnell bereit sind, Dinge aufzugeben, die Ihnen wichtig sind? – Kommt es Ihnen bekannt vor, daß Sie gegen Ihre Interessen handeln? Dann müssen Sie lernen, sich selbst zu achten. Ihr Selbstwertgefühl darf nicht davon abhängen, ob Sie einen Mann haben oder nicht. Nur wer selbst an sich glaubt, kann andere von sich überzeugen.

Berufliche Denkfallen

»Hilfsbereitschaft wird belohnt.«

Auch diese Regel kann verschiedene Ausformungen haben:
- Arbeitseifer wird honoriert
- Zurückhaltung wird anerkannt
- Bescheidenheit zahlt sich aus

Frauen glauben, daß außer Kompetenz und Fleiß Lächeln und Liebsein beste Voraussetzungen für beruflichen Erfolg sind. Ungeachtet ihrer eigenen Erfahrung halten sie daran fest, daß Aufopferung der beste Weg ist, jemanden von der eigenen Leistung zu überzeugen.

Sigrid arbeitet seit einem Jahr in einer Anwaltskanzlei. Sie ist Rechtsanwältin und hofft, bald Sozius zu werden. Ihr Motto: »Arbeite bis tief in die Nacht. Sei gefällig, wenn der Seniorchef Nebenarbeiten zu vergeben hat.« Bereits ihr Großvater schrieb in Sigrids Poesiealbum: »Sei immer hilfreich und gut, und verliere nicht den Mut«. Daran glaubt Sigrid, dieser Satz ist zu ihrem Leitgedanken geworden. Schließlich hat sie auch mit Fleiß ihr Studium geschafft. Sie hat durchgehalten, auch wenn sie viel Pauken mußte. Sie hat nie den Mut verloren und hat sogar ihren Kommilitonen noch geholfen, wenn denen die Luft ausging. Auch die Stelle in der Anwaltskanzlei verdankt sie ihrem Einsatz. Hier hat sie ihre Hilfsbereitschaft schon im Referendariat unter Beweis gestellt. Und auch jetzt zeigt sie, daß sie eifrig ist. Sigrid übernimmt die Aufgaben der Gehilfinnen, wenn diese pünktlich gehen wollen, aber mit einer wichtigen Akte noch nicht fertig sind. Sie möchte zeigen, daß sie sich nicht zu fein ist für diese Arbeit, und sie will auch den Gehilfinnen gefallen. Außerdem müssen Frauen zusammenhalten. Sie hatte während des Studiums als Schreibkraft gejobbt und kann wirklich gut tippen. Sie arbeitet bis Mitternacht und auch an den Wochenenden, ohne zu murren. Sie tippt Schriftsätze und erledigt Routinearbeiten.

Immer wenn einer der Seniorpartner sie zum Gespräch bittet, hofft sie endlich das Angebot der Partnerschaft zu bekommen. Schließlich macht sie ihre Arbeit perfekt und ist hilfsbereit. Doch etwas läuft schief. Ein Kollege, der nach ihr in die Kanzlei gekommen ist, hat bereits Vorverhandlungen für eine Teilhaberschaft mit den Anwälten geführt. Sigrid kann nicht verstehen, was schiefgelaufen ist. Zwar hat sich ihr Kollege ebenfalls engagiert. Sie aber hat sich wesentlich mehr ins Zeug gelegt, sie hat mehr Überstunden gemacht als er, und sie ist immer eingesprungen, wenn eine der Anwaltsgehilfinnen ausfiel, dafür war *er* sich immer zu fein.

Nun stellt er unverschämte Forderungen, und es sieht ganz so aus, als würde sie dabei auf der Strecke bleiben. Zwei Anwälten wird sicher keine Partnerschaft angeboten. Sigrid kommt der Verdacht, daß brav sein nicht zum Erfolg führt, sondern Dreistigkeit. Jedenfalls scheint das für Männer eine erfolgversprechende Strategie zu sein.

Die Hoffnung, sie würde gebeten mit einzusteigen, ihr würde eine Partnerschaft innerhalb der Sozietät angetragen, erfüllte sich nicht. Sigrid beging einen typisch weiblichen Denkfehler. Sie glaubte, daß es genügt, kompetent, fleißig und nett zu sein, um Erfolg zu haben. In ihrem Kopf bestand ein unausgesprochener Vertrag: Sie setzt ihre Arbeitsbereitschaft, ihren Fleiß, ihre Opferbereitschaft und Genügsamkeit ein, und dafür erhält sie nach einer angemessenen Zeit den Partnervertrag.

Die Rechnung konnte nicht aufgehen, weil die anderen »Vertragspartner« nichts von diesem Vertrag wußten. Sigrid hatte etwas Wesentliches vergessen: Sie muß klare Forderungen stellen. Sie muß sagen, was sie will und wie sie sich die Zusammenarbeit vorstellt. Sie muß Bedingungen aushandeln, die klarmachen, was sie zu leisten hat, um Partner zu werden. Das, was Sigrid als voreilig und unverschämt empfindet, ist lediglich eine klare und eindeutige Forderung. Es ist die einzig richtige Strategie, das zu bekommen, was man will. Sie gilt für Frauen und Männer gleichermaßen. Sicher ist, daß eine Frau, die Gehilfinnenarbeit leistet, nicht Partnerin werden kann. Es wäre geschickter gewesen zu zeigen, daß Sigrid gute Ersatzleute organisieren kann, oder daß sie ihre Gehilfinnen so motiviert, daß sie engagierter arbeiten, weniger oft fehlen und auch mal länger bleiben.

Sigrid ist sicher eine kompetente Anwältin. Und Kompetenz ist ein wesentlicher Baustein zum Erfolg, aber nicht der einzige, Sigrid fehlt der Blick für die Regeln, die im Beruf gelten.

- Sich auf Aufgaben konzentrieren, die erfolgversprechend sind.
- Langfristige Ziele setzten und im Auge behalten.
- Keine Gedanken darauf verschwenden, was andere über einen denken.
- Klare, eindeutige Vereinbarungen treffen, Forderungen stellen.

Im Gegensatz dazu war Sigrid brav!
Sie hat sich verzettelt und Aufgaben auf sich gezogen, die weniger qualifizierte Mitarbeiter ausführen können, anstatt gezielt an Fällen zu arbeiten, die ihre juristischen Fähigkeiten unter Beweis stellten.

Sigrid hat sich zwar das Ziel der Partnerschaft gesetzt, aber sie hat es aus den Augen verloren. Sie hat sich an Kleinkram festgebissen, hat Schriftstücke getippt und Routinearbeiten übernommen, die sie von sichtbaren, erfolgsträchtigen Verhandlungen ablenkten.

Sie arbeitete für andere, um gemocht zu werden. Dafür verzichtete sie ungewollt auf beruflichen Erfolg. Aus Sorge, von den Anwaltsgehilfinnen als arrogant bezeichnet zu werden, hat sie sich mit ihnen auf eine Stufe gestellt und sie bei ihrer Arbeit entlastet, statt deren Fähigkeiten für ihre Entlastung zu nutzen.

Sigrid hat keine klare Vereinbarung darüber getroffen, welche Leistung sie erbringen muß, um einen Partnervertrag zu erhalten. Und sie hat keinen klaren Zeitraum vereinbart nach dem Vertragsverhandlungen stattfinden sollen.

Sie hat brav gewartet, daß der Seniorpartner auf sie zukommt und ein Angebot macht, statt eine Beteiligung zu fordern.

Viele Frauen denken ähnlich. Sie glauben, daß sie sich nicht zu fein sein dürfen, auch »anspruchslose« Aufgaben auszuführen oder erst einmal unentgeltlich zu arbeiten, um ihre Fähigkeiten zu beweisen.

Aber die beruflichen Stolpersteine können auch zu Hause liegen: Brigitte besitzt eine kleine gutgehende Boutique, doch in ihrem Geschäft und zu Hause putzt sie selbst, trotz ihres zehnstündigen Arbeitstags. Es ist ihr peinlich, eine Putzfrau einzustellen. Nachbarn und Freunde könnten sie für blasiert und wichtigtuerisch halten.

Heide arbeitete als Diplompsychologin zwei Jahre ehrenamtlich in einer Rehaklinik für Suchtkranke. Sie glaubte, fest eingestellt zu werden, als eine Teilzeitstelle ausgeschrieben wurde. Sie bekam die Stelle nicht. Warum sollte man jemanden bezahlen, der umsonst arbeitet?

»Ich muß tun, was von mir erwartet wird.«

Auch diese Denkfalle kann verschiedene Gesichter zeigen, auch diese Sätze führen in die Denkfalle: »Brav sein wird belohnt.«

Halte dich genau an das, was man dir sagt, dann kannst du nichts falsch machen.

Antworte nur, wenn du gefragt wirst. Halte dich mit deinen Ideen und deiner Meinung zurück, dann kannst du dich auch nicht blamieren.

Sei nicht vorlaut! Warte geduldig, bis man dich entdeckt.

Aus Märchen können Frauen starke Botschaften herauslesen, auch in diesem Fall: Aschenputtel hat lange genau das getan, was die böse Stiefmutter von ihr forderte. Sie war fleißig und demütig. Sie hat sich nicht einmal beschwert. Belohnt wurde ihr Stillhalten nicht. Erst als sie ein Gebot übertritt, das Haus verläßt, sich schöne Kleider beschafft und gegen den Willen der Stiefmutter zum Ball geht, kommt

etwas in Bewegung. Der Erfolg stellt sich ein, als Aschenputtel aufhört, brav und passiv zu sein.
Diese Regel ist allgemeingültig. Frauen, die aufopfernd und demütig dienen und die Schmutzarbeit machen, werden dafür keine Anerkennung oder Belohnung bekommen. Es ist viel zu schön jemanden zu haben, der einem Unangenehmes aus dem Weg räumt. Es gibt keinen Anlaß, sie weiterkommen zu lassen.
Frauen müssen aufhören, sich selbst zu Mägden zu degradieren. Sie müssen Gebote und Verbote übertreten, die sie zwingen, Arbeiten zu verrichten, die sie nicht weiterbringen. Die sanfte Aschenputtelvariante begegnet mir bei berufstätigen Frauen häufig:
Christa ist Grafikerin. Sie hat witzige Ideen, arbeitet sorgfältig und investiert eine Menge Freizeit, um sich neue Computeranimationstechniken anzueignen. Vor drei Jahren hat sie als Berufsanfängerin in einer großen Agentur begonnen. Sie hatte beste Zeugnisse und Arbeiten vorzuweisen und hoffte damals auf eine steile Karriere. Christa ist heute verärgert, sie muß immer noch die gleichen Zuarbeiten machen wie vor drei Jahren. Ab und an erledigt sie schon mal kleinere Aufträge, aber ein eigenes, anspruchsvolles Projekt wird ihr nicht übertragen. Dabei ist sie von ihrem Können überzeugt und hat mehrfach angedeutet, daß sie gern komplexere Aufgaben übernehmen würde.
Auch ihre Vorgesetzten bescheinigen ihr, daß sie ihre Aufgaben korrekt und sorgfältig erfüllt. Die Ideen, die sie einbringt, werden anerkannt. Und doch sind es immer die gleichen Kollegen, für gewöhnlich Männer, die gute Aufträge ergattern. Christa betont, daß sie die Vorgaben genau einhält, sie erfüllt ihre Aufgabe perfekt. Ihre Kollegen beschreibt sie als unzuverlässig. Sie verändern die Vorgaben und arbeiten mehr nach ihrem eigenen Kopf. Oft hat das Ergebnis nur noch wenig mit dem Kundenwunsch zu tun. Und doch scheinen die Kunden zufrieden zu sein.

Bei einem gemeinsamen Mittagessen spricht Christa einen dieser Kollegen darauf an. Er ist jemand, der durchaus mit Bedacht handelt. Er beschreibt ihr, wie er versucht herauszuhören, was der Kunde sich wirklich wünscht. Oft sind die Kundenvorschläge Ideen, die diese bei anderen gesehen haben oder selbstentworfene Vorlagen. Hinter diesen Vorschlägen steckt der Wunsch, daß die Fachleute etwas Besseres, Brillanteres daraus machen sollen. Den Kunden ist meist eine spritzige, originelle Idee wichtiger als die Schmeichelei, daß ihre unprofessionelle Idee aufgegriffen wurde. Christa hat knallige Ideen im Kopf, vieles würde sie anders machen, als der Kunde es sich vorstellt, doch bisher fand sie es nicht opportun, ihre »gewagten« Ideen einzubringen, nicht mal Vorschläge hatte sie gemacht.

Das war der springende Punkt. Sie entschied sich, ihren Vorstellungen mehr Bedeutung zu geben. Christa begann zögernd in Kleinprojekten, eigenen Ideen Vorrang zu gewähren.

Jeder Kunde bekam, was er vorgeschlagen hatte, und ihre Alternative dazu vorgestellt. Die meisten Kunden stimmten der neuen Idee zu, oft sogar begeistert. Auch ihrem Chef war aufgefallen, daß Christa eigenständiger arbeitete. Sie erhielt anspruchsvollere Aufgaben und wichtigere Kunden.

Sie behält Kundenwünsche noch immer im Auge, aber sie fragt sich zuerst, wie sie eine Sache angehen würde, und daraus entwickelt sie ihren Vorschlag. Und nur, wenn der Kunde überhaupt nicht will, geht sie konkreter auf seinen Wunsch ein. Christa hat verstanden: Mitarbeiter, die ihre Arbeit zuverlässig und vorhersehbar erledigen, pünktlich und genau das abgeben, was erwartet wird, sind für den reibungslosen Arbeitslauf jedes Unternehmens unerläßlich. Sie haben die Chance, ewig in einer Firma ihren gesicherten Arbeitsplatz zu behalten.

Aber weiterkommen werden diejenigen, die ihre Aufgaben

nutzen, um Profil zu zeigen. Sie werden vielleicht anecken, aber sie werden kaum für immer am gleichen Arbeitsplatz bleiben. Sie werden die Firma wechseln, wenn anderswo erfolgversprechendere Aufgaben in Sicht sind.

 Erfolg haben Menschen, die eigene Ideen laut und deutlich vortragen, ihre Wünsche äußern und Forderungen stellen. Sie zeigen, daß sie außergewöhnliche Aufgaben übernehmen wollen.

Nur wer erschöpft ist, hat auch etwas geleistet!
Auch diese Denkfalle hat eine Vielzahl von Varianten:
Was mir in den Schoß fällt, ist nichts wert.
Es ist peinlich, andere für sich arbeiten zu lassen.
Ich muß beweisen, daß ich belastbar bin.
Ich bin mir nicht zu fein, auch »niedere« Arbeiten zu übernehmen.
Frauen kommen sich oft überheblich oder ausbeuterisch vor, wenn andere für sie arbeiten müssen. Sie glauben, die schwierigen, zeitaufwendigen, lästigen Dinge selbst erledigen zu müssen. Dinge, die »man keinem zumuten kann«, muten sie nur sich selbst zu. Erst wenn sie sich richtig angestrengt und »schmutzig« gemacht haben, dürfen sie die Lorbeeren des Erfolgs ernten – ohne Fleiß keinen Preis. Und Fleiß ist gleichbedeutend mit Anstrengung. Arbeiten, die angenehm und erfolgversprechend sind oder weniger anstrengend, sind Luxus und nichts wert. Frauen, die ihre Arbeit ohne große Last oder, schlimmer noch, mit Lust erledigen, haben oft das Gefühl, nicht wirklich gearbeitet zu haben. Geht eine Arbeit leicht von der Hand, so ist sie nichts wert. Das geschieht regelmäßig, wenn jemand in seinem Job sicher wird. Sobald Arbeit zur Routine wird und nicht mehr mit anstrengender Vorbereitung und stressigem Zweifel verbunden ist, entsteht das Gefühl, nichts Wirkliches geleistet zu haben. Also auch den Lohn nicht verdient zu haben. Man hat sich nicht genügend anstrengen müssen – man bekommt den Preis,

ohne spürbar fleißig gewesen zu sein. Das kann nicht gutgehen.

Anna schreibt für eine Tageszeitung. Sie ist schon seit zwölf Jahren im Geschäft und kennt ihren Aufgabenbereich. Sie arbeitet gezielt und schnell. Und weil sie gut schreibt und immer termingerecht fertig ist, bekommt sie meist auch spannende Aufträge. Die Arbeit geht ihr leicht von der Hand, aber Anna ist unzufrieden. Sie hat das Gefühl, daß etwas nicht in Ordnung ist. Die Kollegen stöhnen bei der Arbeit, sind nach Dienstschluß wirklich fertig, nur ihr geht es gut. Der Verdacht keimt in ihr, daß sie nicht genügend arbeitet.

Anna kann ihren Erfolg und ihr Können nicht genießen. Statt sich zu freuen, daß sie ihren Job so gut im Griff hat und sich wohl fühlt bei der Arbeit, mißtraut sie sich.

Viele Frauen verlieren mit zunehmender Berufserfahrung das Gespür für ihre Leistung. Sie glauben, ihre Arbeit sei nichts wert. Sie fürchten, nicht genug zu leisten. Ihr Maß für gute Arbeit ist körperliche und geistige Müdigkeit, nicht die fehlerlose Ausführung, die kreative Idee oder die Anerkennung von außen. Die Folge: Frauen arbeiten solange, bis sie erschöpft sind. Nicht der gute Abschluß einer Aufgabe setzt den Schlußpunkt, sondern der Grad der Erschöpfung. Frauen leiden oft auch deswegen unter dem Gefühl ausgebrannt zu sein, weil sie ihre Meßlatte immer ein Stück zu weit nach oben setzen und ihre Erfolge nur mäßig genießen.

Viele Frauen müssen lernen:

Auch Arbeit, die leicht von der Hand geht, ist wertvoll. Gerade wer professionell zügig und ohne große Belastung seine Arbeit verrichtet, hat etwas geleistet.

Die Angst vor der Macht

> »Macht, das ist jede Chance, innerhalb einer sozialen Beziehung den eigenen Willen auch gegen Widerstreben anderer durchzusetzen, gleichviel worauf die Chance beruht.«
> *Max Weber*

Frauen verzichten auf Macht, vorgegebene Hierarchien werden dadurch stabilisiert. Verknöcherte Machtstrukturen bleiben bestehen, und Frauen tragen ungewollt erheblich dazu bei.

Für viele Menschen hat der Begriff Macht einen negativen Beigeschmack. Sie assoziieren Korruption, über Leichen gehen, Machtmißbrauch. Die meisten Frauen wollen keine Macht, sie wollen anderen Menschen nicht ihre Meinung aufdrücken. Daß sie das im Endeffekt auf subtile Weise dennoch tun, leugnen sie, auch vor sich selbst. Sie haben Angst vor der eigenen Macht. Sie fürchten, wer Macht hat, werde letztlich nicht wirklich geliebt.

Die Angst, Macht auszuüben, zeigt sich in verschiedenen *Denkfallen*: Es sind Behauptungen, die weibliches Handeln steuern, ohne je bewiesen worden zu sein. Es sind Vorurteile, die Frauen den Weg zur Macht verbauen. Hier eine Übersicht:

Wer Macht einsetzt, wird einsam werden!
Halte dich immer genau an das, was man dir gesagt hat!
Wer Macht hat, beutet andere aus!
Frauen können keine Verantwortung übernehmen!
Durch Beziehungen nach oben kommen, das tut man nicht!
Frauen sind die grauen Eminenzen!
Man muß immer darum kämpfen, seine Macht zu erhalten!
Brave Mädchen konkurrieren nicht!
Namen und Titel sind Schall und Rauch!

Der Mächtige hat seine Seele verkauft!
Ich darf kein Risiko eingehen!
Macht macht unbeliebt!
Wer sich erhebt, wird erniedrigt werden!

Macht macht einsam!?

Erfolg und Macht liegen dicht beieinander. Und jeder will auf seine Weise erfolgreich sein. Je größer der Wunsch nach Erfolg, desto näher rückt oft der Wunsch nach Macht. Im Beruf heißt der Weg zu Erfolg und Macht Karriere. Besonders Frauen fürchten, auf diesem Pfad einsam zu werden. Für die meisten Frauen ist es ein Weg, den nur Männer gehen. Männer sind die knallharten Einzelkämpfer, gleichermaßen bewundert und bemitleidet. Folgt man der weiblichen Logik, dann entscheidet sich der einsame Mann für seinen einsamen Weg. Anders die fiktiv mächtige Frau. Sie bremst ihre Machtbedürfnisse, steckt an wichtigen Stellen zurück, entscheidet sich für den gelasseneren Weg, nicht für den steilen. Im Zweifel wählt sie Freundschaft, Kollegialität, soziale Nähe.
Sie begreift nicht, daß Macht und Erfolg auf der einen Seite und Einsamkeit auf der anderen nichts miteinander zu tun haben. Zu viele Beispiele mächtiger, einsamer Männer beweisen scheinbar das Gegenteil. Und es ist wirklich schwer zu erkennen, daß diese Männer kein Beweis sind. Denn Männer füllen ihre Macht zu oft mit Rangkämpfen, Verzicht auf freundschaftliche Freizeitaktivitäten und Verzicht auf echte Familienzeit. Gleichzeitig schaffen sie mit diesen Mustern die realen Ursachen ihrer Einsamkeit. Männer sind ebenso in ihre »männlichen« Strukturen gebunden wie Frauen in ihre weiblichen. Frauen müssen *diesen* Lebensstil von Macht nicht übernehmen, um erfolgreich und mächtig zu sein. Doch sie stehen sich selbst im Wege, weil sie es nicht wagen, neue Wege zu erproben.

Manche Männer und viele Frauen entwerten die starke Einzelkämpferin zum sitzengelassenen Mädchen, dem keine andere Möglichkeit blieb. Sie beschimpfen sie als bösartige Xanthippe, die für sich selbst sorgen muß, weil niemand sie mag. Ihr Erfolg sei notgeboren, den Weg nach oben hätte sie keinesfalls aus Überzeugung gewählt. Unklar bleibt bei solcher Argumentation, ob nun Macht einsam macht oder ob einsame Frauen zu machtgierigen Kampfhennen werden. Dennoch: Frauen befürchten, Macht mache zwangsläufig einsam. Und sie wollen auf keinen Fall, daß man sie für ein sitzengelassenes Mädchen hält oder daß sie als alte Jungfer enden.

Es ist schwer, dieser Falle zu entkommen. Zwar müssen starke Einzelkämpferinnen nicht einsam sein, doch die engagierte Karrierefrau verbringt weniger Zeit damit, andere zu hätscheln. Sie möchte nach getaner Arbeit vielleicht selbst aufgemuntert werden. Dennoch ist ihr Leben nicht freud- und freundlos, und sie hat keinesfalls nur noch den Job im Kopf.

Im Gegenteil, Frauen, die im Beruf klare Ziele haben und voller Energie ihre Aufgaben erledigen, sind auch in ihrer Freizeit aktiv. Sie nutzen ihre Stärke, um andere zu unterstützen, *und* ihre Selbstsicherheit erlaubt es ihnen, Rückendeckung und Hilfe von Freunden und Kollegen zu erbitten. Sie tanken in ihrer Freizeit auf, genießen ihren Urlaub und haben Spaß mit Freunden.

Larissa ist aus der Denkfalle der einsamen Mächtigen ausgestiegen. Sie verfolgt energisch ihre beruflichen Ziele, ohne Angst vor Einsamkeit. Sie liebt es, allein entscheiden zu können und andere vor klare Aufgaben zu stellen. Es stört sie nicht, wenn der eine oder andere mal zerknirscht ist, meckert oder ablehnend zu ihr ist, weil ihre Anordnungen unbequem sind. Sie hat den Bogen raus. Sie zeigt genügend geschäftliche Härte und motiviert ihre Mitarbeiter mit Fingerspitzengefühl. Larissa ist Vertriebsleiterin in der Pharmaindustrie, verheiratet, Mutter von zwei Kindern, 7 und 4 Jahre alt. Ihr wird oft unterstellt, keine *richtige* Frau zu sein. All das, was eine sorgende Ehefrau und gute Mutter sein soll, fehlt ihr angeblich. Mittags steht kein warmes Essen für die Mädchen auf dem Tisch, und nachmittags müssen sie sehen, wie sie sich beschäftigen, nicht mal bei den Schulaufgaben der Großen hilft die Mutter. Da fragen böse Zungen, warum sie denn Kinder habe, wenn sie sich doch nicht mit ihnen befasse. Auch das angeblich so wichtige Gespräch der Mutter mit den Töchtern nach Schule und Kindergarten fehlt. Und am Abend, wenn der ebenfalls beruflich stark engagierte Gatte heimkommt, erwartet ihn eine leere Wohnung oder zwei stürmische Kinder, die sofort ihren Vater mit Beschlag belegen. Schimpf und Schande über so eine Frau? Larissa läßt sich nicht aus der Ruhe bringen. Sie war auf diese negativen Klischees vorbereitet. Sie ahnte, daß man sie attackieren würde. Sie hat sich bei ihren Freundinnen und befreundeten Kolleginnen Rückendeckung geholt. Sie achtet sehr genau auf die Qualität ihrer Familienbeziehungen. Sie ist sich ihrer Sache sicher. Die Spiel- und Spaßzeiten mit den Kindern bereiten allen viel Vergnügen, und für ihre Partnerschaft ist ihre Berufstätigkeit eine Bereicherung. Er ist stolz auf ihre Erfolge.

Sie weiß, daß viele Menschen ihr skeptisch gegenüberstehen. Doch Mann und Kinder stehen hinter ihr. Nur ab und an ist auch sie sich ihrer Sache nicht ganz sicher: wenn eines der Kinder krank ist oder als die Große die ersten Wochen Angst in der Schule hatte. Ein wenig greift die Verunsicherung dann doch. Dann spricht sie mit ihrem Mann und mit ihren Kindern. Sie holt sich von Menschen Unterstützung, deren Urteil für sie wirklich zählt.

Kunden und Kollegen, Männer und Frauen versuchen gelegentlich, sie zu verunsichern. Sie werfen ihr Kälte gegenüber der Familie vor. Es beschäftigt sie dann schon, doch bald sieht sie wieder klar. Ist sie in schlechter Tagesform und

kommt mehr ins Grübeln, ruft sie ihren Mann oder eine Freundin an und läßt sich von ihnen den Kopf wieder geraderücken. Auch für die starken Einzelkämpferinnen sind die Unterstützungen von Freunden wichtig.
Trotz solcher Ausnahmen bleibt Machtstreben für viele Frauen ein allgegenwärtiges Tabu. Selbst die Neue Frau darf höchstens ein bißchen ehrgeizig sein. Leistungen soll sie erbringen, aber nach den Sternen greifen soll sie nicht. Da wird gleich mit Einsamkeit gedroht. Sterne, die holen allein Männer vom Himmel. Die verfluchte Angst, an Weiblichkeit zu verlieren, läßt schon das Wort Karriere gefährlich klingen. Selbst eine gestandene »Karrierefrau« schlug vor: »Sagen wir doch besser Laufbahnplanung – Karriere hört sich an, als wollten wir über Leichen gehen.« Bescheiden weiterkommen, das ist das höchste Ziel. Ungewollt stützt das die Denkfalle von den Gefahren des Ehrgeizes. Karriere machen, das wollen/sollen Frauen nicht. So leugnen auch die strebsamen Frauen ihre Machtgelüste und Karrierewünsche aus Angst, hart und kalt zu wirken. Sie beraten einen ganzen Abend, wie man den eigenen Karrierewunsch am besten tarnen kann, ohne das überkommene Klischee von Weiblichkeit und Sanftmut zu verlieren. Bleiben sie dann hinter ihren männlichen Kollegen zurück, fühlen sie sich diskriminiert. Wirklich gute Positionen streben sie höchstens halbherzig an, gebremst von der Sorge, sich plötzlich einsam auf dem Weg nach oben zu befinden. Sie lassen anderen, gewöhnlich Männern, den Vortritt, oder sie harren aus und halten ihrem netten Chef die Treue. Sie stellen selbst die Weichen in Richtung Abstellgleis. Mit viel Glück erhalten sie eine Treueprämie.
Viele Frauen, die gute Aufstiegschancen haben, fühlen sich ihrer Firma oder ihrem Vorgesetzten so stark verbunden und verpflichtet, daß sie einen Wechsel nicht erwägen. Sie sind dankbar, daß sie gut behandelt werden. Sie glauben an den verstaubten Spatz in der Hand.

Halte dich mit eigenen Ideen zurück!
Frauen halten sich zu oft an die Spielregeln. Selten hinterfragen sie die Vorgaben. Sie fügen sich kritiklos in ein Regelsystem. Selbst dann, wenn sie an den Inhalten zweifeln und die meisten Regeln dazu dienen, sie an ihre Rolle zu ketten.

Wer sich stets an die Spielregeln hält, kann nicht mitgestalten. So werden Sie wenig verändern oder bewegen. Nur wer *eigene* Spielregeln aufstellt, mit denen er sich wohl fühlt, bestimmt seinen Weg. Und wir legen damit selbst die Rollen fest, die andere für uns spielen. Nur diejenigen, die es wagen zu sagen: »Das ist die alte Regel, die paßt nicht zu mir, ich probiere etwas Neues aus«, und danach handeln, werden gute Ideen auch in die Tat umsetzen.

Frauen haben nicht gelernt, selbst zu bestimmen, in welchem Maß sich andere Menschen in ihr Leben einmischen dürfen. Aus Angst, über andere zu verfügen, verzichten sie darauf, selbst zu bestimmen, was sie wollen. Auch die Neue Frau ist eine brave Frau. Die Fesseln ihrer Kindheit schneiden tief ins Fleisch. Sie hat die Regeln, Normen und Traditionen ihrer Mutter und Großmutter verinnerlicht. Im Kern ihres Wesens versucht sie, sich daran zu halten, auch wenn das mit ihrem Leben und ihrem modernen Rollenverständnis wenig gemein hat. Sie schnürt sich in ihr altes Rollenkorsett, auch wenn sie darüber neue Kleider trägt.

»Halte dich zurück mit eigenen Vorschlägen, die anderen wissen sowieso besser Bescheid als du. Du wirst dich nur blamieren.« Schon der Wunsch, Spielregeln verändern zu wollen oder sie mal zu ignorieren, löst Schuldgefühle aus. Macht, das ist fast etwas Blasphemisches für eine Frau.

Ein harmloses Beispiel ist Petra. Sie fährt oft mit Freunden Fahrrad. Sie kennt die Umgebung gut, schlägt aber nie einen Weg vor. Sie fürchtet, die anderen – hauptsächlich ihre männlichen Bekannten – könnten sie für besserwisserisch halten, oder schlimmer noch, als herrschsüchtig einstufen.

Dabei kennt sie sich besser aus als sie. Sie quält sich durch unwegsames Gelände, weil die Mitfahrer etwas übermütig jede Orientierung verloren haben. Das geschieht oft, und obwohl ihr allmählich der Spaß an den gemeinsamen Radtouren vergällt ist, schweigt sie.
Viele Frauen handeln so, sie deuten bestenfalls vorsichtig an, daß es noch andere Lösungen gibt, oder flüstern sie einem anderen ins Ohr. Am Ende sind sie trotzdem beleidigt, weil niemand ihre Meinung zur Kenntnis nimmt, oder wenn ihre vermeintlichen Forderungen, die sich auch eher wie ein scheues Flüstern angehört haben, überhört werden.

Ziel erreicht und doch verloren
Schlimmer noch scheint es zu sein, wenn Frauen das bekommen, was sie wollen, ihnen hinterher aber unterstellt wird, sie hätten andere überrollt. Das Gefühl, über andere bestimmt zu haben, quält sie noch mehr als ihre Machtlosigkeit. Es geht einher mit der Befürchtung, Macht mißbraucht zu haben.
Die Gefühle der Neuen Frau zur Macht sind zwiespältig. Einerseits fordert sie Macht und ist sauer darüber, keine zu besitzen. Sie steckt in einer teuflischen Klemme. Sie muß und will im Beruf Pflichten übernehmen, aber sie hat nicht genügend Macht, diese adäquat zu erfüllen. Es fehlt ihr oft das notwendige finanzielle Budget, oder sie hat keine Befugnis, Mitarbeiter einzustellen oder anzuweisen.
Verantwortung soll und will sie übernehmen, sie will Dinge in Gang setzen, Traditionelles durchbrechen, Alteingefahrenes verändern, Entscheidungsfreiheit und weitreichende finanzielle Befugnisse erhalten. Doch der Kampf wird nur halbherzig geführt, denn sie fürchtet, mit zunehmender Kompetenz weniger gemocht zu werden. Sie hat Angst, arrogant und überheblich zu erscheinen, ihre Weiblichkeit zu verlieren, *nur wegen einer kleinen Portion Macht*. Der Preis scheint ihr zu hoch.

Auch zwischen Frauen gibt es diese Probleme. Susanne und Roswitha planten in jedem Jahr eine gemeinsame Reise. Sie wollten etwas zusammen unternehmen, trotz unterschiedlicher Bedürfnisse. Susanne wollte sich erholen, Roswitha etwas erleben. Diesmal hatte Susanne ein schönes Hotel mit Sauna und Schwimmbad am Rande einer Großstadt vorgeschlagen. Verblüffenderweise stimmte Roswitha ihrem Vorschlag gleich zu. Während des Urlaubs schienen sich beide pudelwohl zu fühlen. Susanne gefiel die Mischung aus Ruhe und Großstadtkultur, Roswitha war gut gelaunt. Doch auf der Rückfahrt beschwerte sie sich. Sie käme einfach nicht gegen Susanne an, fühle sich überrollt. Im Grunde wäre sie lieber nach Paris gefahren, Aktion rund um die Uhr. Susanne fühlte sich schuldig. Sie kannte diese Art Anschuldigung, auch von Kollegen. Sie kam in meine Beratung und wollte lernen, sich mehr zurückzunehmen. Sie kam sich wie eine Walküre vor, unweiblich und herrisch. Ich bat Susanne exakt zu beschreiben, wann sie wen überrollt. Erst als Susanne verschiedene Situationen fast pingelig auseinanderdröselte, erkannte sie, wie solche »Diskussionen« ablaufen. Ihr fiel auf, daß *sie* niemanden wirklich überrollte, sondern daß sie die Entscheidungen traf, um die andere sich drückten. Die verschiedenen Geschichten, die sie erzählte, haben eine Gemeinsamkeit. Die anderen wußten im Grunde nicht, was sie wollten. Susanne aber hatte meistens klare Vorstellungen von ihren Wünschen. Und die trug sie selbstbewußt vor. Sie stellte den anderen frei, eigene Vorschläge zu machen, und war durchaus kompromißbereit. Für ihre Mitmenschen war es oft eine Erleichterung, sich an ihre Ideen anzuhängen. Zweifel kamen den anderen immer erst im nachhinein. Mit ihrer Klarheit bewegt sich Susanne weit außerhalb des weiblichen Durchschnitts. Direkt, klar und zielstrebig, diese Eigenschaften treten selten gleichzeitig in weiblichen Verhaltensmustern auf. Susanne sagte geradeheraus, was sie sich vorstellte. Sie war weder leise noch zögerlich, sie wußte, was sie wollte, und meistens geschah viel von dem, was sie sich vorgenommen hatte. Susanne mußte lernen, zu ihren starken Eigenschaften zu stehen. Sie wollte kein böses egoistisches Mädchen sein. Sie fühlte sich als Außenseiterin zwischen den braven, anpassungsfähigen, bieg- und schmiegsamen Frauen, die so schrecklich diplomatisch waren. Doch mit Diplomatie hat solche Entscheidungsunfähigkeit nichts zu tun. Diplomatie heißt Verhandlungskunst. Und Verhandlungskunst bringt Ergebnisse, bei denen *alle* einen Nutzen für sich erkennen.

Macht heißt Ausbeutung!?

Erika, eine gestandene Geschäftsfrau, erklärte mir, daß sie ihre Mitarbeiter gut bezahlt, aber auch gute Leistungen erwartet. Zu dieser Einstellung habe sie sich durchringen müssen. Sie entschuldigt sich regelrecht dafür, daß sie für ihr Geld eine angemessene Leistung erwartet, und beschreibt ausführlich, wie wirtschaftlich sie denken muß. Sie ist bemüht, ihre Macht als Firmeninhaberin nicht zu mißbrauchen. Sie ist fast besessen von der Angst, andere auszunutzen. Sie überfordert *sich*, weil sie ihre Angestellten nicht überfordern will. Sie will keine »schlechtbezahlten« Aushilfen einstellen, das wäre Ausbeutung, sie will ihren festangestellten Mitarbeitern keine Überstunden abringen, auch das wäre Ausbeutung, und gut bezahlte Aushilfen kann sie sich nicht leisten. Dennoch hat sie nie geprüft, ob ihre Angestellten zu Überstunden bereit wären, und sie hat nicht geprüft, ob jemand ihr Aushilfsangebot für angemessen hält.
Die Sorge, jemanden auszunutzen, steckt auch hinter dem zögerlichen Versuch, sich bei der Hausarbeit zu entlasten. Die Mithilfe der Kinder oder des jobgestreßten Partners werden selten konsequent eingefordert. Das beliebte Spiel mancher Frauen, schnell noch sauberzumachen, bevor die Haushaltshilfe kommt, zeigt es deutlich.

Macht verdirbt den Charakter!?

Viele Vorurteile geistern durch die Köpfe von Frauen, ausgelöst durch die Angst vor der Macht, die sie besitzen könnten.

Die vielleicht einschneidendste Furcht ist die, die eigene Seele zu verkaufen. Macht, das ist ein Pakt mit dem Teufel, er mündet in einen Blutrausch, in die Lust an der Erniedrigung eines Opfers. So wird es nicht ausgesprochen, aber so wird es gefühlt. »Anderen sagen, was sie zu tun haben, das könnte ich nicht!« Schnell taucht eine böswillige Assoziation auf: »Das wäre so, als würde ich jemanden vergewaltigen.«

Die Frau, die Macht ausübt, hat einen schlechten Charakter. Emotional ist das die schlimmste Falle. Sie trifft besonders tief und wird selten klar ausgesprochen. Denn wer einen Bund mit dem Teufel schließt, scheut vor List und Verschlagenheit nicht zurück. Brave Mädchen können nur ahnen, zu was eine solche Frau fähig ist. Da werden schnell »wissende« Blicke getauscht, wenn eine Kollegin befördert wird. Der Blick unterstellt: Die Aufsteigerin habe sich durch die Betten der Vorgesetzten hochgearbeitet. Oder: Der betuchte Vater hat in bar zum Erfolg beigetragen.

In kleinerer Münze zeigt sich die Furcht vor der verkauften Seele im Angstgegner Verantwortung.

Nur keine Verantwortung übernehmen!
Frauen übernehmen die Verantwortung, wenn etwas schiefgelaufen ist. Sie tun es auch dann, wenn sie selbst mit einer Sache nur am Rande zu tun hatten. Doch im Vorfeld lehnen sie wichtige Aufgaben aus Angst vor der Verantwortung ab. Lieber verzichten sie auf Einfluß, obwohl sie später wahrscheinlich doch ihren Kopf hinhalten.

Macht auszuüben bedeutet, andere zu beeinflussen etwas zu tun, auch wenn diese davon nicht begeistert sind oder gar nicht wollen. Das fällt Frauen schwer. Zum einen wollen sie andere nicht zwingen, zum anderen fühlen sie sich verantwortlich dafür, daß alles perfekt erledigt wird. Sie befürchten, daß diejenigen, die sich genötigt fühlen, schlechte Arbeit abliefern. Wie so oft, prüfen sie dabei nicht, ob jemand die Sache gern übernimmt. Sie registrieren nicht einmal, daß sie selbst auch nicht immer mit Begeisterung dabei sind, sondern sich oft »durchquälen«. Und dennoch arbeiten sie gut. Das könnten andere auch.

Sie fordern von sich selbst Leistung, Perfektion, Zuverlässigkeit und Ausdauer, auch dann, wenn sie keine Lust dazu haben. Anderen muten sie eine solche Selbstüberwindung aber nicht zu. Sie haben Verständnis für deren Trägheit. Zwar nörgeln und jammern sie über den erfolglosen Ehemann und über die faulen Mitarbeiter, konsequente Forderungen stellen sie trotzdem nicht.

Vorgesetzte müssen Anweisungen geben. Wiederum ein Handikap für die Frauen, die glauben, jeder müsse selbst erkennen, was notwendig ist, und danach handeln. Sie leiten nicht gern an, weil sie nicht kommandieren wollen. Frauen sind selten bereit, jemanden »kraft ihres Amtes« zu einer Verhaltensänderung zu bewegen. Je mehr sie das Gefühl haben, jemanden in etwas hineingejagt zu haben, desto verantwortlicher fühlen sie sich für dessen Fehler. Für Erfolge tragen sie viel seltener Verantwortung. Die Lorbeeren überlassen sie den anderen. Die braven Mädchen laden sich alle Last auf die eigenen Schultern. Sie wollen nicht Autorität sein und verwechseln autoritär mit Autorität. Doch nur wer Autorität hat, kann Dinge in Bewegung setzen und Einfluß nehmen.

Macht und Autorität liegen dicht beieinander. Autorität hat man entweder auf Grund seiner intellektuellen oder sachlichen Kompetenz, oder man besitzt eine natürliche Autorität. Das heißt eine Autorität, die sich aus zwischenmenschlicher Kompetenz und Ausstrahlung ergibt und die von anderen Menschen gespürt und respektiert wird. Wer auf Grund natürlicher Autorität Macht ausübt, kann Menschen führen und Dinge in Bewegung bringen.

Hohe Tiere beißen!?

Außerdem müssen Frauen lernen, ihren Einfluß auch nach oben geltendzumachen. Die Vorgesetzte, die ihrer Mitarbeiterin verspricht, sie zu einem Rhetorikseminar zu schicken, und ihre Zusage dann nicht einhalten kann, weil sie sich ihrem Chef gegenüber nicht behaupten kann, ist wenig vertrauenswürdig. Frauen glauben, sie seien ihren Vorgesetzten ausgeliefert. Sie haben Angst, ihren Arbeitsplatz zu gefährden, wenn sie »frech« werden.
Sabrina, Assistentin des Geschäftsführers einer Einzelhandelskette, wollte ein halbes Jahr unbezahlten Urlaub für eine lang geplante Südamerikareise. Sie war überzeugt davon, daß eine ihrer Mitarbeiterinnen sie problemlos vertreten könnte. Sie war bereit, Sabrinas Aufgaben zu übernehmen und freute sich auf diese Herausforderung. Sie sah darin eine Chance, ihr Können zu beweisen und sich später auf eine vergleichbare Stelle zu bewerben. Jetzt lag es an Sabrina, ihren Chef zu überzeugen. Sie sammelte eine ganze Reihe von Argumenten, die beweisen sollten, daß er keinen Nachteil durch ihre Abwesenheit haben würde. Das ist wichtig, denn es reicht nicht aus, ihre Vertretung zu überzeugen, sondern sie muß auch ihren Einfluß nach oben geltend machen. Sie weiß, daß ihr Chef sie nicht gehen lassen will. Sie nimmt seine Gegenargumente ernst und entkräftet sie zielgerichtet. Sabrina weiß, daß ihr Chef von ihrer Kompetenz überzeugt ist, und sie ist sich ihrer Sache sicher. Es liegt an ihr, ob sie das halbe Jahr Urlaub bekommt oder nicht. Auf Grund ihrer Kompetenz und Selbstsicherheit kann sie ihre Fähigkeit zu überzeugen auch nach oben nutzen.

Darf man Beziehungen (aus-)nutzen?

Frauen glauben, es sei *unanständig*, Beziehungen zu nutzen. Die Angst, in den Ruf zu geraten, eine bestimmte Position nur erreicht zu haben, weil der Sowieso ein gutes Wort eingelegt hat, hält sie davon ab, sich mit Leuten in übergeordneten Positionen auszutauschen und eine vertrauensvolle Basis herzustellen. Sie fürchten sich vor dem Ruf, sich hochgemauschelt oder hochgeschlafen zu haben. Das hält sie davon ab, sich Informationen zu beschaffen von Leuten, die Insiderwissen haben. Sie wollen sich nichts schenken lassen, und Beziehungen nutzen hat für sie eben diese Bedeutung. Gute Beziehungen zu vielen Mitarbeitern sind aber eine notwendige Voraussetzung, um an alle Informationen zu kommen, die für eine effektive und erfolgreiche Ausführung einer Aufgabe wichtig sind. Menschen, die von Informationen abgeschnitten sind, weil sie unbeliebt oder uninteressant sind oder sich unsichtbar machen, können nicht effektiv arbeiten. Stabile Macht haben nur diejenigen, die gute Beziehungen zu Mitarbeitern und Vorgesetzten pflegen.

Und gute Beziehungen pflegen heißt *nicht*, die Arbeit anderer tun, sondern die Interessen der anderen sehen und integrieren, wo immer es *möglich* ist.

Frauen ziehen die Fäden im Hintergrund!?

Im Hintergrund stehen sie schon, aber Macht haben sie nicht!

Vielen Frauen wird suggeriert, sie seien die wahren Drahtzieher im Hintergrund. In Wirklichkeit träfen *SIE* die wichtigen Entscheidungen, schöben ihre Männer in die guten Positionen, seien interessierter an deren Erfolg, als diese selbst. Nicht Helmut, sondern Hannelore, nicht Helmut, sondern Loki seien die wahren Macher, nicht Herr Meier, sondern Frau Meier habe die Hosen an. Wissend lächelnd, zwinkern sich Frauen zu. Zu gern wollen sie glauben, auf diese Weise weittragende Entwicklungen zu beeinflussen.

Wie groß der Einfluß der zurückhaltenden Frauen wirklich ist, weiß niemand. Der Einfluß bleibt reine Spekulation, eine Behauptung, die Frauen schmeichelt, ihre Bescheidenheit lobt ... und sie mundtot macht. Denn wenn dem so wäre – warum dann diese Bescheidenheit? Was hindert Frauen, den Ruhm zu ernten, wenn tatsächlich sie es sind, die diese Saat ausgebracht haben?

Als Erklärung für die weibliche Mentalität der grauen Hintergrundsteuerung wird die Angst vor Erfolg oder auch vor dem Mißerfolg herangezogen. Konzepte werden, je nach Gusto, passend zurechtgebogen. Vielleicht sind es interessante Muster, weibliches Innenleben zu erklären, doch wenig hilfreich bei der Beantwortung der Frage, was Frauen tun können, um sich ins Rampenlicht zu stellen. Wie können sie Schritt für Schritt die Rechte, die ihnen zugesagt sind, mit gutem Gewissen in die Tat umsetzen? Wie schaffen sie es auszuhalten, daß ihr Mann sich schämt, weil er weniger verdient als sie? Wie können sie konzentriert ihrem Job nachgehen, obwohl Schuldgefühle an ihnen nagen, weil die 14jährige Schulprobleme hat? Was können sie tun, daß sie sich nicht so verdammt schlecht vorkommen, wenn ihr Ehemann seine Hemden selbst bügelt?

Es ist nicht die Angst vor Erfolg, es sind die Schuldgefühle und das schlechte Gewissen, es ist die Furcht, nicht brav gewesen zu sein, die Frauen stoppt. Abgesehen von den äußeren Hürden, die ihnen in den Weg gelegt werden. Leider geben Mütter diese Muster noch immer an ihre Töchter weiter. Die Mutter, die ihrem Kind zusagt: »Ich rede mit Papa!«, und die ihren Mann im stillen Kämmerlein bequengelt und becirct, der Tochter dies und oder jenes zu gestatten, behauptet sich nicht wirklich. Sie bezieht keine Stellung in der Öffentlichkeit, nicht mal vor ihrem Kind. Sie glaubt, daß

Eltern immer konsequent und geschlossen einer Meinung sein müssen, selbstverständlich der des Vaters. Sie lehrt das Kind, daß es besser ist zu mauscheln, als klar und offen zu verhandeln. Graue Eminenzen hingegen sind kompetente Ratgeber, die eigenen Nutzen aus ihrer Position ziehen, keine schmeichelnden Manipulierer.

Frauen schieben ihre Männer zwar oft an, denn sie wollen, daß sie wichtige Positionen einnehmen und gut verdienen. Doch der vermeintliche Nutzen, ein gesichertes und sorgenfreies Leben, der wird zum Eigentor – sie machen sich abhängig, verstecken ihre Fähigkeiten und können am Ende nicht einmal für sich selbst sorgen. Frauen machen sich oft unsichtbar. Graue Eminenzen werden sie so allerdings kaum.

Bedeutet Machterhalt ständigen Kampf?

Frauen glauben, Macht zu erhalten, sei eine aufreibende Beschäftigung. In Wirklichkeit gilt das Gegenteil: Macht wirksam eingesetzt, mündet in ständigen Machtzuwachs.

Frauen, die sich durchgerungen haben, Macht zu enttabuisieren und mit Fingerspitzengefühl ihre Macht nutzen, erkennen bald: Es ist leicht, zu weiterer Macht zu kommen, wenn man schon welche besitzt.

Eine Chefin, die ihren Mitarbeitern klare Aufgaben stellt und die Ausführung offen kontrolliert, die Spielraum läßt ohne verspielte Zeit zu gewähren, übt sinnvoll Macht aus. Wenn sie Fortbildung bewilligt, Gehaltserhöhungen durchsetzt, eine angemessene Überstundenvergütung gewährt, Verantwortung deutlich abgibt und auch attraktive Aufgaben delegiert, wird sie von ihren Mitarbeitern unterstützt. Sie wird ihrer Aufgabe gerecht und stellt ihre Führungsfähigkeit unter Beweis. Ihre Erfolge werden ihrem Know-how zugeschrieben, sie wird weitere anspruchsvollere Aufgaben erhalten. Eine positive Spirale des Erfolgs ist in Gang gesetzt.

Brave Mädchen konkurrieren nicht!

Aufgaben abzugeben, ist für Frauen oft besonders schwer. Sie befürchten, sich selbst überflüssig zu machen. Das beginnt bei unliebsamen Aufgaben, die sie anderen nicht zumuten wollen, und endet bei wichtigen Aufgaben, weil sie Angst vor Konkurrenz haben. Diese Angst vor der Konkurrenz aus der eigenen Mitarbeiterschaft führt sie dazu, ihren Mitarbeitern ausschließlich unwichtige Aufgaben zu übertragen. Im Extrem erledigen sie sogar Routinearbeiten selbst, um sich unentbehrlich zu machen und keine Kompetenz neben sich heranzuziehen. Sie schmälern damit die eigene Energie für wirklich karriereträchtige Aufgaben. Sie verzetteln sich auf Nebenschauplätzen und demotivieren ihre Mitarbeiter.

Sie verhindern, daß eine mögliche Nachfolgerin aufgebaut wird, und schneiden sich damit ins eigene Fleisch. Denn wenn sie aufsteigen können, ist ihre Nachfolge nicht geregelt. Aber ohne kompetenten Nachfolger wird der eigene Aufstieg unwahrscheinlicher.

Die Kehrseite der Macht zeigt sich, wenn »mächtige« Frauen das Gefühl beschleicht, sie arbeiten rund um die Uhr, und jeder ruhe sich auf ihnen aus. Sie fühlen sich als Dienerin auf höherer Ebene. Niemandem können sie vertrauensvoll und mit gutem Gewissen Arbeit übertragen. Hinzu kommen die Ansprüche an eine »leitende Persönlichkeit«. Da schleicht sich leicht der Wunsch ein, wieder nach dem Prinzen Ausschau zu halten, der sie rettet und auf Händen durchs Berufsleben trägt. Ein Prinz, der sie sanft die Karriereleiter hinaufhievt.

Nur wenige Frauen erkennen, daß sie sich selbst ein Übermaß an Pflichten auferlegen. Die Denkfalle: Am besten alles selbst machen, damit niemand einem in die Karten guckt, zwingt Frauen dazu, rund um die Uhr, bis zur Erschöpfung zu arbeiten. So haben sie keine wirkliche Macht und nutzen ihre Führungschancen nicht.

Sind Titel Schall und Rauch?

Viele Frauen gehen fahrlässig mit ihrem Namen um. Bei der Heirat geben sie ihn bereitwillig her, auch dann, wenn man sich für einen der beiden Namen als Familienname entscheiden kann. Viele geben mit den Namen auch ihre Identität auf. Sie zitieren nur noch den eigenen Mann, sie verbergen sich hinter seiner Einstellung, seinem Beruf, seinen Finanzen. Auf ihr persönliches Image legen sie keinen Wert, sie sind lediglich »die Frau von XY«.

Und selbst Frauen, die solche Hürden genommen haben und eine eigene Qualifikation besitzen, zitieren oft noch die Anschauungen ihres Partners. Ihren erworbenen Titel halten sie für unwichtig, was sie im Beruf leisten oder erreichen, für wenig interessant. Und damit groß rauskommen, das wollen sie schon gar nicht. Sie verzichten bewußt auf den Titel vor ihrem Namen und am Türschild ihrer Büros. Zwar sind sie verschnupft, wenn sie für die Schreibkraft gehalten werden, aber ihren Titel führen sie trotzdem nicht. Sie wollen mit ihren Fähigkeiten bestechen, nicht mit »Klebeetiketten«. Bemerken sollen andere ihr Können schon, aber jemanden aufmerksam darauf machen, das wollen sie nicht.

Sibilla hat zwei Doktortitel und einen klangvollen Namen: Dr. jur. Dr. rer. nat. Sibilla Maria Freifrau von Lüderitz-Schmitten. Das Schild an ihrer Bürotür trägt nur die Aufschrift: S. Schmitten. Selbst ihr Vorname Sibilla klang ihr zu dekadent und überspannt.

Titel haben eine wichtige Funktion: sie kennzeichnen Menschen als jemanden, der eine gewisse wissenschaftliche Qualifikation bewiesen hat. Für Frauen sind Titel besonders wichtig, weil an ihrer Fähigkeit und Kompetenz oft gezweifelt wird. Selbst wenn Frauen die gleichen Aufgaben wie Männer erfüllen, führen sie nicht den gleichen Titel. Besonders firmeninterne Titel werden Frauen nur zögernd verliehen. Haben sie eine gewisse Position eingenommen, werden sie oft als Interimslösung gesehen. Sie nehmen es dann hin, daß ihnen der interne Titel nicht zugestanden wird.

Titel sind für Frauen oft genauso negativ besetzt wie Macht. Frauen neigen dazu, bescheiden auf Titel zu verzichten, sie nicht anzustreben oder zu fordern. Sie glauben, Titel nicht »nötig zu haben«. Sie verzichten damit auf einen wirksamen Türöffner, einen Schlüssel zu Macht, Einfluß und Anerkennung. Der Titel verweist auf Kompetenz. Wer einen Titel hat, muß sich weniger anstrengen, andere zu überzeugen. Männer kreieren ungeniert Titel, sie nennen sich »Produktingenieur«, »Vertriebsleiter« oder bezeichnen sich als leitenden Angestellten. Frauen, die auf ihren Titel angesprochen werden, bitten: »Lassen Sie den Doktor weg.« Die Chance, einen Vertrauensvorsprung zu erlangen, weil ihr Titel ihre Qualifikation beweist, lassen Frauen sich entgehen. Sie bemühen sich zwar, für alles mögliche ein Zertifikat zu erhalten, aber »angeben« damit, das wollen sie nicht.

Bettina stellt sich in einem Kreis berufstätiger Frauen vor und entschuldigt sich gleich, sie sei keine Akademikerin. Alle betonen, daß das doch unwesentlich sei. Eine der Frauen erhebt sich und *beichtet*, sie habe auch keinen akademischen Titel. Für diejenigen, die keinen Titel haben, scheinen Titel eben doch wichtig zu sein. Handelt es sich bei der Titelbescheidenheit also um eine Art Snobismus? – Über Titel redet man nicht, aber »Frau hat sie«? Einige promovierte Frauen erklären es ganz anders: Sie nennen ihren Titel besonders oft dann nicht, wenn nicht promovierte Männer in einer Besprechung anwesend sind. Sie wollen den Kollegen »die Peinlichkeit« ersparen.

An Seminaren, die für Chefsekretärinnen und Assistentinnen ausgeschrieben sind, nehmen oft Frauen teil, die Abteilungen von fünf und mehr Mitarbeitern leiten. Doch sie stellen sich nicht als Abteilungsleiterinnen oder Projektleiterinnen vor, wie es ihre männlichen Kollegen zweifellos tun würden. Sie bleiben bescheiden die *Assistentin der Ge-*

schäftsleitung, oder sie fristen ihr Dasein als *die rechte Hand vom Chef,* so als wären sie keine eigenständige Persönlichkeit, sondern ein Gegenstand, dem man alle möglichen Teile amputieren und anderen zur Verfügung stellen kann. Der männliche *Assistent* ist ein Anwärter auf die Nachfolge seines Chefs. Die weibliche Assistentin ist die verbal aufgewertete Sekretärin, im günstigsten Fall steigt sie mit dem Chef auf.

Risiken müssen vermieden werden!?

Frauen neigen dazu, Macht als Risiko zu betrachten. Das wäre nicht tragisch, wenn sie sehen würden, daß diejenige, die ein Risiko eingeht, auch *gewinnen* kann. Spricht man aber mit Frauen über Risiko, stellt sich schnell heraus, daß Risiko für sie immer gleichbedeutend ist mit der Gefahr zu verlieren.

Gerade in der Wirtschaft wird aber zögerliches Verhalten fast immer mit materiellen Nachteilen und Verlusten bestraft. Jede Firma hat einen oder mehrere Konkurrenten am Markt. Die schlafen nicht. In diesem Klima kann auf Dauer nur eine mutige Firmenpolitik Erfolg haben. Nur risikobereite Führungskräfte sind erfolgreich. Halbherziges Entscheidungsverhalten, Abwarten oder Taktieren führen fast zwangsläufig zum Scheitern. Frauen setzen Mut mit Waghalsigkeit und Leichtsinn gleich.

Selbst in der Anlage ihres Geldes gehen Frauen auf Nummer Sicher. Sie entscheiden sich in der Regel für eine äußerst sichere Anlageform, auch wenn sie damit nur geringe Gewinne erwirtschaften. Sie legen allein Wert auf Sicherheit und lassen die Chancen auf höhere Rentabilität außer acht. Hinzu kommt, Frauen fürchten, nicht genug vom Geschäft zu verstehen, sie entscheiden sich deswegen meist für gängige, festverzinsliche Papiere, die ihre Hausbank ihnen vorschlägt.[4] Die Risikofeindlichkeit setzt sich in fast allen

Bereichen fort. Aus Angst, die falsche Entscheidung zu treffen, gehen Frauen eher den sicheren Weg. Vielleicht trauen sie sich an einen neuen Urlaubsort, aber dem Arbeitgeber sind Frauen treu. Sie wechseln seltener ihren Arbeitgeber als Männer, auch dann nicht, wenn eine Verbesserung lockt. Das gilt selbst für Frauen in Führungspositionen.

Karriereberater betonen, wie wichtig die Bewährung in verschiedenen Aufgabenbereichen für den Aufstieg ist, sie halten einen Stellenwechsel alle drei bis fünf Jahre für zwingend, um in eine Managerposition zu gelangen. Doch Frauen zögern. Die »braven Mädchen« glauben immer noch, Nibelungentreue zahle sich aus und vergessen, welch grausiges Ende die Familie genommen hat.

Den Sprung ins Ungewisse wagen nur wenige, und meistens nur dann, wenn sie von anderen unterstützt oder angeschoben werden.

Macht macht unbeliebt!?

Die Angst, durch mehr Einfluß und Macht von immer weniger Menschen gemocht zu werden, sitzt tief.

Regina und Petra sind gute Freundinnen, auch wenn Regina Petras Vorgesetzte ist. Und dann das: Mitten in Petras Urlaub und der Hauptferienzeit wurden zwei Kolleginnen krank. Regina fühlte sich elend. Ausgerechnet sie sollte Petra anrufen und sie bitten, ihren Urlaub zu unterbrechen. Dabei hatte die ihr erst eine Woche zuvor freudestrahlend erzählt, was sie alles mit ihrem Sohn unternehmen wollte.

Regina wußte, sie würde Knatsch mit ihrer Freundin kriegen, nur weil sie unbedingt den Abteilungsleiter vertreten wollte. Das war der »Ruhm« nicht wert. – Lieber wollte sie Tag und Nacht durcharbeiten, obwohl sie wußte, daß sie die Arbeit ohne Petra nicht schaffen kann. Und dennoch entschied sie, Petra vorläufig nicht anzurufen. Sie hatte Verständnis dafür, daß die ihre Ferien mit ihrem Sohn verbringen wollte. Und sie befürchtete, daß sie Petras Sympathie verwirkt, wenn sie ihre momentane Machtposition ausgenutzt hätte. Lieber arbeitete sie selbst bis in die Nacht und am Wochenende.

Als Regina endlich begriff, daß sie die Aufträge nicht termingerecht abwickeln konnte, war es zu spät – und Petra mit ihrem Sohn weggefahren. Regina mußte Termine platzen lassen.

Sie fühlte sich miserabel. »Ich hätte es wissen müssen, ich bin ungeeignet für eine solche Aufgabe.« Die Angst, von anderen schief angesehen zu werden, verbot ihr rational zu handeln.

Regina war nicht in der Lage, ihre Macht so einzusetzen, daß die Abteilung reibungslos funktioniert. Die Position, die ihr vorübergehend zugesprochen worden war, konnte sie nicht ausfüllen. Sie hatte nicht verstanden, daß sie, als Vorgesetzte, ihre Mitarbeiter dahin lenken mußte, daß die Arbeit ohne Komplikationen und Verzögerungen weiterläuft. Sie hat das ungetrübte Verhältnis zu ihrer Freundin höher bewertet als die Sachzwänge im Büro.

Daß Regina den Wunsch ihrer Kollegin versteht und berücksichtigt, ist sicher gut. Dennoch darf dieses Verstehen nicht zur Falle werden. Es ist Reginas Aufgabe, Petra zurück in die Firma zu holen.

Frauen tun sich oft schwer, von anderen Menschen ein Verhalten zu fordern, das ihnen selbst unangenehm oder lästig wäre. Andere verstehen heißt für sie, andere gewähren lassen.

Andere Menschen zu mobilisieren, auch unbequeme Situationen in Kauf zu nehmen und durchzustehen, ist für Frauen deshalb schwer, weil sie schon als kleine Mädchen gelernt haben, anderen das Leben möglichst angenehm zu gestalten.

Regina ist ein typisches Beispiel dafür, wie Frauen anderen

Unangenehmes aus dem Weg räumen wollen. Selbst ihrer Putzfrau überläßt Regina nur die Putzarbeiten, die nicht so unappetitlich sind.

Monika, eine Abteilungsleiterin, läßt erst ihre Mitarbeiter entscheiden, wann sie Urlaub machen wollen, und nimmt dann selbst Urlaub, wenn kein anderer will. Sie macht Überstunden, damit ihre Mitarbeiter pünktlich gehen können, und befreit sie von unfreundlichen Kunden. Den Telefondienst in der Mittagspause übernimmt sie. Sie tut es aus Fürsorglichkeit und damit ihre Mitarbeiter sie gern haben.

Es ist schön, wenn man sich mit den Menschen gut versteht, mit denen man die meiste Zeit des Tages zubringt. Dennoch gilt für den Job, daß man gut miteinander *arbeiten* muß. Besonders mögen muß man sich nicht.

Sich aller herzlichen und offen freundlichen Beziehungen in der Arbeit zu entledigen, wäre allerdings ein völlig falscher Weg. Ein angenehmes Arbeitsklima ist wichtig. Und es ist wichtig, gute Kontakte am Arbeitsplatz zu pflegen. Falsch ist es, sich aufzuopfern und zu erwarten, daß die anderen einen dafür lieben.

Macht können Frauen nur dann wirksam nutzen, wenn sie einen guten Stand innerhalb der sozialen Strukturen ihres beruflichen Umfelds haben. Im Job ist die Integration in das Beziehungsgeflecht der Firma notwendig.

Um die eigene Position sinnvoll zu nutzen, ist es notwendig, Anerkennung und Respekt innerhalb der Mitarbeiterschaft zu genießen. Dazu gehört auch ein gewisser Grad an Beliebtheit, doch nicht auf Grund von Liebsein und Duckmäusertum, sondern erworben durch gegenseitigen Respekt, durch Berechenbarkeit, Fairneß und nüchterne Distanz.

Frauen müssen persönliche Kontakte herstellen, Beziehungen pflegen, so werden sie in einen effektiven Informationsfluß eingespannt und sichern sich die Unterstützung von unten *und* oben. Die Gerüchteküche beginnt allerdings sofort zu köcheln, wenn Frauen auch nur halbprivaten Kontakt zu männlichen Mitarbeitern oder Vorgesetzten pflegen. Hier gilt es, in alle Richtungen klar und eindeutig zu agieren. Keinen privaten Kontakt verschweigen, keine gespaltene Beziehungsebene zulassen: Duzen Sie jemanden privat, dann tun Sie es auch in der Firma. Auf eine erotische oder Flirtebene gehen Sie nur dann, wenn Sie es wirklich wollen. Beruflichen Nutzen kann man daraus höchst selten ziehen. Haben Sie bei einem Kollegen, gewollt oder ungewollt, Hoffnungen genährt, wird daraus fast immer ein böser Bumerang.

Auch bei den Freundschaften zwischen Frauen, die auf verschiedenen Hierarchieebenen arbeiten, ergeben sich häufig Probleme.

Die Absolutheit einer Freundschaft, das: »Ich bin immer für dich da! – Du stehst immer an erster Stelle!«, wird zerbrechen, egal welche guten Vorsätze Frauen beschworen haben.

Eine gute Freundschaft, die sich auf einen engeren Ausschnitt des Lebens bezieht, z. B. »Ich spiele gern Tennis mit dir. Ich höre gern deine Meinung. Ich bin gern mit dir zusammen«, kann ohne Schwierigkeiten gelebt werden. Dennoch bleibt die Forderung: Vorsicht vor falscher Verschwisterung!

Wer sich erniedrigt, der wird erhöht!?

Selbst die Bibel lehrt letztlich falsche Bescheidenheit.
Frauen fürchten sehr oft: Wenn ich mich über meine Mitarbeiterinnen erhebe, werden sie mich nicht mögen und gegen mich arbeiten.
Sibille hatte eine glänzende Idee, sie organisierte einen Sekretärinnenstammtisch für ihre Mitarbeiterinnen. Einmal im Monat reservierte sie den Nebenraum in einem Restau-

rant und bestellte ein kleines Essen für ihre Mitarbeiterinnen. Sie sollten die Gelegenheit nutzen, sich über alles mögliche auszutauschen. Sibille war seit einigen Monaten Officemanagerin und betreute ein Büro mit fünfzehn Angestellten.
Ihre Idee wurde begeistert aufgenommen. Sibille hatte einen guten Stand bei ihren Frauen. Sie hoffte, das Vertrauen und die Solidarität ihrer Mitarbeiterinnen zu gewinnen, und hatte den Eindruck, daß alle sie akzeptieren und respektieren. Sie glaubte, bald richtig dazuzugehören.
Der Stammtisch war gut besucht. Das freute Sibille.
Doch abends auf dem Weg dorthin war ihr mulmig. Beim letzten Treffen hörte sie schon vor der Tür munteres Stimmengewirr, doch als sie den Raum betrat, schien die gute Stimmung umzuschlagen – betretenes Schweigen breitete sich aus. Tapfer lächelnd forderte sie auf: »Lassen Sie sich nur nicht stören!« Doch irgendwie war die Luft raus. Sibille war enttäuscht. Sollten die Frauen sich durch sie gestört fühlen? Schließlich war der Stammtisch doch ihre Idee, und eigentlich hatte sie den Eindruck, daß ihre Mitarbeiterinnen sie auch mochten.
Sibille fühlte sich abgelehnt, ja sogar hintergangen. Sie glaubte, daß die Frauen sie heimtückisch hinters Licht geführt hätten. Sie lächelten freundlich, aber in Wirklichkeit lehnten sie sie ab. Sie hatte gehofft, Vorgesetzte und Freundin gleichzeitig sein zu können. Jetzt schmerzte es sie, daß ihre Mitarbeiterinnen sie offensichtlich doch als Kontrollinstanz betrachteten. Dabei fühlte sie sich als Vertraute, als Puffer zwischen oben und unten, als Schutzschild ihrer Mitarbeiterinnen. Sie wollte Gleiche unter Gleichen sein.
Der Wunsch ist verständlich. Dazuzugehören gibt ein Gefühl der Sicherheit und des Vertrautseins. Aber wer dazugehört, Gleiche unter Gleichen sein will, kann nicht Vorgesetzte sein. Gleichgültig, wie schwesterlich echt die eigenen Gefühle auch sein mögen. Wie ehrlich Sibille es auch mei-

nen mag, sie ist eine Kontrollperson. Und ihre Aufgabe ist es, diejenigen, die nicht ins Firmenkonzept passen, gegebenenfalls auch zu entlassen. Sibille kann eine einfühlsame und respektierte Vorgesetzte werden, Freundin ihrer Mitarbeiterinnen kann sie nicht sein. Freundinnen muß sie unter ihresgleichen suchen. Das hat nichts mit Überheblichkeit zu tun, sondern ergibt sich zwangsläufig. Aus ihrer Vorgesetztenrolle heraus gehört sie nicht dazu, auch wenn sie es sich wünscht. Durch ihre Position steht sie eine Stufe über ihren Mitarbeiterinnen. Die Stammtischidee ist gut, aber Sibille muß sich zurückziehen, wenn sie will, daß ihr Team sich zusammenfindet. Ihre Aufgabe kann es nur sein, mal reinzuschauen, aber bitte mit Fingerspitzengefühl. Falsche Verschwisterung ist genauso schädlich wie übertriebene Distanz.

Im Alltag wissen es die meisten:
Sobald sich Frauen oder Männer aus ihrer Gruppe der vormals Gleichen abheben, sei es durch Bildung, Berufstätigkeit, Mutterwerden, Reichtum oder Armut, verlieren sie bald den Kontakt zu den »alten Freunden«, das gilt für alle Menschen. Sicher gibt es Ausnahmen. Aber Menschen fühlen sich mit denen vertraut und wohl, mit denen sie weitreichende Gemeinsamkeiten haben.

Frauen müssen auch als Vorgesetzte dienen!?

Karin leitete eine größeres Geschäft für KFZ-Zubehör. Nach ihrem Maschinenbaustudium hatte sie die Firma vor fünf Jahren von ihrem Vater übernommen. Das Unternehmen befand sich damit seit drei Generationen in Familienbesitz, und einige ältere Angestellte kannte Karin schon seit ihrer Kindheit. Sie fühlte sich wohl in ihrem Betrieb. Sie hatte schon früher dort geholfen und kannte die Belegschaft gut. Sie wußte nicht nur um die beruflichen Ambitionen ihrer Leute, sondern kannte von fast allen auch die privaten

Sorgen, Nöte und Freuden. Es war selbstverständlich für Karin: dieser Hintergrund verpflichtete. So nahm sie über Gebühr Rücksicht auf die Kümmernisse ihrer Mitarbeiter. Ihre persönliche Assistentin arbeitete schon seit 15 Jahren als Sekretärin der Geschäftsleitung. Karin wußte, daß sie den Unterhalt für ihre Familie verdienen mußte. Sie hatte zwei halbwüchsige Kinder zu versorgen und einen alkoholkranken Mann, der nur sporadisch Geld verdiente. Die Familienverhältnisse waren derart aufreibend, daß Karin oft mit ihrer Mitarbeiterin redete und ihr mit Rat und Tat zur Seite stand. Sie gewährte ihr Vorschüsse und telefonierte spät abends noch mit ihr. Sie half, wenn der Mann mal wieder in die Klinik mußte oder es Ärger mit den Kindern gab.

Karin fühlte sich verpflichtet zu helfen. Das Schicksal dieser Frau lag in ihrer Hand, und Macht durfte man nicht ausnutzen. Karin war es ohnehin unangenehm, daß so viele Menschen von ihr abhängig waren. Da mußte sie wenigstens zeigen, daß sie sich für ihre Mitarbeiter einsetzte.

Karins Assistentin war nicht die einzige Person, die Karin tatkräftig unterstützte. Für eine alleinerziehende Mutter hatte sie eine Tagesmutter organisiert, für den Vater einer Arbeiterin einen Platz im Pflegeheim. Und sie nahm es auch selbstverständlich hin, daß zwei ihrer Mitarbeiter jeden Abend eine Viertelstunde früher gingen, weil sie ihr Abitur nachholten.

Die andere Seite dieser mütterlichen Großzügigkeit: Karin arbeitete selbst bis in die Nacht hinein. Und sie war gezwungen, eine Aushilfe einzustellen, um das Telefon bis Dienstschluß besetzt zu halten. Sie hatte Verständnis für alle, die um vier Uhr Feierabend haben und gehen wollten. Doch für ihre Kundschaft mußte sie bis 18.00 Uhr wenigstens telefonisch erreichbar sein. Viel besser wäre es gewesen, wenn eine kleine Besetzung zwischen 16.00 Uhr und 18.00 Uhr noch verkauft hätte. Doch diese Ausgaben konnte sie sich

nicht leisten, sie wagte nicht, von ihren Mitarbeitern eine lange Mittagspause und diese späte Arbeitszeit zu fordern. In der Urlaubszeit brach der Betrieb fast zusammen. Karin gewährte zu vielen Mitarbeitern gleichzeitig Urlaub.
Sie hatte immer Verständnis. Selten war sie in der Lage, ihre persönlichen Interessen sowie die Interessen der Firma in den Vordergrund zu stellen. Menschen hatten erste Priorität, und andere Menschen waren wichtiger als sie selbst. Diese Einstellung mischte sich mit Karins Angst, Macht auszunutzen. Schon ihr Großvater prägte den Firmenleitspruch: Wer Macht hat, hat auch Verantwortung. Doch Karin hörte nicht das »auch«, sondern glaubte, ausschließlich Verantwortung zu haben. Sie wurde zum Opfer ihrer eigenen Ideologie. Sie verlor das Firmeninteresse und ihre eigenen Interessen völlig aus den Augen. Sie verzettelte sich im Versorgen und Bemuttern ihrer Angestellten. Nach vier Jahren mußte sie ihre Firma verkaufen.

Strategien

Entdecken Sie Ihren Wert!

Den eigenen Wert zu erkennen, ist für Frauen oft ein schwieriges Kapitel. Selbst wenn sie glauben, die eine oder andere Fähigkeit zu besitzen, fällt es ihnen dennoch schwer, darin einen klaren eigenen Wert zu akzeptieren. Die folgende Aufstellung liefert die Grundlage, um den eigenen Wert besser zu verankern.

 Reden Sie mit den Menschen, die auf Ihrer Seite stehen. Holen Sie sich von ihnen Bestätigung darüber, was sie an Ihnen besonders schätzen, privat und im Beruf.
Notieren Sie sich die wichtigen Verhandlungen und Ent-

scheidungen, die Sie eigenverantwortlich getroffen haben.

Wenn Sie jemanden von etwas überzeugt haben, machen Sie sich deutlich, wie Sie das geschafft haben.

Weisen Sie auf Ihr Können hin, und heben Sie Ihre Fähigkeiten hervor.

Wenn Sie allein leben oder mit dem Gedanken spielen, sich zu trennen *und* das Gefühl haben, Ihre Finanzen schlecht im Griff zu haben, dann folgen Sie zusätzlich diesem Rat: **Verschaffen Sie sich Klarheit über Ihr Einkommen und Ihre Ausgaben. Erstellen Sie einen Finanzplan. So werden Sie mit dem selbstverdienten Geld besser auskommen.**

Viele Frauen glauben, sie brauchen einen Mann als Garant für ihre wirtschaftliche Sicherheit, als Bestätigung ihrer weiblichen Attraktivität, um ernst genommen zu werden, um von anderen Frauen nicht als Konkurrenz bekämpft zu werden oder um nicht als alte Jungfer in Verruf zu geraten.

Dafür halten sie Beziehungen aufrecht, die sie im Grunde nicht mehr wollen. Sie machen sich Gedanken darüber, wie sie ihren Mann halten können. Sie opfern sich auf, anstatt Strategien zu entwickeln, die auf die Lösung von Problemen abzielen, die möglicherweise entstehen könnten, wenn sie *mannlos* wären.

Es ist notwendig, sich die eigenen Beweggründe für bestimmte Entscheidungen klarzumachen und Lösungen zu erarbeiten, die direkt auf diese Gründe abzielen.

Wenn eine Frau befürchtet, als alte Jungfer zu gelten, kann sie sich fragen, was sie so negativ berührt an diesem Bild, und sie kann ein Verhalten entwickeln, das diesem Bild, das in ihrem Kopf spukt, entgegenwirkt.

Erkennen Sie Ihre Leistungen an!

Das ist die Grundlage, um das Aschenputtel abzuschütteln. Mit ein wenig Selbstbeobachtung klappt es:

 Notieren Sie sich an mindestens zwei Tagen in der Woche, was Sie getan haben. Schreiben Sie auf, was Sie wirklich gut gemacht haben.

Achten Sie darauf, daß Sie Ihre Leistung eindeutig positiv darstellen: Meine Idee für den Dachausbau ist außergewöhnlich! Ich kann wirklich spannend und anschaulich Vorträge halten! Ich kann meine Wohnung richtig gemütlich gestalten! Ich bringe meinen Auszubildenden alles bei, was sie für ihre Prüfung brauchen! Ich kann Blumen schön arrangieren! Ich kann andere Menschen überzeugen und dauerhaft auf meine Seite bringen! Ich kann wirklich gut singen!

Wenn Sie wollen, gehen Sie einen Schritt weiter, und schreiben Sie eine Lobrede auf sich selbst. Stellen Sie sich dabei vor, daß Sie jemanden von sich überzeugen müssen, zum Beispiel um Ihre Traumstelle zu bekommen. Es ist zunächst oft schwer, die eigenen Leistungen anzuerkennen. Frauen haben gelernt, sich mit Bescheidenheit zu zieren. Das gilt zwar auch für Männer, doch die halten sich seltener an diese Vorgabe. Frauen haben schnell den Eindruck zu prahlen, anzugeben, aufzuschneiden, schon dann, wenn sie ihre Leistung objektiv beschreiben. Frauen müssen lernen, eine realistische Einschätzung ihrer persönlichen Leistung vorzunehmen.

Achten Sie auf Ihre Bedürfnisse!

Eine Möglichkeit, den Denkfallen zu entkommen, ist, den eigenen Bedürfnissen auf die Spur zu kommen.
Stellen Sie sich zunächst vor, Sie wären völlig unabhängig und könnten Ihre Zeit frei planen. Was würden Sie in der

Situation, in der Sie sich gerade befinden, am liebsten tun?

Vielleicht erscheint Ihnen diese Aufgabe absurd, weil Sie eben nicht allein leben und zur Arbeit gehen müssen, und damit alles ganz anders ist. Versuchen Sie dennoch herauszufinden, wie Sie sich entscheiden würden. Bleiben Sie in dieser Vorstellung, ausschließlich für sich zu entscheiden. Malen Sie sich die verschiedenen Wege genau aus. Erst wenn Sie genau wissen, was Sie wollen, überlegen Sie, ob Sie jemanden mitnehmen wollen, und wenn ja, wen.

Schildern Sie dann der Person oder den betreffenden Personen Ihre Sicht der Dinge, und finden Sie heraus, wieweit die Menschen, die Ihnen wichtig sind, bereit sind, Ihren Weg mitzugehen.

Loten Sie aus, wie wichtig Ihnen Ihr Ziel ist. Fragen Sie sich: bin ich auch bereit, allein zu gehen? Was kann Sie veranlassen, Kompromisse zu schließen? Wo sind Sie kompromißbereit? An welcher Stelle ziehen Sie strikte Grenzen? Welchen Nutzen haben Sie von den anderen Menschen? Was haben die davon, Sie zu unterstützen oder zu bremsen?

Geben Sie Aufgaben ab!

Das ist besonders schwer bei den Dingen, die einem gut von der Hand gehen. Es scheint auf den ersten Blick unsinnig zuzusehen, wie ein anderer sich mit einer Sache schwer tut, während man sie selbst routinemäßig erledigt hätte. Doch langfristig gesehen ist der Nutzen groß. Arbeiten, die andere ebensogut erledigen können, fallen weg, bringen also Entlastung. Das Prinzip gilt nicht nur im Beruf:

Karin hat ihre Diplomarbeit von einer Bekannten gegen Bezahlung ins reine tippen lassen. Ihr blieb so genügend Zeit, sich auf die mündlichen Prüfungen vorzubereiten. Gleichzeitig verdiente sie mit einem kurzfristigen Job mehr Geld als das Tippen sie kostete.

Ingeborg wechselt sich mit einer Mutter aus der Nachbarschaft wochenweise ab, die Kinder aus dem Kindergarten zu holen. Jetzt kann sie jede zweite Woche länger im Büro arbeiten. Ohne wirklichen Zeitverlust konnte sie von einer halben auf eine ³/₄-Stelle aufstocken. Für sie als alleinerziehende Mutter ein echter Gewinn.

Silvia ist freiberufliche Steuerberaterin, sie arbeitet und hat eine Bürohilfe eingestellt, obwohl sie nach einem halben Jahr Selbständigkeit keineswegs gut verdient. Aber die Hilfe kann all die lästige und zeitraubende Arbeit verrichten, die sonst Silvias Zeit für Aktenstudien, Kommentarlesen, Mandantentermine schmälerte.

Aber das Prinzip gilt mindestens genauso für eine angestellte Frau. Für sie ist es fast noch wichtiger, sich den Rücken freizuhalten von allen zeitraubenden Routinen. Fleißarbeit wird nirgendwo wirklich belohnt, Anerkennung erntet man mit neuen Ideen, durchdachten Verbesserungen, gut abgesicherten Vorschlägen. Durchdenken und Absichern erfordern aber Zeit, fast so etwas wie Muße. Und diesen Freiraum für Wesentliches schafft man nur durch Delegieren.

Monika ist Leiterin der Personalabteilung eines großen Technikversandhandels. Sie marschierte prinzipiell selbst los und holte die Akten aus dem Archiv, die sie brauchte. Ihr Argument leuchtet auf den ersten Blick ein: Sie findet die Akten schneller als ihre Sekretärin. Sie hat in der Firma gelernt und kennt sich wirklich gut aus. Außerdem wird sie mit ihrer Arbeit schneller fertig, je eher sie die notwendigen Unterlagen zusammengetragen hat. Sie käme sich arrogant vor, wenn die Sekretärin suchen müßte, während sie genau weiß, wo die Akte liegt.

Den meisten Frauen fällt es schwer, Arbeit zu delegieren. Oft haben sie Angst, sich selbst überflüssig zu machen; je komplexer die abzugebende Aufgabe ist, um so mehr. Mit diesem Handikap verscherzen sich Frauen ihren Aufstieg. Sie kleben an jedem Detail ihrer Aufgabe aus Angst, sich Konkurrenz heranzuziehen. Das wird zur Aufstiegsbremse.

Hier einige Anregungen, eine Basis fürs Delegieren zu finden. Notieren Sie fünf Dinge, die wichtig für Ihre Arbeit sind und die Sie schon lange erledigen wollten. Z. B. Ein Fachbuch/Fachartikel lesen oder einen Computerlehrgang belegen. Registrieren Sie an einem beliebigen Wochentag alle Arbeiten, die Sie gewöhnlich selbst erledigen, die aber auch jemand anderes gut übernehmen könnte. Notieren Sie die Namen der Personen, die bestimmte Aufgaben übernehmen könnten, und ordnen Sie ihnen Aufgaben zu – zunächst nur auf dem Papier.

Bitten Sie an einem Tag, an dem Sie gute Laune haben, jemanden aus Ihrer Liste, eine bestimmte Arbeit zu übernehmen. Achten Sie darauf, welche hemmenden Gedanken Ihnen in den Sinn kommen. Hier einige Beispiele von Denkfallen, auf die Sie treffen könnten:

Hoffentlich geht nichts schief! Er/sie hat schließlich keine Erfahrung damit.

Ich sollte das besser selbst erledigen, dann geht es schneller.

Eigentlich gehört es zu meinem Aufgabenbereich ...

Er/sie denkt, ich fühle mich als Chefin, wenn ich ihm/ihr Aufträge erteile.

Er/sie hält mich sicher für überheblich, wenn ich das nicht selbst erledige.

Wenn andere meine Arbeit machen, darf ich mich nicht wundern, wenn ich nicht mehr gebraucht werde.

Das mache ich besser selbst, dann wird es auch ordentlich.

Das kann ich keinem zumuten, die Aufgabe ist zu ...

Wenn ich ihm/ihr das auf den Schreibtisch lege, hält er/sie mich für vermessen.

Diese Sätze verhindern, daß Frauen ihr Ziel direkt und geradlinig ansteuern. Man kann diesen Denkfallen entgehen, indem man sie benennt und entkräftet. Im Mentalen Training nennt man Denkfallen negatives Denken. Mit neuen »positiven Leitsätzen« lassen sich die negativen Gedanken verändern. Es ist ganz einfach: Wann immer Sie auf eine Denkfalle stoßen, konfrontieren Sie sich und Ihre negativen Gedanken mit diesen positiven Leitsätzen.

 Auch, wenn meine Mitarbeiter die Aufgabe anders angehen, als ich es erwarte, bleibe ich ruhig. Ich nutze die Zeit für meine Belange. Ich werde die gewonnene Zeit sinnvoll mit wichtigen Aufgaben verbringen, die meine volle Konzentration erfordern.
Auch wenn meine Mitarbeiter die Nase rümpfen, ich bleibe gelassen bei meiner Anweisung, die meine Kraft besser bündelt. Meine Mitarbeiter müssen mich nicht lieben.

Man muß den Schlußstrich ziehen, bevor man ausgebrannt ist. Frauen, die spannende, erfolgversprechende Arbeiten anstreben, müssen sich bewußt werden, daß auch ihr Tag nur 24 Stunden hat. Und sie werden schnell spüren, daß auch sie nur ein begrenztes Energiepotential zur Verfügung haben. Wer also eine Aufgabe übernimmt, muß andere abgeben. Selbstverständlich zuerst das, was am unangenehmsten ist, was man am liebsten loswerden will. Vielleicht zielt der erste Impuls dahin, eine angenehme Arbeit abzugeben, doch, Sie ahnen es, das wäre eine Denkfalle.

Akzeptiert man es, die unangenehme Arbeit abzugeben, wird der Weg leicht:

Erstellen Sie eine Liste Ihrer Aufgaben und sortieren Sie von:
- Will ich am liebsten sofort loswerden (bringt mir nichts für den beruflichen Aufstieg, ist öde oder ist langweilig) bis zu: will ich in jedem Fall selbst tun (die Aufgabe ist erfolgversprechend/macht Spaß).
- Sie erstellen eine Liste der Fähigkeiten, die man für die Aufgaben braucht, die Sie loswerden wollen. Sie ordnen

diesen Fähigkeiten dann Personen zu, von denen Sie glauben, daß sie die Aufgaben gut erfüllen.
Während Sie zuordnen, horchen Sie in sich hinein. Welche »Wenn und Aber« schleichen sich in Ihren Kopf? Nehmen Sie sich für jeden Einwand etwas Zeit, und finden Sie Ihre innere Hürde heraus.

Sagen Sie NEIN!

Selbstbewußt nein zu sagen, das ist der erste Schritt vom braven zum bösen Mädchen. Die Fähigkeit, ohne Skrupel auch ein verständliches Ansinnen zurückzuweisen ohne schlechtes Gewissen, ohne sich selbst die Stimmung für die nächsten Stunden zu verderben. Nein sagen können, das muß man auch bei einer guten Freundin, sonst bleibt die Umsetzung nur Fassade.
Eva hatte sich, nach Wochen harter Arbeit, auf einen faulen Sonntag gefreut. Ausgerechnet da rief Sigi an und bat sie, auf ihre vierjährigen Zwillinge aufzupassen. Sigi hatte scheinbar wichtige Gründe für ihre Bitte. Ihr langjähriger Freund und Vater der Kinder wollte sich von ihr trennen. Sigi wollte mit einem weiteren Gespräch einen allerletzten Rettungsversuch starten. Ihr Freund hatte ein Flugticket gekauft und würde in wenigen Stunden zum Flughafen fahren und für ein halbes Jahr verschwinden, wenn Sigi es nicht schaffte, ihn von seinen Pflichten zu überzeugen. Eva konnte wirklich verstehen, daß Sigi die Kinder für ein paar Stunden loswerden wollte, doch Eva lehnte Sigi zum ersten Mal einen solch dramatischen Wunsch ab. Sie wollte nicht für diese sich ewig wiederholende, chancenlose Aktion ihre knappe Zeit verschwenden.
Eva war verblüfft, diese Reaktion hatte sie nicht erwartet. »Du läßt mich im Stich!« keifte sie durchs Telefon. – »Du willst mich vor deinen sinnlosen Aktionismus-Karren spannen«, zischte Eva zurück. Sie erinnerte sich plötzlich an die

endlosen Beziehungsklärungen zwischen den beiden, und sie wurde sauer. Sigi wechselte daraufhin sofort ihre Taktik und begann, was sie sonst äußerst selten tat, ins Telefon zu stöhnen. Eva wußte sofort, jetzt würden Tränen fließen. »Ich werde auf keinen Fall auf die Kinder aufpassen!« kam Eva ihr zuvor. Sigi legte unvermittelt auf.
Minutenlang kämpfte Eva mit sich, doch zuzusagen. Aber sie blieb stark, denn erstens wußte sie, daß diese Gespräche längst in eine Sackgasse gelaufen waren, zweitens spürte sie, wie dringend sie selbst Ruhe brauchte, und drittens sah sie eine lange Reihe von einseitigen Hilfestellungen, die sie Sigi gegeben hatte. Eva gelang es schließlich, ganz entspannt einem Klavierkonzert zu lauschen, ohne ein schlechtes Gewissen gegenüber der Freundin.

So klappt Nein-Sagen!
- **Gestehen Sie sich ein, daß Sie nein sagen wollen!**
- **Stellen Sie sich die Situation, in der Sie nein sagen werden, und die Person deutlich vor!**
- **Machen Sie sich die Fallstricke klar, mit denen diese Person Ihr Nein verhindern kann: Blicke, Gesten, Mitleid erregen, Verständnis hervorrufen, etc.!**
- **Bilden Sie einen Leitsatz, mit dem Sie sich vor den Fallstricken Ihres Gegenübers schützen werden: »Auch wenn sie mich ärgerlich ansieht, bleibe ich ruhig und entschlossen!« – »Auch wenn sie mir leid tut, bleibe ich bei meinem Nein!«**
- **Spüren Sie, daß Sie Ihr Nein durchhalten werden!**
- **Freuen Sie sich auf das, was Sie tun werden, nachdem Sie nicht mehr umzustimmen waren!**

Nur wer überzeugt von seinem Nein ist, kann auch andere davon überzeugen.
Wer glaubt, kein Recht auf ein »Nein« zu haben oder sich schon vorher einredet, daß er/sie es sowieso nicht »durchziehen« kann, wird es auch nicht schaffen!

Sich selbst erfüllende Prophezeiung

Das, was die Fachliteratur als sich selbst erfüllende Prophezeiung bezeichnet, beschreibt ein System, mit dem Menschen ihr »Schicksal« aufrechterhalten. Zum Beispiel: Auch wenn der Kopf Ihnen sagt, daß Sie als Frau genausogut wie ein Mann sind, so sitzen im verborgenen eventuell Zweifel an der Richtigkeit dieser Behauptung. Vielleicht sind Sie eben doch nur fast so gut. Sie glauben, sich mit dem Spatz in der Hand zufriedengeben zu müssen. Sie haben nicht verstanden, daß Sie auf das Dach klettern könnten und die Taube fangen. Zwei Hindernisse sind zu überwinden: die Angst raufzuklettern, die schließlich jeder hat *und* den Spatz loszulassen. Der in Aussicht gestellte Lohn: der Spaß am Klettern und die Taube. Der Satz, mit dem man sich Lebensfreude nimmt: »Was aber, wenn ich die Taube nicht erwische oder runterfalle.« Genauso berechtigt wäre aber auch die Frage: »Was, wenn ich Freude am Klettern habe und die Taube erwische.«

Offensichtlich halten viele artige Frauen lieber an ihrem Ich-kann-das-nicht-Selbstbild fest, als ihre Kräfte mit anderen zu messen, eigene Grenzen zu überschreiten und ihre Erfolge zu genießen.

Wer eine negative Vorstellung von sich selbst hat, und auch das ist eine Prophezeiung, wird diese auch in die Tat umsetzen.

Viele Frauen haben auf Grund ihrer Lebensgeschichte nur bescheidene Erwartungen an ihre Zukunft, an ihre eigene Kraft und ihren beruflichen Erfolg. Dennoch ist es nutzlos, über eine »schlechte« Kindheit zu jammern oder verpaßten Chancen nachzutrauern. Sinnvoll ist es, sich die eigenen negativen Programme bewußtzumachen und durch positive Vorstellungen zu ersetzen. Wie stark die Kraft der eigenen Vorstellung ist, zeigt ein Experiment von Ludwig[5]:

Eine Schnur, an der ein kleines Gewicht befestigt ist, wird

von einer Hand gehalten mit dem Auftrag: Erstens, die Hand nicht zu bewegen, und zweitens, sich eine bestimmte Bewegung des Gewichts vorzustellen. Das Gewicht bewegt sich nach einiger Zeit in der vorgestellten Weise.

Weitere Experimente zeigen, daß Sportler durch positive Erwartungen ihre Leistungen verbessern, daß Schüler auf Grund der positiven Erwartung ihrer Lehrer ihre Leistung steigern.

Der Glaube versetzt also nicht nur Berge, sondern beeinflußt auch Leistungen, Stimmungen und vieles mehr.

Jeder weiß, wenn man an etwas glaubt, geschieht es oft auch.

Petra weiß, wie sie mit ihrer Erwartung das Verhalten anderer Menschen beeinflussen kann: Sie glaubt, der neue Kollege ist ein liebenswürdiger Mensch, und prompt stellt er sich als solcher dar. Allein die Art, wie man einem Menschen begegnet, die Art, mit ihm umzugehen, kann ihn zu einem liebenswürdigen Menschen machen.

Erwartet ein Prüfling, daß der Prüfer ihn in die Pfanne hauen will, ist es denkbar, daß er dem Prüfer in einer Art begegnet, die diesen unfreundlich und mißgestimmt reagieren läßt.

Allein die Einstellung einem Menschen gegenüber wird ihn nicht zu einem guten oder schlechten Menschen werden lassen, sie nimmt aber Einfluß darauf, welches Gesicht er in einem bestimmten Augenblick zeigen wird.

Glaubt man, mit dem falschen Fuß aufgestanden zu sein, greift man im Schrank genau zu der Kleidung, die man immer in schlechter Stimmung trägt, zieht ein muffliges Gesicht, verpaßt den Bus und kommt ärgerlich ins Büro. Mit Sicherheit meckert der Chef, daß man zu spät dran ist.

Dies sind Situationen, die jeder kennt und die jeder nachvollziehen kann. Die sich selbst erfüllende Prophezeiung wirkt aber auch dort, wo sie schwer zu entdecken ist. Sie greift auf Erwartungen zurück, die getarnt und verborgen in jedem schlummern. Es ist oft schwer herauszufinden, an welchem Punkt man sein Schicksal selbst steuert oder eine verdeckte Erwartung die Richtung vorgibt.

Wenn Menschen glauben, daß etwas gänzlich ohne ihr Zutun geschehen ist, wenn sie befürchten, keinen Einfluß auf bestimmte Ereignisse zu haben, ist oft nur: Sich selbst erfüllende Prophezeiung (SEP) im Spiel.

Ob ein Verhalten oder der Ausgang einer Situation auf einer SEP beruht oder nicht, ist schwer zu erkennen. Man kann nie hundertprozentig wissen, wie eine Geschichte mit oder ohne SEP abgelaufen wäre. Es hilft, sich in bestimmten Situationen die eigenen Erwartungen bewußtzumachen und die automatischen inneren Botschaften zu entschlüsseln und im Vorfeld zu überlegen, welche möglichen Erwartungen spuken in meinem Kopf. Machen Sie sich eigene Erwartungen auch nach einem Ereignis bewußt. Das schult die persönliche Wahrnehmung.

Das System funktioniert auch im Leistungsbereich, wenn Frauen dazu neigen, sich selbst als dumm einzuschätzen. Sie rechnen damit zu versagen, sie trauen sich nichts zu. Hält sich jemand für mittelmäßig oder gar dumm, wird das Interesse an einer Sache, die Klugheit erfordert, niedrig sein. Sie wird dieser Sache entsprechend wenig Aufmerksamkeit schenken und wahrscheinlich eine schlechte oder mittlere Leistung erbringen. Glaubt eine Frau von sich, sie sei kompetent, dann wird sie selbst die Kontrolle über eine bestimmte Situation behalten, denn sie hat die Erfahrung gemacht, daß sie Ereignisse beeinflussen kann.

Sabine wollte eine Gehaltserhöhung. Sie war sich sicher, daß ihre Leistungen entsprechend waren. Sie trainierte mit einem Freund das Gespräch, sammelte Argumente, die ihre Überzeugung stützten. Sie war so überzeugend, daß der Chef ihr neben der genehmigten Gehaltserhöhung vorschlug, eine Abteilung zu übernehmen.

Iris wurde zur Volkszählerin berufen. Sie wollte sich wegen

dienstlicher und persönlicher Unabkömmlichkeit befreien lassen. Als berufstätige Mutter von zwei Kindern sollte das kein Problem sein. Sie war überzeugt von ihrem Recht, und während sie mit ihrem Partner das Gespräch mit ihrem Vorgesetzten übte, wuchs diese Überzeugung. Der Chef stellte ihr ohne Zögern eine Unabkömmlichkeitsbescheinigung aus, obwohl er ein überzeugter Volkszähler war und niemand sonst im Betrieb eine solche Bescheinigung erhielt.
Nicht immer sind Erfolge so frappant. Auch Sabine und Iris erleben Situationen, die von Erlernter Hilflosigkeit geprägt sind. Aber sie wissen: Erlernte Hilflosigkeit ist kein unveränderliches Wesensmerkmal. Es ist lediglich eine Mitgift aus der Kindheit, die man bewältigen kann. Geht etwas schief, so handelt es sich um eine vorübergehende Sache. In einer besseren Tagesform, zu einem anderen Zeitpunkt, wird die gleiche Geschichte gut ausgehen.
So wie die eigene Erwartung den guten Ausgang einer Sache unterstützt, so stark kann die negative Erwartung auch zur Stolperfalle werden. Ohne böse Absicht steht hinter der Mahnung: »Sei vorsichtig« immer auch die Botschaft: »Ich trau dir das nicht zu! Du kannst das nicht.« Eine Kindergeschichte[6] geht gegen diese Vorhersage an: König Rollo will auf einen Baum klettern. Jeder warnt ihn: »Du fällst herunter und tust dir weh«, »Du wirst dir die Hände schmutzig machen«, »Du zerreißt deine Jacke.« Doch König Rollo bleibt störrisch und will auf die Spitze klettern. Am Ende fällt er tatsächlich herunter und muß sich anhören, daß die Schwarzseher recht behalten haben, aber Rollo hatte Spaß. Sein Lohn dafür, eine »gut gemeinte« Warnung mißachtet zu haben. Sein Triumph: »Und ich habe gesagt, ich werde auf die Spitze klettern! – Ja, und das war toll.«
Kommen Ihnen ähnliche Ermahnungen bekannt vor?
»Vorsicht, fall' nicht ins Wasser.«
»Hast du den Vortrag gründlich vorbereitet?«

»Blamier dich bloß nicht!«
»In deinem Alter noch Skifahren lernen...?«
Stellt man sich die Botschaften vor, die auf Mädchen während ihres Kinder- und Jugendalters treffen, und führt man sich die Modelle vor Augen, die ihre Vorbilder sein sollen, so wird deutlich, welche Erwartungen Frauen erfüllen. Und auch diejenigen, die sich ihrer Mitgift aus Kindertagen bewußt sind, sind nicht davor geschützt, in SEP zu geraten. Sie glauben, ihr Können hänge von Zufällen und anderen Personen ab. Sie gehen davon aus, ihre Niederlagen gehörten zu ihrer (weiblichen) Natur. Die Zweiflerin, die Kritikerin, die besorgte Freundin sticht in ein Wespennest voll negativer Erwartungen. Sie kann nur deswegen verunsichern, weil die Verunsicherte selbst schon »heimliche« Zweifel spürte. Die destruktive Saat fällt auf den fruchtbaren Boden der SEP.
Renate, Architektin, wollte die Projektplanung für ein größeres Bauvorhaben übernehmen. Ihr Chef zögerte, ihr den Auftrag anzuvertrauen. Allein sein Zögern reichte aus, Renate zu verunsichern. Sie bekam zwar den Auftrag, nervte aber tagein, tagaus die Kollegen mit Fragen, deren Antworten sie *eigentlich* selbst wußte. Ihr Chef war sauer, kritisierte ihre Arbeitsweise und setzte ihr einen Kollegen vor die Nase.
Vanessa, 14 Jahre alt, sieht ihrer Tante ähnlich. Die Tante war im Rechnen eine totale Niete. Vanessa glaubt, ihr auch darin ähnlich zu sein. Sinnlose Anstrengungen sieht sie auf sich zukommen, und statt intensiv zu lernen, macht sie nur das, was sie für unbedingt nötig hält. Sie beweist sich, daß sie nicht rechnen kann. Niemandem fällt auf, daß Vanessa, immer, wenn sie die mathematische Notbremse zieht, gute Leistungen bringt und sich damit über Wasser hält. Ihre Notenkurve: 6, 3, 5, 3, 5, 2. Ungewollt strickt die ganze Familie an der Erfüllung einer kollektiven Prophezeiung.
Sich selbst erfüllende Prophezeiungen, die ineinandergrei-

fen, können das Familienglück ins Schwanken bringen. Schulz von Thun[7] beschreibt den Streit eines Ehepaares: Die Ehefrau nörgelt, weil ihr Mann ab und an ein in sich zurückgezogener Schweiger ist. Weil seine Frau meckert, zieht er sich weiter zurück. Nach einer Weile zieht er sich bereits im Vorfeld zurück, um der erwarteten Nörgelei zu entgehen. Sie nörgelt ihrerseits schon mal vorweg, in Erwartung seines Rückzuges. Beide finden ihre Erwartungen bestätigt.

Und selbst wenn man glaubt, alles dafür zu tun, negativen Erwartungen vorzubeugen, schürt man unter Umständen das Feuer, das man löschen will. Wie die Lehrerin, die Peter H. Ludwig[8] beschreibt: Sie hat die Erfahrung gemacht, daß Schüler wiederholt ein englisches Wort falsch aussprechen. Sie beugt dem Fehler vor, indem sie den Kindern beschreibt, wie sie das Wort *nicht* aussprechen sollen. Und was geschieht? Die Schüler merken sich die falsche Betonung, und siehe da, wieder einige Schüler mehr, die diese Vokabel nicht aussprechen können.

Eine positive Variante solcher Circuli vitiosi ist zu finden, wenn Optimisten positive Erwartungen haben und am Ende selbst Fehlschlägen noch Gutes abgewinnen. Oder: Ein Lehrer weiß um die akademische Ausbildung eines Elternpaares und erwartet gute Leistungen ihres Kindes. Dieses Kind spürt die positive Einschätzung und fühlt sich bestärkt. Es ist motiviert, weil es sich akzeptiert fühlt, beteiligt sich am Unterricht, ist aufmerksam und erreicht deswegen bessere Leistungen als ohne diesen Ansporn.

So erklärt sich auch das Selbstkonzept von Menschen, die sich für die Klugen, für Glückspilze, Verlierer, Opfer oder für unscheinbar halten. Und da Tauben dort hinfliegen, wo Tauben sind, schaukelt sich auch das System der Erwartung und des Erfolgs oder Mißerfolgs auf diese Weise hoch.

Frauen, die schon als kleine Mädchen gelernt haben, weniger wert zu sein als andere, entwickeln ein Selbstbild, das den eingetrichterten Erwartungen entspricht.

Selbstbilder stabilisieren sich darüber hinaus, weil Menschen sich selektiv erinnern. Sie merken sich die Dinge, die ihre Einstellung bestätigen, und glauben dann, das sei die Wirklichkeit. Dinge, die man erwartet, werden leichter und deutlicher wahrgenommen. Das, was den eigenen Vorstellungen widerspricht, wird weniger erwartet und schneller wieder vergessen. Fritz Müller ist der übel gelaunte Kollege. Jeden Morgen muffelt er im Büro herum, das ist es, was auffällt. Kommt er einmal gut gelaunt, bemerkt es niemand.
Man sieht, was man zu sehen gewohnt ist, und man registriert, was man erwartet.
Kann man nicht umhin, etwas zu sehen, was nicht in das eigene Bild paßt, so bestätigt die *Ausnahme* die Regel.

Erlernte Hilflosigkeit

Sich selbst erfüllende Prophezeiungen entstehen nicht im luftleeren Raum. Sowohl der Optimist als auch der Pessimist haben gelernt, ihr Umfeld in einer bestimmten Weise wahrzunehmen, zu interpretieren und Vorhersagen zu machen. Ob man glaubt, die Dinge ändern zu können oder nicht, hängt von unseren Lebenserfahrungen ab. Glaubt jemand, keinen Einfluß auf den Ausgang einer Situation zu haben, fühlt er oder sie sich ausgeliefert: »Man muß das Leben eben so nehmen, wie es ist«. Das Leben als Naturkatastrophe. So jemand hat »gelernt«, hilflos zu sein.
Fast jeder Mensch würde gern wissen, was ihm der nächste Tag, das nächste Jahr, das kommende Jahrzehnt bringt. Einige lassen sich die Karten legen oder auf andere Weise die Zukunft vorhersagen. Man fühlt sich sicher, wenn man weiß, was auf einen zukommt. Dieses Gefühl der Sicherheit ist trügerisch. Man glaubt, ein Ereignis vorhersehen zu können, und fühlt sich vom Schicksal betrogen, wenn eine Erwartung nicht eingetreten ist. Grotesk dabei ist, das schlechte Gefühl stellt sich auch dann ein, wenn eine nega-

tive Erwartung nicht in Erfüllung gegangen ist. Allein die Erfahrung, eine Sache falsch eingeschätzt zu haben, verunsichert. Dieser Kontrollverlust, also die Überzeugung, keinen Einfluß auf den Ausgang einer Situation zu haben, ist eine Ursache dafür, daß so viele Frauen sich mit schlechten Lebensbedingungen abfinden. Sie entscheiden sich, nichts mehr vom Leben zu erwarten. Überraschenderweise fühlen sie sich in dieser Situation sicher, sie ist ihnen vertraut. Sie haben früh gelernt, sich auf der Schattenseite des Lebens zurechtzufinden. Ein Wechsel auf die Sonnenseite von Erfolg, Macht, Einfluß oder schlichter Lebensfreude birgt die Gefahr von Niederlage und Gesichtsverlust. Auf unbekanntem Terrain orakeln Frauen sich den Untergang. Auf Abhängigkeit können sie sich verlassen, da wissen sie, was auf sie zukommt. Mit dieser miesen Situation glauben sie umgehen zu können. Dort haben sie sich Nischen und Überlebensräume geschaffen. Doch sie täuschen sich selbst mit ihren vermeintlichen Bewältigungsmechanismen. Stillhalten ist keine Lösung. Ebensowenig wie Drohgebärden. Sie erwarten, mit schwierigen Situationen nicht fertig zu werden. Jede Veränderung, auch die zum Besseren, bleibt ein unkalkulierbares Risiko und somit gefährlich.

In Erinnerungen wühlen
Festgefahrene Mechanismen und Rituale kann man aufdecken. Zum Beispiel durch »Wühlen in Erinnerungen«.
Finden Sie heraus, welche Botschaften Sie aus Ihrer Kindheit kennen! Reden Sie mit Freunden und Geschwistern, Cousins und Cousinen, Tanten und Eltern und Großeltern darüber, wie es früher bei Ihnen zuging. Welche Informationen sind bis heute in Ihren Lebensregeln enthalten?
Zuerst muß man erkennen, daß ein bestimmter Mechanismus im Gang ist. Das kann man, indem man Situationen, die sich wiederholen, betrachtet und Gemeinsamkeiten herausarbeitet bis zu der Überzeugung: »Diese Situation ist veränderbar!«

Sich einer Sache bewußt zu sein heißt nicht, sie auch beeinflussen zu wollen. Erst im dritten Schritt wird entschieden, ob man wirklich etwas verändern will.

Erst wenn Ihnen Ihre persönlichen Verhaltensweisen deutlich geworden sind, entscheiden Sie, ob Sie zielgerichtet etwas verändern wollen.

Finden Sie heraus, welche Erwartungen (auch unabsichtlich) Ihr Verhalten bestimmen!

Die Wirkung einer Erwartung ist unabhängig davon, ob diese nun bewußt, absichtlich oder unabsichtlich in eine bestimmte Richtung geht.

Finden Sie heraus, welche Erwartungen Sie an andere Personen haben und welche Erwartungen anderer Sie möglicherweise erfüllen!

Je besser man die Mitgift seiner Kindheit kennt, um so einfacher ist es, versteckte eigene und fremde Erwartungen zu erkennen. Das gilt auch für Erwartungen, die sich aus eigenen Erfahrungen ergeben. Dabei ist zu beachten, daß *eine* Äußerung, die ungewollt die Erwartung eines Menschen in eine bestimmte Richtung lenkt, bereits der Anstoß für eine SEP sein kann. Selbst das Aussehen einer Person löst bereits eine Erwartungshaltung aus. Da findet man jemanden sympathisch, obwohl man ihn nicht kennt – aber eine ähnliche Person war früher eine gute Freundin. Man erwartet, daß diejenige ebenso freundlich ist, begegnet ihr entgegenkommend und entdeckt prompt ihre liebenswerte Seite.

Oft sind mit dem äußeren Erscheinungsbild bestimmte Erwartungen verknüpft. So werden Brillenträger oft als intelligent, fleißig und humorlos beurteilt. Oder Blondinen als sexy. Jemand ist gut gekleidet, dann nimmt man ihn als intelligent wahr. Jemand ist sympathisch, dann hält man ihn auch für klug. Ein Mensch ähnelt einer bekannten Person, dann schreibt man ihm deren Charaktermerkmale zu. Eine Korrektur des Vorurteils wird schwer, meist hält man stur an seiner einmal gefaßten Meinung fest.

So bin ich, und so muß ich bleiben

Jeder Mensch hat eine ziemlich starre Sicht von sich selbst: ein Bild der eigenen Fähigkeiten und der sozialen Attraktivität. Dieses Selbstkonzept entsteht und wächst auf dem Boden der Kindheitserfahrungen und stabilisiert sich im Lauf des Lebens. Später verhalten sich Menschen weitgehend diesem Selbstkonzept entsprechend. Sie filtern aus Erlebnissen besonders das heraus, was sich in ihr Selbstbild einfügt. Die SEP verstärkt sich selbst.
So kann der Glaube einer Frau, sie sei nicht mutig genug, allein in den Urlaub zu fahren, dazu führen, daß sie nie den Versuch wagt, eine Reise allein zu unternehmen.
Die Selbsteinschätzung, mit einem schlechten räumlichen Vorstellungsvermögen ausgestattet zu sein, dämpft die Begeisterung, Innenarchitektur zu studieren. Die Überzeugung, unbeweglich zu sein, erstickt den Versuch, Skifahren zu lernen, im Keim. Der Glaube, ängstlich zu sein, drosselt jeglichen Übermut. Die Vorstellung, langweilig zu sein, vereitelt den Versuch, andere anzusprechen. Hält ein Mensch wenig von sich, dann merkt er nicht, wenn andere ihn akzeptieren, oder er legt Akzeptanz so aus, daß sein negatives Selbstbild bestätigt wird.[9]

 Können Sie sich vorstellen, einen Wochenendausflug oder eine weitere Reise allein zu unternehmen? Können Sie sich vorstellen, zur Skigymnastik zu gehen? Können Sie sich vorstellen, einen Anfängerkurs in Gesellschaftstanz allein zu belegen?

Helene ist Verkäuferin in einer Boutique. Unverhofft stand sie an einem verkaufsoffenen Samstag allein im Laden. Sie meisterte den Tag, und die Chefin lobte sie. Helenes Kommentar: »War doch klar, daß sie mir nichts zutraut. Das war kein Lob, das war ihre Erleichterung.«
Jemand, der sich kaum etwas zutraut, wird meistens seine guten Leistungen äußeren Umständen zuschreiben. Inge-

borg hatte ihre Küche geplant und eine Zeichnung angefertigt. Der Innenarchitekt im Küchenstudio war begeistert. Ihre Erwiderung: »Das war nichts Besonderes, in jedem Katalog sind Beispiele, wie man so etwas macht, und das bißchen Zeichnen habe ich von meinem Vater gelernt.«
Wer aber Erfolge äußeren Ursachen zuschreibt und sich seine Mißerfolge selbst anlastet, strickt an einem negativen Selbstbild. Ein Erfolg wird selbst dann nicht zur Selbstwertsteigerung genutzt, wenn er auf intensives Lernen oder hartes Arbeiten zurückzuführen ist. Es wird solange nach einer anderen Erklärung gekramt, bis die eigene negative Erwartung bestätigt ist. Das hat einen scheinbaren Vorteil: Man kann selbst nicht mehr viel ändern, man muß sich keinen Druck machen oder anstrengen, um besser zu werden. Es würde sowieso nichts bewirken. Fehlschläge nimmt man als zwangsläufig hin, das schützt vor Enttäuschungen.
Selbst wenn bei einem Erfolg erkannt wird, daß die negative Selbsteinschätzung falsch war, ändert das nichts an der Erwartungshaltung. Das nennt man Erwartungskonservierung. Erwartungen sind, wie Vorurteile, enorm stabil und verteufelt resistent gegen Veränderungen. Wer einmal an seine Unfähigkeit glaubt, ist nur schwer von seinem Können zu überzeugen.
Diese Resistenz hat für Frauen schwerwiegende Folgen. Sie erwerben bereits in der frühen Kindheit Lebensprogramme, die sie hilflos machen. Das Gefühl hilflos zu sein, keine Kontrolle über Ereignisse zu haben, die einen selbst betreffen, gepaart mit der Erwartung, solche Zusammenhänge seien unveränderlich, zwingen Frauen in eine soziale Abhängigkeit. Sie brauchen jemanden, der sagt: »Das ist richtig! Das hast du gut gemacht! Du bist gut!« Letztlich schenken sie diesen Beteuerungen allerdings doch oft keinen Glauben.
Frauen erleben sich selten als Verursacher ihrer Lebenssituation, sie sind deshalb selten bereit, bewußt Verantwor-

tung für sich und ihre Zukunft zu übernehmen. Zu vieles erklären sie als vom Schicksal bestimmt. Tief in ihrem Herzen sind sie überzeugt, hilflos zu sein, gleichgültig wie stark sie agieren oder wie gut sie sich durchsetzen. Bestenfalls halten sie sich für gute Bluffer. Sie haben die Starke nur gespielt.

Frauen können effektive Bewältigungsstrategien lernen. Dazu müssen neue Erklärungsmuster für Erfolg und Mißerfolg gefunden werden. Es gilt, sich selbst nachhaltig zu überzeugen: »Es gibt eine Lösung. Ich bin in der Lage, sie zu finden.« »Ich will Normen sprengen und Regeln verletzen.« Das ist der Königsweg zur Selbstbehauptung.

Das Rezept, Hilflosigkeit zu verhindern, ist einfach: die möglichst frühe Erfahrung, selbst Kontrolle ausüben zu können. Kontrolle bedeutet in der Theorie der EH – Einfluß zu haben auf den Ausgang einer Situation: Wenn ich mich traue, auf die Mauer zu klettern, kann ich die Kirschen pflücken. Wenn ich pauke, verbessert sich meine Leistung. Wenn ich spät zu Bett gehe, bin ich müde. Nur wenn ich Forderungen stelle, wissen die anderen, was ich will.

Doch niemand kann seine Kindheit korrigieren. Nur die Zukunft hat man selbst in der Hand.

Entweder man hält sein Leben für starr und unabänderlich, oder man entscheidet etwas zu tun, also die Dinge zu verändern, die einem nicht gefallen.

Hilflosigkeit ist erlernt, sie ist dementsprechend auch wieder zu *verlernen*. Das ist möglich mit einem Programm, das Schritt für Schritt die Erfahrung zuläßt, daß ein konkretes Verhalten A auch eine konkrete Folge B hat.

Eine Frau, die Angst hat, das Haus zu verlassen, weil sie vermutet, ihr widerfahre Schlimmes, muß in kleinen Schritten erste Gehversuche unternehmen und selbst sehen: Es geschieht nichts Schlimmes. Die Erfahrung macht sie nach und nach: erst in der Phantasie, dann in Begleitung, dann in vertrauter Umgebung allein.

Sich selbst zum Handeln zu bringen, ist der schwierigste Teil dieser Aufgabe, da hilflose Menschen gelernt haben, sich passiv zu verhalten. Und Lächeln ist oft das Signal für Passivität. Sie lächeln verlegen, unsicher, bescheiden und tun nichts. Hinter dem Lächeln verbirgt sich das Gefühl, ausgeliefert zu sein. Sie halten sich selbst weitgehend für unfähig, Einfluß zu nehmen. Sie hoffen, wenn sie lächeln und sich still verhalten, gehe der Kelch, mit welchem Inhalt auch immer, an ihnen vorüber.

Passivsein ist zum Teil eine Erleichterung. Eine Frau in einem Durchsetzungstraining drückt sich seit zwei Jahren um die Bewerbung auf eine Sachbearbeiterstelle. Sie beschreibt ihre Situation: »Ich brauche mir keine Gedanken zu machen, ob mir alles gut gelingen wird, ob ich genauso gut bin wie meine Kollegin. Ich brauche nichts zu tun, als mich an meinen Schreibtisch zu setzen und die Ablage zu sortieren.«

Die Folgen solcher Passivität sind schwerwiegend. In einer Untersuchung[10] sollten Versuchspersonen Texte korrekturlesen. Sie wurden dabei lautem Lärm ausgesetzt. Diejenigen, die *glaubten*, den Lärm nicht abstellen oder verringern zu können, die annahmen, dem Lärm ausgeliefert zu sein, zeigten schlechtere Leistungen, als diejenigen, die davon ausgingen, sich dem Lärm entziehen zu können. Es war ihnen geraten worden, den Lärm nicht abzustellen. Beide Gruppen waren faktisch der gleichen Lärmbelastung ausgesetzt.

Auch dann, wenn die Überzeugung »falsch« war, die Versuchspersonen lediglich glaubten, sie könnten den Lärm kontrollieren, zeigten sie bessere Ergebnisse.

Weitere Untersuchungen zeigen: Menschen, die Situationen nicht kontrollieren können, übertragen diese Erfahrung auf andere Situationen. Sie erwarten, auch auf nachfolgende Geschehnisse keinen Einfluß zu haben, und verhalten sich passiv.

Zwei Forscher[11] legten Studenten lösbare und unlösbare Aufgaben vor: Einer Versuchsperson werden zum Beispiel zwei Karten, eine weiße und eine schwarze, vorgehalten. Hinter einer der Karten befindet sich eine Belohnung. Lösbar bedeutet, die Belohnung ist immer hinter der schwarzen Karte. Unlösbar bedeutet, es kann keine Regel gefunden werden. Die Belohnung ist willkürlich verteilt. Danach sollten die Versuchspersonen unangenehme Geräusche ausschalten. Diejenigen, die zuvor die lösbaren Aufgaben hatten, schalteten den Lärm schnell ab, die anderen hielten das Geräusch einfach aus. Ähnlich wirkte es sich aus, wenn Menschen belohnt wurden, ohne etwas dafür getan zu haben. Es kommt nicht darauf an, ob eine Reaktion positiv oder negativ ist, wichtig ist nur, ob man den Zusammenhang zum eigenen Verhalten erkennt oder nicht. Unkontrollierte Belohnung, die kein Muster erkennen läßt, hat ähnlich hemmende Wirkung wie unkontrollierte Bestrafung.
Studenten zeigten im Versuch weniger Konkurrenzverhalten und zogen sich eher aus dem Spiel zurück. Die anderen wetteiferten häufiger.
Da Frauen während ihrer Kindheit eher Botschaften erhalten, die hilflos machen, verhalten sie sich auch als Erwachsene eher passiv und hilflos. Sie haben als Mädchen Spiele gespielt, in denen es darum ging, etwas gemeinsam zu tun, Harmonie herzustellen, dabei sein war das Ziel, nicht gewinnen. Sich über einen Sieg freuen, war nicht angesagt. Doch Bescheidenheit ist die Schmuckschachtel, in der Leistungswille verschlossen bleibt. Auch heute wird die fragwürdige Tugend Bescheidensein gefördert. Sabine (11) jubelt, weil sie eine Eins geschrieben hat. Der Lehrer fordert sie auf, sich nicht so laut zu freuen, die anderen sollten nicht enttäuscht sein. Die Jungen toben immer, wenn sie gute Noten schreiben, sie hat er nie ermahnt, sich still zu verhalten. Sichtbar besser zu sein als andere ist schlecht. Schlechte Noten schreiben ist auch schlecht. Sabine sitzt in der Falle.

Da Menschen dazu neigen, ihre Erfahrungen zu generalisieren, also auf weitere Lebensbereiche zu übertragen, wirkt sich die Erfahrung, hilflos zu sein, auf viele Lebensbereiche aus.

Generalisieren vereinfacht das Leben, weil man sich nicht auf jede Situation wieder neu einstellen muß, sondern auf Erfahrungen zurückgreifen kann. Das ist ein Vorteil. Leider werden auf diese Weise auch die negativen Programme stabilisiert.

Ein Erfolg reicht später nicht aus, hilfloses Verhalten aufzulösen. Während die wiederholte Erfahrung von Unkontrollierbarkeit zu einer chronischen Beeinträchtigung der Reaktionsbereitschaft führt.[12]

Experimentell wurden drei Wirkungen nachgewiesen, die durch Unkontrollierbarkeit (Erlernte Hilflosigkeit) hervorgerufen wurden:[13]

1. Die Motivation zum aktiven Handeln wird gehemmt.
2. Die Fähigkeit Erfolge wahrzunehmen wird gestört.
3. Die Tendenz zu emotionalen Reaktionen wird gesteigert.

Verglichen mit dem Klischee der Frau: unterwürfig, passiv, wenig ehrgeizig, leicht verletzbar, stark emotional, ohne Interesse an Naturwissenschaften und Mathematik[14], ist der Zusammenhang erschreckend offensichtlich.

Davon ausgehend, daß hilfloses Verhalten *verlernt* werden kann, stellt sich die Frage, wie Verlernen am effektivsten in Gang gesetzt wird. Ziel ist, die neue Erfahrung zu verankern: Ich kann auf alles in meinem Leben Einfluß nehmen. Da aber hilflosgemachte Menschen extrem passiv sind, ist die Haupthürde, sie überhaupt in Bewegung zu bringen. Sie müssen, als ersten Schritt, zum Handeln genötigt werden, bzw. sich selbst aktivieren, oft sogar zwingen. Sie müssen wieder lernen zu handeln. Obwohl sie im Grunde der Überzeugung sind, daß *alles doch keinen Sinn hat*, müssen sie gegen diese Überzeugung handeln. Die Gefahr eines Fehlschlages ist groß, denn schlägt der Versuch fehl, finden sie sich bestätigt. Leider wird selbst ein Erfolg häufig negativ interpretiert.

Glücklicherweise sind positive Erfahrungen genauso resistent gegen Veränderung. Wer einmal glaubt, durch sein Agieren bestimmte Konsequenzen beeinflussen zu können, ist schwerer zu verunsichern.

Andererseits kennen die meisten Menschen die Erfahrung, wenn sie sich in einer vertrauten Umgebung sicher fühlen, kann eine *andere* Umgebung durchaus unsichere, hilflose Gefühle hervorrufen.

Meist reicht allein die Erwartung aus, daß ein Ereignis nicht zu kontrollieren ist, um Hilflosigkeit auszulösen. Ebenso wie die Vorhersage, ein Ereignis sei kontrollierbar, ausreicht, Menschen zum Reagieren zu bewegen.

So können Schüler lösbare Aufgaben nicht lösen, nachdem ein Lehrer ihnen zuvor unlösbare Aufgaben gestellt hat. Identische Aufgaben konnten sie aber bei einem *anderen* Lehrer ohne Schwierigkeiten lösen.[15]

Ebenso läßt sich Hilflosigkeit eher von wichtigen Ereignissen auf unwichtige übertragen, als umgekehrt. Jemand, der nach intensiver Vorbereitung eine Abschlußprüfung verhauen hat, neigt leichter dazu, auch bei kleinen Aufgaben mit Versagen zu rechnen, während eine vermasselte Klausur selten auf einen schlechten Abschluß hin gedeutet wird.

Depression als Reaktion auf Hilflosigkeit

Depression ist oft eine Folge von Nicht-Reagieren, von Inaktivität, Antriebslosigkeit, Handlungsunfähigkeit. Symptome, die auch Anzeichen für Erlernte Hilflosigkeit sind. Depressive Menschen sind oft nicht in der Lage, etwas zu leisten, sie vernachlässigen ihr Äußeres, sind gleichgültig, müde, interessenlos. Sie bleiben am liebsten allein, bewegen sich wenig, können keine Entscheidungen treffen, sind traurig, ausgebrannt und willenlos.

Böse betrachtet, ist damit das übersteigerte Bild von Weiblichkeit gezeichnet. Man könnte diese *Charaktereigenschaften* auch übersteigerte Zurückhaltung, Passivität, Anpassung und Unsicherheit nennen.
Depressive Menschen sind nicht in der Lage, ihren Alltag zu meistern. Frauen sollen auf charmante Weise ebenso hilflos wirken. Sie sollen abhängig sein und sich vom Mann versorgen und ernähren lassen. Sicher fühlen sollen sie sich nur in der vertrauten Umgebung des eigenen Heims und in SEINER Nähe.
Mit dieser Forderung an Weiblichkeit sind die Weichen gestellt für Erlernte Hilflosigkeit und Depression.
Depressionen treten häufiger bei Frauen auf als bei Männern. Sie gehen einher mit den oben aufgeführten Anzeichen und beinhalten oft mangelhafte soziale Fertigkeiten. Ein Handikap, das auch von Frauen beschrieben wird, die lange aus dem Berufsleben heraus waren. Bereits nach ein bis zwei Jahren berichten Frauen, sie könnten sich nicht mehr sprachlich ausdrücken, trauten sich nicht zu, auf fremde Menschen zuzugehen, hätten Angst vor sozialen Kontakten. Am liebsten blieben sie zu Hause.
Depressive Menschen halten sich für unfähiger als sie es tatsächlich sind. Eine Selbsteinschätzung, die Frauen genauso »pflegen«, auch wenn sie nicht depressiv sind. Sie erwarten unattraktiv und dumm zu sein. Sie trauen sich nicht zu, eigenständig etwas zu unternehmen, sie rechnen immer mit ihrem Versagen. Depressive Frauen und Männer erklären sich ihre Erfolge und Mißerfolge nach ähnlichen Mustern.
Nicht depressive Menschen schreiben ihre Erfolge ihren Fertigkeiten zu. Depressive Versuchspersonen waren hingegen überzeugt, ihre Reaktionen hätten auf Geschicklichkeitsaufgaben genauso wenig Auswirkungen wie auf unlösbare Aufgaben.
Der Weg aus der Hilflosigkeit verläuft immer über die ange-

schobene, öfter sogar erzwungene Erfahrung, daß das eigene Verhalten positive Konsequenzen hat.
Jeder Mensch freut sich, wenn er spürt, sein Verhalten bewirkt etwas. Das beginnt bereits beim Säugling, der sich selbst als Verursacher des Geräuschs einer Rassel erlebt. Und die ersten Wegzeichen sind gestellt, wenn dem Baby erlaubt wird, seine Flasche selbst zu halten. Es lernt, seine Bedürfnisse selbst zu befriedigen. Eltern, die ihren Kindern die Erfahrung ermöglichen, daß ein Zusammenhang zwischen einem Verhalten und einer Konsequenz besteht, die ihnen ermöglichen zu erfahren, daß wenn sie etwas tun, eine bestimmte Folge eintritt, beugen dem Gefühl der Hilflosigkeit vor.
Wenn schon in der Kindheit Frustration unbewältigt bleibt, oder wenn Erwachsene die Schwierigkeiten für Kinder lösen, wird Hilflosigkeit genährt. Erlernte Hilflosigkeit bei Kindern ist deswegen schwerwiegend, weil jegliche Motivation für Lernen und eigenständiges Problemlösen im Keim erstickt wird. Besonders Mädchen sind von dieser Auswirkung betroffen, das wird im mathematischen und naturwissenschaftlich-technischen Bereich deutlich. Am Ende einer Folge von Fehlschlägen resignieren die meisten. Eine Form von Schicksalsergebenheit, die bei Mädchen oft zu beobachten ist. Christina hat aufgegeben, sich im Matheunterricht zu melden: »Die Lehrerin hält nicht viel von Mädchen, sie nimmt mich sowieso nicht dran.« Hilflosigkeit ist nur aufzuheben, wenn Mißerfolge erklärbar werden und genauen Ursachen zugeschrieben werden können.

Haben Sie häufiger den Eindruck, daß Sie Fehlschläge einem persönlichen Makel zuordnen? Dann probieren Sie, den Schwarzen Peter äußeren Umständen, einer schlechten Tagesform oder jemand anderem zuzuschieben.
Brave Mädchen haben gelernt, die Schuld immer auf sich zu nehmen. Böse Mädchen schieben den Schwarzen Peter anderen zu, den Umständen oder der Tagesform. Es geht mir

nicht darum, daß Sie unrealistisch die Verantwortung auf andere abwälzen. Wichtig hingegen ist, Sie erkennen, daß es auch andere Erklärungsmuster gibt – *und* die Gewißheit, daß morgen alles anders sein kann.

Menschen müssen möglichst früh lernen, daß sie Angst, Monotonie, Schmerz und Schwierigkeiten durch eigenes Verhalten bewältigen können. Mädchen werden leider oft *überbehütet*. Sie haben deshalb kaum Möglichkeiten zu lernen, daß sie selbst mit Schwierigkeiten fertig werden.

Die frühe Erfahrung, selbst wirksam Kontrolle ausüben zu können, bewirkt eine Immunisierung[16] gegen Hilflosigkeit im Erwachsenenalter.

Gerade diese Erfahrung wird Mädchen vorenthalten.

Die »Schutzimpfungen« im Erwachsenenalter sind komplizierter. Zuerst muß die »Krankheit« ausheilen. Eine ganze Reihe von »immunisierenden Stimulanzen« müssen aufeinander folgen. Erlebnisse, die beweisen: »Ich kann Störungen wirklich beseitigen, Hindernisse überwinden.« Gegenerfahrungen müssen aufgebaut werden, damit der Schutz langfristig wirkt.

Der durch Hilflosigkeit untergrabene Wille, selbst aktiv Entscheidungen zu treffen, wird nur langsam wieder hergestellt.

Erwachsene, die sich selbst dazu bringen, Erfahrungen zu suchen, die ihnen beweisen, daß sie etwas bewirken können, die sich Episoden ihrer Lebensgeschichte wachrufen, in denen sie etwas bewirkt haben, können dem Gefühl der Hilflosigkeit den Boden entziehen. Das erfordert Veränderungen in unseren Handlungsmustern. Erfolge und Fehlschläge sind dabei relativ schnell auszumachen. Schwieriger ist es, die Feinstruktur unseres Handelns zu durchschauen und zu verändern. Die feinen Facetten der Gesten, der Mimik, der Sprache.

Das ohnmächtige Lächeln

Die Körpersprache der Unterwerfung

Frauen drücken auf allen Ebenen ihrer Körpersprache aus: »Ich bin klein und hilflos. Ich stelle keine Bedrohung für dich dar.« Sie machen kleinere Schritte als Männer, sie nehmen weniger Raum ein, sie machen sich schmal.
Marianne Wex[17] zeigt auf über 2000 Fotografien Frauen. Sie halten ihre Arme nahe am Körper, setzen vorsichtig ihre Füße voreinander. Eine weibliche Fußspur im Sand zeigt eine fast gerade Linie. In männlichen Fußspuren erkennt man deutlich beide Füße nebeneinander. Übertreibt man einmal beide Gangarten, so werden die Vor- und Nachteile spürbar. Frauen gehen mit kleinen Trippelschritten, unsicher balancierend. Männer bewegen sich breitbeinig und sicheren Schrittes.
Auch Sitzhaltungen von Frauen zeigen: Frauen machen sich schmal. Sie sitzen mit eng angedrückten Armen und geschlossenen Beinen, die Knie zusammengedrückt, die Füße nach innen gestellt oder eng beieinanderstehend. Diese Haltung wird von Männern nahezu nie eingenommen, abgesehen von einer Randgruppe. Nur deutlich *unterprivilegierte* Männer zeigen ähnliche Sitz- und Körperhaltungen.
Bei Kindern vor der Pubertät finden sich kaum Unterschiede in der Körperhaltung. Offensichtlich passen Mädchen ihr Verhalten und ihre Körpersprache mit beginnender Reife den Forderungen der Umwelt an. Nach einer Zeit des Aufbegehrens werden sie braver, bescheidener, ängstlicher und verändern ihre Körpersprache entsprechend.
Auch die Mode unterstützt den Mann in seiner lässigen, ausladenden Bewegung. Weit geschnittene Jacken und Hosen, in denen man lässig die rechte Wade auf dem linken

Knie plazieren kann, flache, breite Schuhe, die sicheren Stand und Schritt ermöglichen. Frauenschuhe dagegen sollen den Fuß kleiner erscheinen lassen. Das geht stets auf Kosten von Bequemlichkeit und Trittsicherheit. Frauliche Kleidung engt ein, schnürt die Luft ab und erlaubt nur wenig Bewegungsspielraum. Das gilt sogar für weite Röcke, die lassen zwar ein gewisse Bewegungsfreiheit zu, doch schnell laufen können Frauen auch darin nicht.

Bitten Sie eine Freundin, sich Ihnen gegenüber auf einen Stuhl zu setzen. Betrachten Sie ihre Sitzhaltung. Entschlüsseln Sie, was diese Haltung ausdrückt. Betrachten Sie ihre Beinstellung: Welche Botschaft erkennen Sie? Wie fühlt Ihre Freundin sich? Bitten Sie die Freundin als nächstes, sich ausholend, breitbeinig in den Sessel oder auf dem Stuhl zu fläzen. Sie soll den gesamten Platz ausfüllen. Übersetzen Sie auch diese Körperhaltung! Wie fühlt Ihre Freundin sich? Finden Sie heraus, welche Gefühle und Gedanken bei Ihnen entstehen, wenn Sie eine Frau in dieser Haltung erleben. Wiederholen Sie das Spiel mit sich selbst, und nehmen Sie sich Zeit, zu entschlüsseln, wie Sie sich dabei fühlen.
Nun das Ganze mit einem Mann:
Bitten Sie einen Freund, sich hinzusetzen, und verfahren Sie wie oben. Im nächsten Schritt soll er sich wie eine Frau setzen. Bitten Sie ihn etwas zu übertreiben: Eng aneinandergedrückte Beine, schräg gestellt, die Arme nahe am Körper, den Blick leicht gesenkt. Wie gefällt Ihnen dieser Mann? Fragen Sie auch ihn, wie er sich jetzt fühlt! Diese Übung können Sie auch im Laufen ausprobieren, kleine Trippelschritte, Fuß hinter Fuß gesetzt (denken Sie in der Übertreibung an Frauen auf einem Laufsteg) und großzügige, breite Schrittfolge.
Oft hört man Männer über die witzige Art, in der viele Frauen laufen, lästern: das Becken leicht vorgeschoben, die

Knie dicht beieinander, Füße und Unterschenkel X-förmig nach hinten werfend. Das sieht in der Tat komisch aus. Auch beim Laufen halten sie die Beine zusammen. Das sieht nicht nur lächerlich aus, sondern behindert auch. Man stolpert, es strengt ungeheuer an, und man kommt nur langsam voran.

Große Frauen haben ein zusätzliches Hemmnis, sie machen sich nicht nur schmal, sondern auch klein. Sie entwickeln unterschiedliche Methoden, um puppig zu wirken. Sie tragen Schuhe mit niedrigem Absatz, kippen das Becken seitlich, stehen in seitlicher S-Form, alles, damit ein Mann neben ihnen nicht so klein wirkt. Sie ziehen die Schultern zusammen, versenken ihren Kopf und richten ihren Blick schüchtern von unten nach oben und gleichen einer Schildkröte.

In einem Wochenendworkshop über Körpersprache berichtete Christa von einem Streit mit ihrem Mann. Er ist kleiner als sie. Trotzdem kam Christa sich klein vor, wenn sie neben ihm stand, wie ein Schulmädchen vor seinem Lehrer. Sie war leicht eingeschüchtert, weil er laut und aggressiv auftrat. Wenn sie mit ihm stritt, kam sie sich hilflos vor. Im Rollenspiel mit einer kleineren Mitspielerin beobachteten die anderen Frauen sie erstaunt:

Christa, die einen guten halben Kopf größer war als ihre Spielpartnerin, wirkte optisch kleiner.

Christa stand mit eng geschlossenen Beinen, den Blick nach unten gerichtet, als schäme sie sich für etwas, den Kopf gesenkt und seitlich geneigt. Sie sprach mit leiser, weinerlicher Stimme; mit ihrem eingeklemmten Kehlkopf war auch kaum anderes möglich. Ihr rechter Arm hing schräg vor dem Körper, die rechte Hand berührte den linken Oberschenkel. Mit der linken hielt sie den rechten Ellbogen fest und zog ihre Schultern vorn zusammen. Eine Schulter war leicht geneigt, es sah aus, als würden Kinn und Mund bald verschwinden. Sie atmete flach. Mit eingeklemmtem Brustkorb drückte sie sich die Luft ab. Christa fühlte sich wie ein kleiner Hund, der ungehorsam war und unsicher ist, was auf ihn zukommen wird. Sie nutzte die Chance zu üben. Ich bat sie, sich eine Situation vorzustellen, in der sie sich sicher gefühlt hatte. Sie schilderte ein Streitgespräch mit einer Kollegin. Sie wollten an einer Computerschulung teilnehmen. Der Chef war allerdings nur bereit, eine von ihnen gehen zu lassen. Einigen sollten sie sich untereinander. Christa war sich ihres Anspruchs absolut sicher. Sie beschrieb, wie sie mit gerader, fast gebieterischer Kopfhaltung diskutiert hatte. Sie vertrat ihr Interesse, plazierte ihre Argumente mit festem Blick.

Beim Erzählen nahm sie diese Körperhaltung ein, sie richtete sich auf. Ihr Blick war gerade auf ihre Spielpartnerin gerichtet. Sie steckte eine Hand in die Hosentasche und lies die andere baumeln. Zwar spielte noch ein vorsichtiges Lächeln um ihre Lippen, aber sie wirkte wesentlich sicherer. Sie hatte sich aufgerichtet, und jeder konnte sehen, daß sie groß ist. Christas Lächeln bekam eine ganz andere Zielrichtung. Sie benutzte es jetzt nur Beruhigung ihrer Mitspielerin, sie dachte, ohne Lächeln würde sie diese verschrecken.

Die anderen Frauen bestätigten, daß sie jetzt nicht nur selbstsicherer wirke, sondern sie glaubten, Christa würde auch in der Realität einen »aggressiven« Eindruck erwecken können.

Davor hatte Christa Angst. Sie fürchtete, rücksichtslos zu wirken. Schon die Großmutter hatte sie gewarnt, sie solle leiser und zurückhaltender sein, mit ihrer lauten und direkten Art verschrecke sie alle Leute. Sie dürfe sich nicht wundern, wenn keiner etwas mit ihr zu tun haben wolle. Solange sie so mit den Leuten umspränge, bekäme sie nie einen Mann.

So sitzen Frauen häufig:
Ein Bein über das andere gelegt, die Beine dicht nebeneinander und schräg gestellt. Dazu ein Paar Stöckelschuhe. Frau Berger, eine Sexberaterin im Privatfernsehen, hält das für sexy.
Auf einem Sofa sitzen Frauen oft in einer Ecke; Männer fast immer breit und raumergreifend. Frauen dringen selten in den Bereich eines anderen ein. Im Gegensatz zu Männern. Sie erobern Terrain, besonders dort, wo es ihnen von Frauen leichtgemacht wird. Frauen verzichten darauf, ihren Raum zu verteidigen.
Mädchen lernen solche kleinmachenden, verniedlichenden Gesten, kaum daß sie den Kinderschuhen entwachsen sind: Ein 10jähriges Mädchen räkelte sich bequem breitbeinig auf einem Stuhl. Ein Freund des Vaters wies sie zurecht: »Mädchen sitzen so nicht.« (Die vorsichtige Bemerkung der Mutter, das Kind habe doch Hosen an, wurde ignoriert.) Wie Mädchen denn sitzen sollten, erklärte der Freund nicht. Dennoch nahm das Kind eine Haltung ein, die sie kleiner, jünger und braver, fast scheu erscheinen ließ. Sie hatte verstanden: schmale, aufrechte Sitzhaltung, geschlossene Beine. Die beiden Männer lächelten wohlwollend und nickten sich zu.
Viele Frauen kennen solche Körper- und Sitzhaltungen, sie haben sie spätestens in der Tanzschule gelernt. Ob Frauen Hosen tragen oder nicht, die Forderung, sich klein oder schmal zu machen, bleibt bestehen. Und Frauen erfüllen sie. Wenn sie sich ausbreiten, fühlen sie sich diffus unbehaglich und fremd.
Der Sinn dieser Regeln liegt auf der Hand: Versuchen Sie einmal, sich mit eng geführten Beinen, schwankend auf Stöckeln, mit geneigtem Kopf und abgewürgter Kehle lauthals Gehör zu verschaffen und Ihre Meinung durchzusetzen.
Besonders »liebreizend« sehen Frauen dann aus, wenn sie,

wie ein braves Hündchen, den Kopf nett seitlich neigen und dazu lächeln. Eine Haltung, die ausdrückt: »Ich bin schüchtern, ich weiß nicht, ob ich alles richtig mache.«

Diese Kopfhaltung in Verbindung mit Lächeln ist fast ausschließlich bei Frauen zu beobachten. Sie ist demütig. Mit dieser Pose kommen wir zur »hohen« Schule der Unterwerfung. Mit Verlegenheitsgesten und Posiergebärden erfüllen sie die Forderung: Sei schön, lieb und anschmiegsam!

Sie streichen verlegen das Haar aus der Stirn, schlagen unruhig lächelnd die Beine übereinander und wieder auseinander, rücken schüchtern ihren Rock zurecht, streichen zaghaft über ihre Schenkel. Sie demonstrieren: Wir sind schnurrende Kätzchen, die ihre Krallen niemals gebrauchen werden.

Die unsichtbare Frau

Viele Frauen bemühen sich, der Forderung: sei unscheinbar, sei unauffällig, sei bescheiden, sei still zu genügen. Sie laufen mit einer Tarnkappe herum. Sie lächeln und halten sich zurück. Sie unterbrechen niemanden. Sie hören geduldig den langweiligen Ausführungen von Vielrednern zu, anstatt sich mit ihrer Einschätzung der Sachlage ins Gespräch zu bringen.

In einem meiner Seminare, in dem Menschen herausfinden wollen, ob sie von anderen so wahrgenommen werden, wie sie sich selbst sehen, sind jedesmal einige Frauen, die blaß, klein und schüchtern wirken: Mauerblümchen! Die anderen Seminarteilnehmer können am Anfang des Workshops mit diesen Frauen kaum etwas anfangen. Oft steckt hinter dieser Maske eine Frau, die scharf beobachtet und auf den Punkt genau, »knallhart« die anderen Teilnehmer beurteilt. Allerdings immer erst dann, wenn sie dazu aufgefordert wird. In einer Alltagssituation würden diese Frauen nicht nach ihrem Urteil gefragt. Sie drücken mit ihrer ganzen Haltung, ihrem Blick, ihrer Kleidung aus: Ich bin ein Niemand, ich habe nichts zu sagen. Wenn ich etwas sagen würde, könnte es falsch sein oder langweilig. Ich will niemandem unrecht tun, laßt mich schweigen.

Marlies war eine dieser unauffälligen Frauen. Sie saß zusammengezogen, mit rundem Rücken, nach vorn gebeugt, den Kopf eingezogen. Sie richtete den Blick nach unten, darauf bedacht, niemanden anzusehen oder beim Hochblicken »erwischt« zu werden.

Ihre Kleidung drückte Bescheidenheit aus, gedeckte Farben, konservativer Schnitt, zwei »mutige« Farbkleckse, etwas Straß auf den Schuhen, ein roter Schriftzug auf dem T-Shirt. Ihre Bewegungen wirkten kraftlos, »blutarm«, so als könnte sie leicht ohnmächtig werden. Diese Beschreibung gibt den Eindruck wieder, den diese Frauen auf den ersten Blick hinterlassen. Fangen sie jedoch an zu sprechen, und spüren sie, die Zuhörer sind auf angenehme Weise verblüfft, kommen sie in Fahrt.

Sie werden fröhlich, oft sogar zynisch, und man bekommt einen Hauch davon zu spüren, was in ihnen steckt: Biß, Power und Urteilsfähigkeit. Leider haben sie solche Angst vor dieser Seite ihres Wesens, daß sie nach so einem Ausbruch am liebsten in den Boden versinken möchten. Sie fürchten, wenn sie mit ihrer Meinung und Urteilskraft deutlich werden, auf Ablehnung und Kritik zu stoßen. Leider machen sie wirklich derartige Erfahrungen. Ihr Äußeres korrespondiert einfach zu wenig mit der Prägnanz ihrer Aussagen. Von ihnen erwartete man eine solche Schärfe nicht. Zum anderen liegt es an der unangemessenen Barschheit, die oft plötzlich aus ihnen herausbricht. Wer lange brav schweigt, schießt, einmal aus dem Schatten getreten, leicht über das Ziel hinaus. Das bleibt nicht ohne Resonanz. Der andere erschrickt und wehrt sich. Die »Kühnheit« wird damit meist im Keim erstickt.

Sieh mir in die Augen, Kleines
»Casablanca« ist für mich ein Film, den ich immer wieder gern sehe. Eine Vorbildfunktion für weibliche Selbstbehauptung kann Ingrid Bergman allerdings nicht für sich in Anspruch nehmen.
Erst nach seiner Aufforderung darf »die Kleine« ihn ansehen. Wir halten ihren scheuen Blick und seinen sanften Griff an ihr Kinn für Romantik, aber die Botschaft lautet: Der Starke bestimmt, wann die Schwache ihn ansehen darf. Zuvor muß er sie allerdings noch verniedlichen (»Kleines«), dann erst darf sie ihm bescheiden und tränenverschleiert in die Augen sehen.
Und die Blicke vieler Frauen zeigen deutlicher als tausend Worte ihre Bereitschaft zur Unterwerfung. Sie spiegeln ein schüchternes, ängstliches Seelenleben. Aus Angst, andere durch Fixieren zu verschrecken oder zu beleidigen, blicken Frauen vorsichtig zur Seite oder verlegen unter sich. Sie wollen niemandem das Gefühl geben, ihn anzustarren, denn das ruft Widerwillen hervor. Jeder weiß, wie unangenehm es ist, wenn man pausenlos angestarrt wird. Man ist verunsichert, verlegen, sogar ängstlich. Und wer kennt nicht das Kampfspielchen: Wer beim gegenseitigen Anstarren länger durchhält, ist der Sieger. Wird man angestarrt, neigt man dazu, dieser unangenehmen Situation zu entfliehen. In einer Untersuchung fuhren Autofahrer schneller los, wenn sie an einer Ampel angestarrt wurden. Und schon Kinder hört man sich wehren: »Glotz mich nicht so an« oder »Was starrst du mich den so an.« Wer glotzt, will etwas, und das Gefühl im Bauch warnt den Angeglotzten: »Nichts Gutes!«
Anstarren ist eine Drohgebärde, bei Katzen kann man es beobachten, sie knurren sich an und fixieren sich dabei, und Menschen empfinden fixierende Blicke ebenso bedrohlich. Der Schwächere verläßt das Terrain, der Mächtige bleibt. Direkte körperliche Angriffe werden so, zumindest im Tier-

reich, reduziert. Ein Gorilla-Männchen würde ein Weibchen erschlagen, das ihn zu lange anstarrt.
Frauen werden oft angestarrt. Manchmal bewundernd, oft abschätzend, meist aber lüstern, und sie empfinden es zu Recht als unangenehm oder bedrohlich. Ob sie sich verlegen abwenden oder lächeln, stets signalisieren sie Unterwerfung statt Wehrhaftigkeit. Sie sind verwundert, daß sie mit ihrem schüchternen Lächeln niemanden besänftigen oder ablenken. Sie fühlen sich bedroht, aber sie wagen es nicht, den potentiellen »Angreifer« in die Flucht zu schlagen, weder mit einem vernichtenden Blick noch mit einer bissigen Bemerkung. Wer anstarren oder zurückstarren kann, ist mächtig. Der Unterlegene sieht weg. Er hofft, so eine aggressive oder nötigende Handlung zu verhindern.
Vielleicht will der Anstarrer aber auch nur Kontakt aufnehmen und signalisieren: ich bin an dir interessiert, ich finde dich sympathisch. Die Grenzen zwischen beiden Möglichkeiten sind verwischt, eindeutig sind Blicke selten. Sie können nur im Zusammenhang mit anderen Körpersignalen, mit Sprache und im situativen Kontext interpretiert werden. Die Frauen, die es wagen, einen Mann etwas »zu lange« anzusehen, ermuntern ihn angeblich, wollen ihn auffordern, sie anzusprechen.
Frauen gelten angeblich als schön, wenn sie große, weit geöffnete Augen haben. Sie wirken erstaunt und harmlos. Und diesen Bambi-Blick scheinen Mädchen in der Pubertät regelrecht zu trainieren. Sie betrachten die Welt mit Kuhaugen und leicht geöffnetem Mund und merken nicht, daß sie nicht nur harmlos, sondern blöd aussehen. Jemanden niederzwingen oder vertreiben, das funktioniert so nicht. Die »kleinen Männer« üben in dieser Zeit den coolen Blick. Cool sein heißt, wenig von sich zeigen, sich beherrschen können und anderen keine Angriffsfläche bieten. Wer cool ist, gerät nicht aus der Fassung, wird nicht hysterisch und

hält alle Fäden lässig in der Hand. Männer sind cool, und die coolen kleinen Jungs erwerben damit ihre Berechtigung, irgendwann auch Männermacht auszuüben.
Mädchen zeigen Gefühle, sind »uncool«. Ihnen fehlt das Pokerface. Ihnen sind ihre Gefühle ins Gesicht geschrieben. »Ich bin eine ehrliche Haut, und das sieht man mir auch an. Ich kann überhaupt nicht bluffen«, beschreibt sich eine junge Frau, die diese Eigenschaften zwar als tugendhaft und wünschenswert einschätzt, aber auch als Handikap. Sie spürt, sie wird nicht ernst genommen. Es ist ein Makel. Denn nur die Bosse sind cool. Nur die, die Macht haben, die entscheiden, wann sie wem etwas sagen, zeigen oder preisgeben wollen. Die unwichtigen, die abhängigen Menschen sind leicht zu verunsichern. Die Abhängigen tragen ihr Herz auf der Zunge. Sie antworten, wenn sie gefragt werden, und sie lächeln.

Sag mir, ob ich alles richtig mache!
Untersuchungen zeigen, daß Frauen ihr Gegenüber öfter und länger ansehen. Sie betrachten die Menschen, ohne sie anzustarren, ohne zu fixieren. Sie wenden den Blick ab, sobald sie spüren, daß es dem anderen unbehaglich wird oder das Gegenüber ihnen seinerseits in die Augen sieht. Das mag seine Ursache darin haben, daß Frauen sich stark an anderen Menschen orientieren und ihr Verhalten auf die mögliche Reaktion abstimmen. Sie sehen andere an, um deren Erwartungen frühzeitig erkennen zu können, am besten bevor sie geäußert werden.
Da Frauen auch heute noch sehr oft materiell und/oder emotional von Männern abhängig sind, ist es für ihre Sicherheit und für ihr Wohlbefinden wichtig, schnell zu erkennen, was man von ihnen erwartet. Frauen suchen zuerst nach Anhaltspunkten, wie sie sich verhalten sollen. Mit einem kurzen Blickkontakt, finden sie dann heraus, ob alles richtig war.

Das Suchen von Augenkontakt kann also durchaus ein Zeichen der Unterwerfung sein, zum Beispiel dann, wenn die Schwächere den Starken im Auge behalten will, um seine Stimmung zu kontrollieren, um frühzeitig beruhigend einzugreifen, zu fliehen, sich anzupassen oder einfach, um nach Zustimmung zu suchen.

Wie häufig sehen Sie jemanden an, um herauszufinden, ob der- oder diejenige Ihr Verhalten billigt oder ablehnt? Anschauen unterstützt die Botschaft: »Ich höre dir zu. Was du zu sagen hast, ist mir wichtig.« Jemanden ansehen ist eine wirksame Aufmerksamkeitsreaktion, sie bringt dem Gesprächspartner Interesse entgegen. Aber sie wird zum Handikap, wenn die Quote sehr ungleich ausfällt. Frauen sind das zuhörende Geschlecht. Die braven Frauen haben immer ein offenes Ohr für andere. – Sie sind einfühlsam und zeigen ihre Bereitschaft durch verständnisvolle Blicke.

Männer haben einen lüsternen Blick. Sie demonstrieren, daß sie sich nehmen, was sie haben wollen. Männer glotzen Frauen unverhohlen an. Frauen wenden ihren Blick verstohlen ab. Sobald Frauen männliche Blickmuster anwenden, wird ihnen »sexuelle Anmache« oder Aggressivität unterstellt.

 Probieren Sie es aus:

Gehen Sie durch die Stadt, und blicken Sie den vorübergehenden Menschen direkt in die Augen, lächeln Sie nicht, sehen Sie die Menschen einfach nur an. Finden Sie heraus, wie Sie sich fühlen. Was empfinden Sie dabei?

Gehen Sie mit einer Freundin in eine Kneipe, und begutachten Sie die Männer, die Sie dort treffen. Betrachten Sie sie abschätzend, von unten nach oben. Nehmen Sie Ihre Gefühle auch dabei wieder wahr, *und* achten Sie auf die Reaktionen der Männer.

Die unterwürfige Kleidung
Was ein Mensch trägt, zeigt seine Einstellungen und seinen sozialen Status. Man schätzt jemanden als wohlhabend ein oder arm auf Grund seiner Kleidung. Die Kleidung eines Menschen verführt uns, über seinen Charakter, seine Fähigkeiten und seinen Intellekt zu urteilen. Wer sich geschickt (ver-)kleidet, kann diesen Effekt nutzen. Kleider machen Leute, ein Klischee, dessen Gültigkeit noch wächst. Als die ersten Frauen versuchten, die Chefetagen zu erobern, taten sie das oft in Kostümen, die stark an der männlichen Garderobe angelehnt waren.

Die Kleidervorschrift eines Großunternehmens schreibt für Frauen vor: Nie in Hosen in die Chefetagen, nicht einmal dann, wenn nur etwas abzugeben ist.

Und es ist noch nicht lange her, da durften junge Frauen in einer Buchhandlung oder einer Bank ausschließlich in Röcken zur Arbeit erscheinen.

Ich habe es schon angesprochen: Frauenkleidung ist auch heute meist unbequem eng und verhindert große Bewegungen. Selbst weite Frauenkleidung ist so geschnitten, daß Frauen sich darin verfangen können.

Schon kleine Mädchen werden so angezogen, daß sie sich wenig bewegen können. Lackschühchen sind auch heute noch »in«. Die Sohlen sind glatt, schnelles Laufen wird damit zum schnellen Fallen. Röcke und Hosen sind adrett, das kleine Mädchen darf sie nicht schmutzig machen. – Also: »schön vorsichtig bewegen«. Vorsichtig sollen Mädchen werden, in allen Lebensbereichen zurückhaltend. Die Kleidung »erleichtert« es den kleinen Damen, diese Forderung zu erfüllen. Die erwachsene Frau nimmt diese Fesseln kaum noch wahr.

Ich möchte an dieser Stelle noch einmal das Thema Macht aufgreifen. Gemeint ist die Fähigkeit, Entscheidungen zu treffen und zu handeln. Macht also als Persönlichkeitsfaktor, als eine innere Stärke, die nach außen individuell ver-

schieden sichtbar wird. Nur wer den Mut hat, seine eigene Persönlichkeit zu stärken, kann Macht haben und andere Menschen auf positive, überzeugende Weise beeinflussen. Ihre Persönlichkeit kann aber nur diejenige entwickeln, die auf sich selbst, auf ihre Wünsche und Bedürfnisse konzentriert lebt. Die, die ihren Blick immer darauf richten, was andere über sie denken könnten, wie die Nachbarn über sie reden, ob sie gemocht werden oder nicht, die haben keine Chance, eine starke selbstbewußte Persönlichkeit zu erwerben. Das gilt auch für die, die sich zum Beispiel in ihrer Kleidung und ihrer Gestik einer bestimmten Situation schulbuchmäßig anzupassen versuchen.
Eva, eine kompetente Chefsekretärin, hat viele Jahre mit ihrem Ehemann im Ausland gelebt und wollte wieder beruflich in Deutschland Fuß fassen. Sie wußte, daß sie bei einem Bewerbungsgespräch neben ihrer fachlichen Kompetenz auch ihre Ausstrahlung verkaufen konnte. Sie trug ihr teuerstes Kostüm und teuren Schmuck.
Eva war sicher, die Stelle zu bekommen, dank ihrer Sprachkenntnisse, wegen ihrer Fachkompetenz und nicht zuletzt auf Grund ihrer vornehmen Ausstrahlung.
Als sie eine Woche später eine freundliche Absage erhielt, war sie vor den Kopf gestoßen.
Wir sprachen die Situation durch, und schnell stellte sich heraus, ihr zukünftiger Vorgesetzter konnte ihr bei weitem nicht das Wasser reichen. Sie hatte ihm beim Eintritt ins Büro angesehen, er konnte seiner Frau den Luxus sicher nicht bieten, den ihr Mann ihr ermöglichte. Die Einrichtung war solide und teuer, seine Kleidung angemessen, aber weit entfernt von dem Niveau, das sie gewöhnt war. Eva konnte sich nicht vorstellen, daß sie mit *dieser* Einschätzung genau beschrieb, was schiefgelaufen war. Sie fand, er hätte doch froh sein können, jemanden wie sie als Mitarbeiterin zu bekommen. Offensichtlich hatte sie ihm signalisiert: »Ich bin oben, du bist unten«. Eva mußte begreifen, daß ihr zukünf-

tiger Vorgesetzter mehr Macht besaß als sie, und sie ihm zeigen mußte, daß sie diese Macht akzeptieren wird. Eva hatte Ansprüche signalisiert, die ihrer Aufgabe nicht gemäß waren. Zwangsläufig bekam sie die Stelle nicht. Sie war empört als ich ihr riet, sich in ihrer Bewerbungskleidung zurückzunehmen: »Frauen sollen sich doch nicht klein machen und auf ihre Ansprüche verzichten, das sei es doch, was ich immer predige, und ausgerechnet das solle sie jetzt tun?« Sie war deutlich irritiert. Auf Macht und Einfluß soll Eva natürlich nicht verzichten, aber sie muß erkennen, wieweit *ihre* Chancen in *ihrem* Beruf gehen. Eva muß souverän genug sein, das im Beruf bestehende Machtgefüge anzuerkennen. An der Rangfolge rütteln und eine höhere Position anstreben kann sie, sobald sie ihr fachliches Know-how bewiesen hat. Mit einer Kleidung, die über das Ziel hinausschießt, erhält sie allerdings erst gar nicht die Chance.

Die Sprache der Unterwerfung

Es gibt eine ganze Reihe von Worten, »die ein anständiges Mädchen nicht in den Mund nimmt«. Spätestens hier beginnt verbale Unterwerfung.
In ihrer Sprache zeigen Frauen die subtilste Art von Unterwürfigkeit. Schwer herauszufiltern, nicht so exakt zuzuordnen und dennoch äußerst wirksam. Erst in jüngerer Zeit hat Deborah Tannens Buch[18] einem breiten Leserkreis das Wissen vermittelt, wie deutlich sich Frauen- und Männersprache unterscheiden. Wenn dies auch noch kein Nachweis der Unterwürfigkeit weiblicher Sprache ist, so liefert ihre Untersuchung doch einen Hinweis. Vier markante Muster sprachlicher Unterwerfung möchte ich unterscheiden.
Auslassungen
mangelnder Nachdruck
Rücknahme
Ratespiele

Bei den *Auslassungen* wird uns beschäftigen, daß Frauen vieles nicht sagen oder nicht so sagen, wie sie es meinen.

Beim *mangelnden Nachdruck* steht das weibliche Muster im Vordergrund, auf sehr verschiedene Arten zu erreichen, daß Aussagen eher wie Fragen klingen oder nebensächlich wirken.

Die *Rücknahme* ist eine ergänzende Technik zum fehlenden Nachdruck. Denn Frauen setzen hinter viele ihrer Forderungen oder Aussagen kleine, scheinbar harmlose Beisätze, deren zentrale Botschaft lautet: Wahrscheinlich hat ein anderer recht.

Der besonders schwierig zu erkennende verbale Verzicht in der weiblichen Sprache ist das *Ratespiel*: Bitte errate zwischen den Zeilen, was ich wirklich will. Wünsche, Erwartungen, Forderungen oder Kritik werden so weit zurückgenommen, daß sie gar nicht mehr zu erkennen sind.

Auslassungen

Fluchen, Kraftausdrücke und sexuelle Anzüglichkeiten sind für brave Mädchen verboten. Dieser Sprachbereich bleibt Männern vorbehalten. Es gilt als unweiblich, sich aggressiv oder zotig auszudrücken. Das »Verdammte Scheiße!« eines Mannes läßt kaum einen Kopf hochfahren. Das »Verdammte Scheiße!« einer Frau schreckt eine ganze Gruppe hoch. Doch Frauen registrieren kaum, daß sie auf Kraftausdrücke verzichten. Frauen lassen sich höchst selten so weit gehen, Zuflucht zu vulgärer Abreaktion zu nehmen. Manchmal ist es einem eben nach einem derben Fluch, und auch Frauen fühlen sich leichter, wenn sie auf diese Art Dampf abgelassen haben. Frauen verstummen oft, weil sie Konflikte vermeiden wollen, weil sie lieber schweigen, als etwas Falsches zu sagen.

Statt Männern zu widersprechen, schmollen Frauen, ziehen sich zurück. Bestenfalls eine Freundin erfährt, wie sie wirklich denken. In einem Stadium beginnender Auflehnung wird sie wahrscheinlich über diese Männer witzeln. Leider bleiben Witze aber die Waffen der Schwachen gegenüber den Mächtigen. Vorerst bleibt der Frieden gewahrt, die verborgenen Aggressionen entweichen, ohne Schaden anzurichten.

Mangelnder Nachdruck
Doch auch wenn Frauen ihr Schweigen durchbrechen, beziehen sie selten klar Stellung, lieber versuchen sie, verschiedene Möglichkeiten offenzulassen.
Sie befürchten, sich durch klare Stellungnahmen selbst festzunageln, sie glauben stets, zu dem stehen zu müssen, was sie einmal gesagt haben. – Die männliche Erklärung für Wechselhaftigkeit und Wankelmut, »Was juckt mich mein dumm Geschwätz von gestern«, versagt bei Frauen. Sie werden launisch genannt, wenn sie ihre Meinung erkennbar ändern. Sie neigen deshalb eher zu abschwächender Intonation und Wortwahl. Sie schmücken den Schluß ihrer Aussagen mit Fragen, auch wenn sie sich ihrer Sache sicher sind: »Glaubst du das auch?« – »Sehe ich das richtig?«
Frauen richten damit ihren Kommunikationsstil auf die Stabilisierung ihrer Beziehungen aus. Das oberste Prinzip lautet: »Bloß niemandem auf die Füße treten.« Das ist wichtiger, als die eigenen Vorstellungen mit Nachdruck zu vertreten. Sie basteln ein Bild von sich selbst, das zu den Vorstellungen ihres Partners, ihrer Freunde, ihrer Eltern oder ihrer Kinder paßt. Sie verzichten auf eine persönliche Sprache, auf einen Ausdruck, der ihnen entspricht. Die Weichen für diese unterwürfige Sprache werden früh gestellt. Mädchen und Jungen erwerben unterschiedliche Sprachmuster. Mädchen eher fragend oder vorschlagend, Jungen eher befehlend: »Wollen wir dies oder jenes tun?« ist eine typische Mädchenaussage. Bei den Jungen heißt es sehr oft: »Ich will!« Bei den erwachsenen Frauen lauten die vorsich-

tigen Formulierungen: »Was würdet ihr davon halten, wenn...«, oder wenn es besonders unterwürfig zugeht: »Wenn niemand etwas dagegen hat, könnten wir...«, »Wenn keiner einen anderen Vorschlag hat, dann...« Kein Wunder, wenn soviel Zurückhaltung entsteht. Der kleine Junge erntet für sein »Ich will aber...« höchstens ein tadelndes Lächeln. Das Mädchen wird in der Regel korrigiert: »Das heißt: ›Ich möchte gern‹ oder ›Darf ich...‹«, es wird zur unterwürfigen Form erzogen.

Ein Lehrer beschrieb mir seine problematischen Schülerinnen. Ein Mädchen tadelt er, es sei egoistisch. Der Grund für diese Einschätzung: Sie dränge sich vor im Unterricht, wolle immer zu Wort kommen. Das erschien ihm für ein Mädchen nicht in Ordnung. Ein anderes Mädchen bezeichnete er als selbstverliebt (etwas Schlechtes aus seiner Sicht). Der Lehrer empfand das gesunde Selbstbewußtsein dieses jungen Mädchens als unangebracht: Sie behielt ihren Kopf oben, wenn er sie kritisierte oder zurechtwies, und verlangte Erklärungen für seine Einschätzung oder Forderung. Mädchen sollten in seinen Augen sill und zurückhaltend sein.

Unpassendes Verhalten wurde bei den Jungen mehr oder weniger geduldet, bei den Mädchen aber deutlich sanktioniert. Auch vor der Pubertät werden Mädchen als die Schwächeren betrachtet, obwohl gerade in der fünften und sechsten Klasse Mädchen meist größer und stärker sind als Jungen. Beim Sportunterricht bedeutet das, die »starken Jungs« sollten die Geräte rein- und rausräumen. Die Mädchen fühlten sich diskriminiert.

In einer Klasse wehrten sich die Mädchen und bewiesen, daß sie stärker waren als die Jungs. Dennoch lief die nächste Sportstunde nach dem alten Muster ab. Obwohl die Mädchen stärker waren, wollten die Jungen durch das Geräteräumen ihre »männliche« Überlegenheit beweisen. Sie wehrten sich dagegen, auch die Mädchen schwere Kästen tragen zu lassen.

Die Unterordnung durch Sprache ist natürlich vielschichtiger als mein Raster. Zwischen dem *mangelnden Nachdruck* und der *Rücknahme* steht die häufig angewandte weibliche Methode des Verzichts auf Einfluß, also fragen statt fordern. »Was sollen wir tun?« – »Wohin gehen wir heute abend?« – »Welcher Film, welches Fernsehprogramm interessiert dich?« – »Was soll ich kochen?« Dieser Verzicht ist so universell; ich habe bis heute keine Frau gefunden, die auf dieses Sprachmuster wirklich ganz verzichtet hat.

Rücknahme

Viele Frauen sprechen eine vorsichtige Sprache. Jede Aussage ermöglicht einen schnellen Rückzug, wenn der oder die anderen nicht mitziehen wollen. Ein beliebtes Wort ist *vielleicht*: Würden Sie mir *vielleicht* die Unterlagen bringen? Wir könnten *vielleicht* ins Schwimmbad fahren? *Vielleicht* hast du heute Zeit? Das Wort *vielleicht* könnte in diesen Sätzen ohne Sinnverlust weggelassen werden. Es dient allein dem Zweck, die eigene Aussage so zu schwächen, um bloß nicht wie eine Forderung zu klingen.

Ähnlich wirkt das Wort *eigentlich*. *Eigentlich* habe ich keine Lust. *Eigentlich* wollte ich gerade nach Hause gehen. *Eigentlich* bin ich schon verabredet. »Eigentlich« ist ein Umkehrwort, denn genaugenommen kehrt sich ein Satz mit »eigentlich« ins Gegenteil. *Eigentlich* habe ich keine Lust. – Aber ich werde mich überwinden. *Eigentlich* bin ich verabredet. – Aber du kannst mich überreden. *Eigentlich* wollte ich gerade nach Hause gehen. – Aber ich bleibe. Jeder Satz bekundet letztlich: »Ich bin bereit, mich dir oder euch zu unterwerfen.« Kaum jemand ist diese Umkehrung noch bewußt.

Ein lohnendes Spiel, wie ich es in therapeutischen Sitzungen immer anwende: Sagt jemand »eigentlich«, frage ich nach: »Und *un*eigentlich?« Dieses kleine Spiel, mit sich

selbst gespielt, kann schon zu einer anderen Haltung führen.
Diese Umkehrwörter werden von Frauen auch in Diskussionen verwandt. Die Sprecherin will ihre Aussage zur Diskussion stellen. Ihr Vorschlag ist ernstgemeint, und die Sprecherin wäre beleidigt, wenn er kurzerhand abgeschmettert würde. Doch die eigene Übervorsichtigkeit oder ihre Selbstrücknahme verärgern die Sprecherin viel seltener, sie werden ihr kaum noch bewußt. Die doppelte Botschaft »Ich würde gern, aber ich bin bereit zurückzustecken!« wird vom Gegenüber, zu Recht, zugunsten seiner Interessen ausgelegt. Wir würden im Wahnsinn enden, sollten wir jedesmal fragen: »Wie war denn bitte dieser Satz jetzt genau gemeint? Wolltest du oder wolltest du nicht?« Oder noch schlimmer, wenn wir erwarteten, der Zuhörer müßte die Ungenauigkeit oder Zweideutigkeit durchschauen.

Redezeit
Frauen nehmen sich auch zeitlich zurück. Sie zeigen: »Ich benötige wenig Zeit für mich, ich bin nicht wichtig, ich habe nichts Wichtiges zu sagen.« Angeblich sind Frauen geschwätzig, angeblich ist Kaffeeklatsch ihre liebste Beschäftigung. Beobachtet man Frauen jedoch in Teamsitzungen, dann reden sie weitaus weniger als Männer und nehmen deutlich kürzere Redezeiten in Anspruch.
D. Tannen beschreibt eine Untersuchung[19] über das Sprechverhalten von Männern und Frauen in gemischten Gruppen. Das Ergebnis: Die Redebeiträge der Frauen waren 3 bis 10 Sekunden lang, die der Männer 11 bis 17 Sekunden. Die längsten Wortbeiträge der Frauen waren kürzer als die kürzesten der Männer. Das Vorurteil der weiblichen Schwatzhaftigkeit vor Augen, sollten Frauen sich dieses Untersuchungsergebnis auf der Zunge zergehen lassen. Daß sich weibliche Redezeit sofort verlängert, wenn in einer Gruppe keine Männer mehr anwesend sind, wirft dabei einen langen

Schatten auf den weiblichen Willen zur Emanzipation. Auch in meinen Seminaren sind es fast immer Männer, die lange Reden halten, die ausschweifen und die ich unterbrechen muß, um auf das Seminarthema zurückzukommen. In meinen Rhetorik-Seminaren gebe ich gern die Seminaraufgabe, eine Lobrede auf sich selbst zu halten. Männern fällt dies deutlich leichter als Frauen. Männer haben Spaß an dieser Aufgabe und geben richtig an. Frauen empfinden die Aufgabe eher als peinlich. Läßt man ihnen die Wahl, suchen sie sich lieber einen anderen Redebeitrag aus. Eigenlob stinkt? Scheinbar nur weibliches Eigenlob.

In einer führerlosen Gruppendiskussion (vier Frauen, zwei Männer) eines Assessment-Centers (aus dem Englischen, sinngemäß übersetzt Bewährungs-Center. Ein Verfahren zur Personalauswahl. Teilnehmer müssen sich u. a. in Gruppendiskussionen als führungsfähig, argumentationsstark, kooperativ etc. bewähren) übernahm unangefochten ein Mann die Führung. Obwohl niemand mit diesem Mann als Führer einverstanden war und die Beiträge von zwei Frauen deutlich sachkompetenter und teamgerechter waren.

Zum Schluß waren sich alle einig: Eine der Frauen wäre die Leiterin geworden, hätte die Gruppe eine Wahl vorgenommen. Eine Teilnehmerin war sich sicher: »Wenn dieser Mann nicht gewesen wäre, hätte ich die Führung übernommen. Ich wollte ihn nicht bloßstellen, deswegen hielt ich mich zurück.« – Nun, ganz so hehr ging es bei diesem Verzicht wohl nicht zu, denn sicher hatte diese Frau auch Angst davor, einen Konflikt offen auszutragen, Angst vor der Konfrontation und nicht zu vergessen, Angst vor einer möglichen Niederlage. Angst schützt vermeintlich davor, sich zu blamieren. Wer der Angst nachgibt, ist passiv und kann keine Fehler machen. Weiblicher Verzicht ist nicht immer von Ausgleich und Harmonie bestimmt, sondern die Risiken einer offenen Auseinandersetzung spielen eine ebenso gewichtige Rolle.

Ratespiele

Erika will ins Kino, doch sie fragt ihren Freund: »Würdest du gern in die Kneipe gehen oder lieber ins Roxy?« Der Freund soll ihren Wunsch erahnen. Sie will ihre Meinung nicht wirklich verstecken, sondern diese Kurzform soll eigentlich ausdrücken: »Ich würde gern ins Kino gehen, aber wenn du lieber etwas anderes tun würdest, wäre ich unter Umständen bereit mitzumachen, allerdings würde es mich freuen, wenn du gern mit mir ins Roxy gehen würdest, ich bin aber nicht böse, wenn du lieber etwas anderes tun willst...« Letztlich lautet die Botschaft: »Ich unterwerfe mich deinem Wunsch, aber ich werde enttäuscht sein.«

Wenn Frauen sich äußern, dann tun sie dies oft in einer unpräzisen, mehrdeutigen Sprache, die immer einen Ausweg, ein Umschwenken ermöglicht. Sie fordern das Gegenüber auf, zu erraten, was SIE eigentlich meinen oder sagen wollen.

Zwischen den Zeilen Gesprochenes drückt Unsicherheit aus und ermöglicht es dem Gesprächspartner, sehr viel leichter seine Meinung durchzusetzen – manchmal, ohne daß er merkt, was die andere wollte. Es wurde nicht deutlich ausgesprochen.

Sich dumm stellen

Frauen neigen dazu, sich dumm zu stellen. Sie lassen sich helfen, besonders theatralisch dann, wenn sie etwas mit ein wenig Energie leicht selbst bewerkstelligen könnten. Sie erhöhen dadurch den Status des Helfers/Belehrers und unterwerfen sich gleichzeitig dem Intellekt des anderen. Das gilt auch für handwerkliche Hilfe oder Dinge, zu denen vermeintlich Kraft benötigt wird. So haben Männer häufig die Rolle des Lehrers. Sie erklären technische, politische, wirtschaftliche Zusammenhänge. Auch dann, wenn die Frau die gleichen Informationen besitzt oder sich verschaffen könnte. Sie zeigen, wie Dinge funktionieren. Sie reparieren Waschmaschinen, obwohl sie angeblich nicht in der Lage sind, diese zu bedienen.

Frauen verbergen ihr Wissen in der trügerischen Hoffnung, sich damit die Zuneigung von Männern zu sichern. Sie unterwerfen sich, indem sie sich dumm stellen. Sie bieten Männern die Gelegenheit, sich zu produzieren, ihnen für Hilfestellung, die sie nicht wirklich benötigten, oder die schließlich auch erfolglos geblieben ist, dankbar zu sein.

Diese Form der Unterwerfung durch vorgetäuschte Unwissenheit und Inkompetenz ist im Alltag schon schlimm, im Beruf aber wird sie zum gefährlichen Stolperstein.

Die Zuneigung anderer zu erlangen, indem Frauen sich dumm stellen, in der Hoffnung, auf diesem Weg Anerkennung und Erfolg zu erreichen, dieser Versuch muß scheitern. Welcher Vorgesetzte befördert schon eine Frau, die sich dumm stellt. Erfolg haben diejenigen, die Dinge selbst in die Hand nehmen, die Aufgaben eigenständig lösen und komplizierte Sachverhalte als Anreiz nehmen, sich selbst darzustellen und zu beweisen, statt anderen einen Rahmen für diese Selbstdarstellung zu basteln.

Doch selbst die Frauen, die das schon gut können, stellen sich ungewollt ein Bein, indem sie ernste Handlungen und Aussagen mit einem bescheidenen, zurücknehmenden Lächeln begleiten.

Immer nur lächeln

**Verraten wir Frauen uns
mit unserem Lächeln?**

»Ich habe dieses verdammte Lächeln so satt!« Wütend schreit Riki (34) ihr Spiegelbild an. Sie nimmt teil an einem Seminar über Körpersprache für Frauen. Ärgerlich betrachtet sie ihr eigenes lächelndes Gesicht auf dem Monitor.
»Dieses blöde Grinsen. Seit 30 Jahren grinse ich jeden Menschen freundlich an, selbst wenn er mir eins auswischt oder sich mies verhält.« Riki will raus aus diesem Muster: »Es ist doch krank, auch dann freundlich zu bleiben und Fassung zu bewahren, wenn mir übel mitgespielt wird.« Bisher empfand sie es als Schwäche, wenn sie zeigte, wie sehr jemand sie verletzt oder verärgert hatte. Also biß sie die Zähne zusammen und lächelte. »Ich hab nie richtig verstanden, warum in solchen Situationen mein Magen rebellierte und ich vorhersagen konnte, am Abend würde ich heulend im Bett liegen und nicht genau wissen, was mich eigentlich so fertiggemacht hat.« Jetzt wußte sie es. »Dieses verfluchte Lächeln, dieses Gesicht, das allen signalisiert, ich bin dir nicht böse, bitte wende dich nicht ab von mir. Ich hätte fluchen sollen, kreischen, toben, das Geschirr zerschlagen oder mich auf dem Absatz drehen und für immer verschwinden.«
Viele Frauen empfinden Ähnliches. Ihnen wird bewußt, daß sie mit ihrem freundlichen Lächeln sich selbst verraten, daß sie sich zum Opfer machen. Sie glauben, nur so kämen sie zum Ziel, oder nur so kämen sie ohne größeren Gesichtsver-

lust durch eine heikle Situation. Sie wehren sich nicht wirklich, nicht einmal wenn ihnen übel mitgespielt wird. Und häufiger, als es den meisten lieb sein kann, zwingt die verdeckte Sorge, abgelehnt zu werden, das Lächeln in ihr Gesicht. Lächeln ist dann kein Ausdruck echter Freude, sondern spiegelt die versteckte Sorge um die Zuneigung der Umwelt. »Hab mich lieb, tu mir nicht weh, verlaß mich nicht!«, lautet die Botschaft dieses Lächelns.

Könnten Sie sich vorstellen zu sagen: »Sieh mich ruhig böse an, es ist nicht weiter schlimm, wenn mal jemand wütend auf mich ist.« – Denken sollten Sie es auf jeden Fall.

Wieso geraten besonders Frauen in diese Falle?

Es ist nicht einfach zu erklären, was viele Frauen dazu bringt, auch dann zu lächeln, wenn ganz andere Gefühle ihr Inneres bestimmen. Doch bevor ich mich den Ursachen des unterwerfenden Frauenlächelns widme, möchte ich meine Haltung zum Lächeln allgemein verdeutlichen. Vielleicht fürchtet oder vermutet manche Leserin, ich wäre eine pessimistische Lebensverachterin, die Lächeln als krank oder stets deplaziert einstuft. Ganz im Gegenteil. Ich empfinde Lächeln als etwas Wertvolles, wenn es die eigene Stärke widerspiegelt, wenn es Kraft spürbar macht und auf einzigartige Weise zeigt: »Ich bin aufmerksam, und ich bin dir zugeneigt!« Dann ist Lächeln das Signal einer freien und bewußten Entscheidung und etwas sehr Bedeutendes und Schönes. Leider lächeln wir oft *nicht* in diesem Sinn, sondern geraten in die Mona-Lisa-Falle. Immer dann, wenn Frauen lächeln, obwohl sie nicht in einer fröhlichen Stimmung sind, tappen sie in diese Falle, mehr dazu auf den nächsten Seiten.

Warum lächeln Frauen so oft unterwürfig?

Zwar sind Frauen möglicherweise gleichberechtigt, aber selbständig, im wahren Sinn des Wortes, das sind sie noch nicht. Sie haben sich aus ihrer jahrtausendealten Rolle des unterdrückten Geschlechts nur formal befreit. Denn die Unterwerfung in ihren Köpfen dauert an. Sie bleiben oft bei den unterwürfig taktierenden Methoden hängen, die unterdrückte Menschen anwenden, um ihre Ziele zu verfolgen. In einer starren Hierarchie ist scheinbare Unterwerfung eine sinnvolle Strategie. Man macht gute Miene zum bösen Spiel und verfolgt die eigenen Ziele auf indirektem Weg. Schmeichelei, Manipulation, Demut oder Aufopferungsbereitschaft sind dann durchaus Möglichkeiten, die Anerkennung und Wertschätzung eines Herrschers zu erlangen. Zum Glück sind die gesellschaftlichen Strukturen heute durchlässiger. Moderne Verfassungen postulieren schon lange die Gleichheit der Geschlechter. Doch Frauen handeln oft so, als hätten diese Paragraphen keine Geltung für sie. Sie agieren, als wäre es für sie immer notwendig, unbedingt mit den Mächtigen zu paktieren, um sich dadurch auch ein Recht auf Schutz zu erwerben.

Mann und Frau sind heute zwar möglicherweise Gegenspieler, aber sie sind nicht automatisch Feinde. Männer sind Konkurrenten, die im Moment vielleicht einen Schritt voraus sind. Wie in jedem Spiel wird Mut, Initiative und Ausdauer zum Ziel führen. Oder erwarten Sie beim Malefiz, daß die anderen Ihre Hürden wegräumen? Also: Kein weiteres Klagelied über die Schlechtigkeit der Welt. Das bringt niemanden weiter. Was Frauen weiter bringt, ist eine klare Entscheidung gegen die eigene Untertanenmentalität. Denn diese Mentalität steuert leider das Verhalten vieler Frauen auch heute noch, manchmal bleibt sie unterschwellig, dennoch wirkt sie der eigenen Entwicklung entgegen. Sie verhindert, daß Frauen ein gesundes Selbstwertgefühl entwickeln. Ich bezeichne diese selbstbremsende und selbstver-

leugnende Mentalität als das Mona-Lisa-Syndrom. Mona Lisa deshalb, weil dieses unergründliche Lächeln für mich das stärkste Symbol weiblicher Unterwerfung bedeutet.
Wenn Sie schon einmal längere Zeit vor dem Bild der Mona Lisa im Louvre gestanden haben, werden sie wahrscheinlich die melancholische Trauer ihres Lächelns verspürt haben. Sicher einer der Gründe, weshalb dieses Bild so berühmt ist. In mir löst dieses Bild eher Unbehagen als Bewunderung aus. Lange Zeit war mir nicht klar, wodurch mein Widerwillen wachgerufen wurde. Bis ich im Lächeln der Mona Lisa das wiedererkannte, was ich in meinen Therapiesitzungen so oft gesehen hatte: ein sicheres Signal für weibliche Selbstaufgabe. Es gibt eine andere künstlerische Verarbeitung dieser Selbstaufgabe, die mich persönlich fast noch tiefer bewegt hat. Vielleicht erinnern Sie sich an den Film »Die Spitzenklöpplerin«, in der die verzehrende Liebe eines empfindsamen Mädchens zu einem Mann geschildert wird, der sich nach langer zärtlicher und inniger Liebe von ihr abwendet und sie umnachtet zurückläßt. Auch sie zeigt dieses verklärt melancholische Lächeln, nachdem ihr Herz zerbrochen ist.
Oft habe ich in Seminaren und Sitzungen Frauen gegenübergesessen, deren Lächeln eine ähnliche Qualität besaß. Selbst wenn sie von einem Partner gedemütigt, verletzt oder schlecht behandelt wurden, klebte ein verzweifeltes Lächeln auf ihrem Gesicht. Es bleibt, wenn sie von Hoffnung sprachen oder von den wenigen schönen Momenten oder der glücklichen Zeit zu Anfang ihrer Beziehung. Verzweifelt war das Lächeln auch deshalb, weil viele dieser Frauen sicher waren, daß sie wieder zu diesem Partner zurückkehren würden, wenn er nur den Anfang mache. Es ist ein hartes Stück Entwicklung, das Frauen durchstehen müssen, bis sie mit selbstbewußten Gefühlen ihrem alten oder neuen Partner gegenübertreten können. In einer Therapie dauert es oft Monate, bis sich der aufgestaute Haß, der fast immer hinter

dieser Duldsamkeit steckt, einen Weg bahnt. Doch der Reihe nach. Beginnen wir unsere Darstellung der Hintergründe der lächelnden Selbstaufgabe mit einigen Beispielen.

Riki kennen Sie schon. Sie ist eine zierliche kleine Frau, und ihre Geschichte ist typisch für das Mona-Lisa-Lächeln. Riki lernte mit 19 Jahren einen 26jährigen Ingenieur kennen, der ihr auf Anhieb gefiel, weil er bescheiden wirkte und gute Manieren hatte. Sie war erleichtert, daß er sie nicht sexuell bedrängte, wie es andere Männer, denen sie ein wenig näher gekommen war, getan hatten. Sie waren drei Jahre verlobt, solange bis Peter, ihr Freund, sich beruflich soweit entwickelt hatte, daß er sie beide »reif fürs Heiraten« hielt. Riki hatte längst aufgehört, darüber nachzudenken, was sie sich wünschte oder für richtig hielt. Peter war etwas rechthaberisch, doch das störte Riki selten, denn sie empfand sich als passendes Pendant. Sie war schnell bereit, seine Meinung zu übernehmen. Besonders wenn er mit einem etwas herrisch herablassenden Blick andeutete, daß die anstehende Frage nur mit Logik zu lösen sei. Oder wenn es sich sogar um *höhere Logik* handelte, denn dann war nur ER in der Lage zu entscheiden, was richtig oder falsch war. *Höhere Logik* wurde für Riki zum Synonym für ihre Unfähigkeit, seinen Gedankengängen zu folgen. Sie war dankbar, einen Mann mit höherer Bildung abbekommen zu haben, und versuchte, sich einige seiner Argumente zu merken. Mit der Zeit stellte sie aber fest, daß er sehr wechselhaft mit diesen Argumenten umging. Und immer häufiger erkannte sie, daß er immer das Gegenteil von dem, was sie dachte, als richtig darstellte und für logisch hielt. Rikis Schluß daraus war, daß sie es sei, die *prinzipiell* falsch dachte. Sie bekamen zwei Kinder, obwohl Riki lieber nur ein Kind gehabt hätte, sie zogen aufs Land, obwohl sie lieber in der Stadt geblieben wäre. Riki war sehr zurückhaltend; und sie litt darunter, ihre beiden einzigen Freundinnen zu verlieren. Nach dem Umzug konnten sie

sich fast gar nicht mehr sehen, weil ihr Mann glaubte, auch auf dem Land brauche sie keinen eigenen Wagen. Gearbeitet hätte sie eigentlich auch gern wieder, doch ihr Mann entschied, daß es besser für die Kinder sei, wenn die Mutter zu Hause bleibt. Riki lächelte brav weiter, aber nicht mit den Augen, die blickten traurig.
Sie war kein Duckmäuser. Es gab auch handfesten Krach, und oft ging es dabei um die Belange der Kinder. Denn für die kämpfte sie leidenschaftlich bei ihrem konservativen Mann. Doch war meist er es, der sich durchsetzte.
Sie versorgte klaglos den Haushalt und fügte sich ohne großen Widerstand in die meisten Entscheidungen ihres Mannes. *Er brachte schließlich das Geld nach Hause.* Und sie ertrug es, daß er Jahr für Jahr in das gleiche Bergdorf fuhr, das ihr längst zum Hals heraushing.
Bei soviel Duldsamkeit spielt der Körper irgendwann nicht mehr mit. Riki hatte sehr oft Magenschmerzen, und weil sie auch diese klaglos ertrug, mußte nach einigen Jahren ein Magengeschwür entfernt werden. Sie wählte die Urlaubszeit als Operationstermin, weil die Familie so, durch ihren Ausfall, am wenigsten belastet würde. In diesem Urlaub lernte ihr Mann eine andere Frau kennen, nicht jünger, aber unabhängiger und mit eigenem Geld und eigenen Interessen. Wenig später verließ er Riki und die Kinder.
Riki, mit ihren kleinkarierten Ansichten und ihrem ewigen Lächeln, war ihm längst langweilig geworden, wie er ihr später erklärte.
Riki ist eine gängige Ausformung der weiblichen Art, sich klein und unscheinbar zu machen, und ihre Geschichte belegt deutlich die Sinnlosigkeit der Anpassung bis zur Unkenntlichkeit. Denn weder war sie glücklich noch hat ihre Unterwürfigkeit ihrer Ehe Dauerhaftigkeit verliehen. Im Gegenteil, glaubt man ihrem Mann, fand er diese Duldsamkeit eher langweilig. Wie dem auch sei, die lächelnde Unterwerfung hat ihr nichts gebracht. Ihre Wut auf sich selbst, von der

ich zu Beginn des Kapitels berichtete, ist nur zu verständlich. Zu Recht glaubt sie, ihre Duldsamkeit, ihre freundliche Selbstaufgabe hätten viel zu ihrer Misere beigetragen. Das friedfertige Lächeln war für sie das Symbol ihres Machtverzichts.

Riki hat sich aufgeopfert, aber das ist nicht die einzige Haltung, die ich bei den traurig lächelnden Frauen gefunden habe. Das folgende Kapitel gibt ein Raster vor, mit dem sich unterschiedliche Verhaltensweisen zuordnen und leichter identifizieren lassen.

⚠️ **Kommt Ihnen der schleichende Verzicht bekannt vor?**
Prüfen Sie, ob Sie auch dazu neigen, aus vorgeschobenen Vernunftgründen oder falscher Rücksicht zurückzustecken?

Die Mona-Lisa-Mentalität

Es ist nicht leicht, die Mona-Lisa-Falle umfassend zu *beschreiben*. Es gibt fünf Grundmuster. Im Abschnitt **Die Fallen** werde ich die einzelnen ausführlich darstellen. Es sind die *Strukturen von Beziehungen*, die Frauen dulden oder installieren. Hier, zur Einführung, ein grobes Raster.

Die Verständnisfalle
Diese Falle wird geprägt durch den Satz: Ich muß Verständnis haben für die seelischen Schwierigkeiten meiner Umgebung.

Die Helferinnenfalle
Im Vordergrund steht das Motiv, durch Hilfeleistungen die Zuwendung und Aufmerksamkeit anderer zu erlangen.

Die Opferfalle
Hier glauben Frauen, ihre Bestimmung wäre es, Märtyrerin zu spielen und, im wahren Sinne des Wortes, sich selbst aufzuopfern.

Die Bescheidenheitsfalle
Der Verzicht auf eigene Wünsche und Forderungen wird als höchste Tugend betrachet.

Die Mitleidsfalle
In dieser Falle identifiziert sich die Frau mit dem Opfer. Sie glaubt, nur sie könne Rettung bringen. Die Eigenverantwortung des Bemitleideten wird nahezu ausgeblendet.

Doch bevor eine Frau in diese Beziehungsfallen geraten kann, ist schon einiges schiefgelaufen. Kleine, harmlos scheinende Mechanismen sind Wegbereiter für die großen Fallen. Deshalb lassen sich die ML-Fallen erst dann vollständig verstehen, wenn die Grundmuster erklärt sind, die allen Fallen gemeinsam sind. Ich nenne sie Mona-Lisa-Mentalität.

Und es gibt noch einen Grund, diese Wegbereiter der ML-Falle verständlich zu machen. Je stärker ich mich damit auseinandersetzte, desto deutlicher erkannte ich: Fast jede Frau trägt ein gewisses Maß an Mona-Lisa-Mentalität mit sich.

Sie haben es vielleicht schon erkannt, es gibt Abstufungen. Die Mona-Lisa-Mentalität ist die schwächste Form von Selbstverleugnung. Bei den Mona-Lisa-Fallen ist schon eine handfeste Selbstaufgabe im Spiel, und beim Mona-Lisa-Syndrom muß man wahrscheinlich schon von einer wirklichen seelischen Störung reden. Aber hier zuerst die typischen Anzeichen für die Mona-Lisa-Mentalität:
- Ziele werden auf Umwegen angegangen. **(Konfliktscheu)**

- Was der Partner oder andere denken, wünschen oder erwarten, wird meistens wichtiger genommen als eigene Wünsche und Ziele. Oft werden die eigenen Bedürfnisse schon nicht mehr erkannt. **(Fremdbestimmung)**
- Oberstes Ziel ist es, die Wünsche aller unter einen Hut zu bringen. **(Harmoniewunsch)**
- Oft werden die Interessen anderer vertreten, ehe sie darum gebeten haben. **(vorauseilender Gehorsam)**

Die Frau, die sich häufiger in *einer* der Kategorien wiederfindet, läuft Gefahr, aus der Mona-Lisa-Mentalität in die Mona-Lisa-Falle zu geraten, und arbeitet wahrscheinlich stärker gegen die eigenen Wünsche und Lebensziele an, als es ihr lieb und bewußt ist.

Weshalb nehmen so viele Frauen Zuflucht zu diesen Mustern?

Ihre Erziehung gibt ihnen die *weibliche Taktik* mit auf den Weg, ihren Erfolg durch weibliche Attitüden zu suchen: Augenaufschläge, Zurückhaltung, Mütterlichkeit oder Herzlichkeit. Zum Kämpfen, zur harten Auseinandersetzung werden Frauen traditionell in unserer Gesellschaft nicht ermuntert. Sie wachsen in ein Rollenverständnis »FRAU« hinein, das ihnen suggeriert, daß ein solches Verhalten Schutz vor den Herausforderungen des Lebens gewährt.

Doch dieses Versprechen ist äußerst trügerisch, denn die Zeiten haben sich verändert, und die meisten Frauen stehen heute den Anforderungen des Alltags allein gegenüber. Trotzdem investieren viele lieber Zeit in ihr Outfit als in die Schulung ihrer Streitkultur oder ihrer Durchsetzungsfähigkeit und ihrer Ausbildung. Sie hoffen, daß Schönheit und Sanftmut ihnen den Weg ins männliche Herz und in ein leichtes Leben öffnen. Doch diese Hoffnung trügt. Männer (ganz sicher der Neue Mann) suchen zunehmend ebenbürtige Partnerinnen, an denen sie sich reiben können, denen sie aber auch Verantwortung und Existenzsicherung abtreten können. Männer ahnen allmählich, daß die starke Frau als Partnerin langfristig einen Gewinn bedeutet, wenn auch manche Auseinandersetzungen deutlich schwieriger werden.

Wer mit dem Gedanken liebäugelt, nun die Strategie zu ändern, wer sich vornimmt, ab jetzt stark zu erscheinen und sich auf diese Weise einen Mann zu angeln, der (die) sitzt immer noch in der Anpassungsfalle. Die Lösung kann nicht sein, auf Biegen und Brechen beliebt zu sein und an den Mann zu kommen – die Lösung heißt, sich zu einer autarken, selbstbewußten Persönlichkeit zu entwickeln.

Sitze ich schon in der Falle?

Gefangen in der Mona-Lisa-Falle sind die Frauen, die immerzu fragen: »Was willst **DU**?« Sie können nicht aufhören, für *ihre* Entscheidungen Rückversicherungen einzuholen, selbst dann nicht, wenn sie eine genaue Vorstellung haben, was sie sich wünschen und niemand ernstlich etwas dagegen haben kann. Sie bitten andere, für sie zu entscheiden, selbst wenn eine Entscheidung gefordert ist, die sie eigentlich wirklich nur selbst treffen können. Sie halten hilfesuchend Ausschau nach dem Mitmenschen, der ihnen auch noch die letzte Chance auf Selbstbestimmung aus der Hand nimmt. Zum bitteren Schluß bedanken sie sich lächelnd für die freundliche Hilfe, und erkennen kaum, daß es letztlich eine Hilfe zur Selbstverstümmelung ist.

Sie folgen dem unausgesprochenen Verhaltensmuster: Eine Entscheidung ohne Zustimmung des Partners ist eine schlechte Entscheidung.

»Was willst **DU**?« wird zum Synonym für Verzicht, Rückzug und mangelnde Selbstbehauptung. Wer häufig so fragt, verzichtet auf Selbständigkeit. Etwas aushandeln oder auch ausrangeln mit einem im Streiten erprobten Partner, das erscheint egoistisch.

Auch wenn eine Frau, trotz hysterischer Ausfälle, häufiger nicht das bekommt, was sie will, lebt sie ein Mona-Lisa-Leben.

Natürlich gibt es viele Frauen, die nicht so tief im Sumpf der Mona-Lisa-Falle sitzen, sie kämpfen um ihre Meinung, fordern Beachtung oder Leistungen von anderen. Leider gibt es aber nur wenige Frauen, die dies ohne schlechtes Gewissen tun. Fast alle Frauen, mit denen ich über diese Ideen sprach, waren der Auffassung, daß sie nur mit schlechtem Gewissen, Schuldgefühlen oder innerer Anspannung deutlich Forderungen stellen, auf eigenen Vorstellungen beharren, Rechte einfordern oder ihre aggressiven Gefühle zeigen.

Die Frauen, die ihr unterwürfiges Verhalten abstreifen wollen, werden lange verfolgt von Sätzen aus ihrer Kindheit: Das darfst du nicht, das gehört sich nicht, es wird dir schaden, wenn die anderen das auch machen würden, mit Forderungen kommst du nie zu deinem Ziel, du machst dich lächerlich, du wirkst wie eine Furie, du bist ein Mannweib, wenn du nicht nett bist, wird dich niemand mehr gern haben.

Selten machen Frauen sich bewußt, was sie sich mit ihrem Verhalten antun. Sie bauen ungewollt an einem Selbstbild, das sie zu Mägden degradiert. Wer selten geradeheraus sagt, was er will, wer immer schaut, welche Wünsche andere haben oder haben könnten, der wird zum Duckmäuser. Da hilft kein Lächeln.

Überlegen Sie zuerst: »Was will ICH?«
Setzen Sie IHRE Ziele an die erste Stelle!

Was ist bei Männern anders?
Man kann einwenden, Männern gehe es genauso, auch sie würden ja unterdrückt. Was ist dann das Besondere bei den lächelnden weiblichen Unterdrückten?
Natürlich unterwerfen sich auch Männer, oder müssen sich

sogar unterwerfen, doch Männer lächeln dabei viel seltener, sie machen eher eine Faust in der Tasche, wirken ernst, gedrückt, wütend oder arrogant.
Prinzipiell sind aber auch Männer nicht davor geschützt, in die Mona-Lisa-Falle zu geraten. Es sind vor allem Frauen, die unter den patriarchalen Machtverhältnissen zu leiden haben.
Doch zurück zu den Frauen.
Alle Frauen, die lächelnd darauf verzichten, deutlich ihre Meinung zu äußern, laut und vernehmlich Forderungen zu stellen, alle Frauen, die hoffen, mit etwas Raffinesse das zu erreichen, was sie nicht direkt anzustreben wagen, zerstören ihre Selbstachtung. Sie untergraben ihre soziale Position und verzögern die Gleichberechtigung. Es nützt nichts, etwas auf dem Papier zu besitzen, aber nicht in Gebrauch zu nehmen.
Das scheint, auf den ersten Blick, eine überzogene Behauptung zu sein. Wie sollte die Selbstverleugnung von Frauen die Gleichberechtigung beeinträchtigen?
Doch leider wird Gleichberechtigung von zwei Seiten behindert. Zum einen von Männern, die keine Macht abgeben wollen, zum anderen von Frauen, die keine Macht fordern.
Wenn Frauen per Gesetz Rechte zugestanden werden, ist damit wenig erreicht. Gleichberechtigung bleibt solange eine Worthülse, wie Frauen darüber klagen, daß niemand kommt und sie ihnen *freiwillig* gewährt. Rechte haben nur dann einen Sinn, wenn sie in den Köpfen verankert sind **und** eingefordert werden.
Es ist kaum zu glauben, aber Frauen verhindern auf drastische Weise, sich das zu nehmen, was ihnen zusteht. Die folgende Begebenheit ist wahr, so unwahrscheinlich es auch klingen mag:
Die Mitinhaberin eines mittleren Unternehmens wollte den Frauen und den Männern in ihrem Betrieb gleiche Löhne

für gleiche Leistung zahlen. Obwohl es sich um ein, mit Recht, als frauenfreundlich bezeichnetes Unternehmen handelt, hatte sie schlechte Karten. Kostenneutral sollte die Gleichbezahlung durch Umschichtung erreicht werden, die Gewinne der Firma reichten nicht aus, eine echte Aufstockung zu finanzieren. Doch jetzt legten sich die Frauen quer. Die Männer würden sich auflehnen, wenn sie weniger bekämen. Die Frauen verzichteten deswegen auf die Gleichbezahlung. Sie nahmen es lieber als gegeben hin, daß sie weniger verdienen: »Es war schon immer so.« Ihr Recht auf gleichen Lohn forderten sie von den Männern nicht ein. Zwar jammerten einige über den Mißstand, aber Ärger mit den Männern, das wollten die Frauen nicht. Die Unternehmerin fand keine Unterstützung für ihre Forderung.

Gewerkschaften können, ganz ohne Forderungen und Bereitschaft zur Auseinandersetzung, keine höheren Löhne erkämpfen. Ebensowenig können Frauen reale gesellschaftliche Beteiligung erwarten, wenn sie keine klaren und, aus Sicht der Männer gesehen, harten Forderungen stellen.

Frauen haben eine schwache Lobby, niemand setzt sich ernsthaft für ihre Rechte ein, nicht mal sie selbst. Ich glaube, bei dieser Frage (und nicht nur bei dieser Frage) leiden Frauen – kollektiv – am Mona-Lisa-Syndrom.

 Stellen Sie sich vor, daß man mit Eindeutigkeit besser zum Ziel kommt als mit Raffinesse. Nehmen Sie sich das Recht, eigene Ziele und Wünsche DIREKT anzusteuern!

Der falsche Weg, der ML-Falle zu entkommen

Dieses Buch ist auch ein Angriff auf die traditionellen Vorstellungen von Weiblichkeit. Es will Frauen aus den negativen Teilen dieses Rollenklischees lösen, denn dieses Bild hat viel mit der Mona-Lisa-Falle zu tun. Das überkommene Klischee *weiblich* verpflichtet Frauen geradezu darauf, entweder die Geduldige und Nachgebende zu sein oder eine

jammernde, weinende, hysterisch hilflose Person. Doch in jeder dieser Rollen werden die Interessen von Frauen als zweitrangig behandelt und ihre Meinungen übergangen. Es darf Frauen bei solchem Rollenverhalten nicht wundern, wenn ihre Vorstellungen als kindlich abgetan werden. Selbst in ihrer Sexualität lassen sie sich – ohne allzu große Gegenwehr – in die beiden Schubladen »passiv-scheu« oder »männermordend-gierig« pressen.
Ich beginne mit zwei Beispielen, die zeigen, wie es **nicht** funktioniert. Erinnern Sie die Geschichten an Ihre eigenen Fehlschläge, dann können Sie vielleicht besser nachvollziehen, daß das Mona-Lisa-Vermächtnis auch bei Ihnen im Spiel war (oder ist).
Der erste *erfolglose* Versuch.
Sigrid und Jens, 10 Jahre verheiratet. Ein häufiger Streitpunkt:
Sigrid möchte, daß ihr Mann die Tochter bei einer Freundin abholt. Sie will in der Zwischenzeit die Hausarbeit erledigen. Sie fragt ihn deshalb (etwas zu süß):
»War es sehr anstrengend heute?«
... »Nö!«
»Hast du Lust, Julia bei Alice abzuholen?«
... »Nö!«
»Ich bügle in der Zwischenzeit.«
... »Nö! – Fahr du man, ich hab jetzt Hunger und Durst. Und gleich gibt es Nachrichten. Julia könnte eigentlich auch mit dem Bus fahren. Du verwöhnst sie zu sehr.«
Sigrid kocht innerlich, aber sie erwidert beherrscht:
»Ich finde es ungerecht, wenn du dich jetzt hier ausruhst, und ich bleibe auf der ganzen Arbeit hocken.«
Sigrids Mann bleibt cool:
»Ich hole sie jedenfalls nicht, soll sie schauen, wie sie wieder zurückkommt!«
Erst im Wagen, auf der Fahrt kommt Sigrid wieder zur Ruhe. Zum x-tenmal verliert sie einen solchen Streit. Sie ist wü-

tend auf sich und ihren Mann. Sie denkt über Scheidung nach. All ihre Beherrschung und die krampfhaften Versuche, ruhig zu bleiben, haben nicht gefruchtet.
Viele Frauen kennen diese Szenen, in denen sie hilflos oder manchmal wütend klein beigeben.

 Können Sie sich vorstellen, wütend und aufgebracht zu sein? – Wie oft erlauben *Sie* sich heftige Reaktionen?

Daß sie mit Lächeln und Beherrschung nicht weiterkommen, das haben natürlich schon etliche Frauen begriffen. Ihre Erfolge bleiben dennoch bescheiden.
Hier unser Beispiel für die ebenso *erfolglose* hysterische Variante. Der aggressive Versuch, sich durchzusetzen, endet meistens wie in diesem Beispiel:
Die Streitereien in der Familie Z. (Edith und Gerhard, vier Jahre verheiratet) hatten stets den gleichen Schluß. Edith saß heulend am Küchentisch. Gerhard, ihr Mann, war in die Eckkneipe geflohen. Den allwöchentlichen Freitagnachmittag-Streit über das Badputzen, Edith hatte ihn, wie immer, verloren. Die Anfänge ihrer Streitereien waren stets ähnlich. Edith hatte sich fest vorgenommen, ihren Mann einzuspannen. Sie hatte sich kluge Argumente zurechtgelegt, sie hatte sogar heimlich ihren Auftritt geprobt, eigentlich war sie sicher gewesen, so müßte es klappen. Dann saß sie am Küchentisch ihrem Mann gegenüber. Er hatte müde Augen, doch er erkannte sofort, es war wieder mal soweit, das wöchentliche Putztheater würde stattfinden.
Sie ging gleich aufs Ganze:
»Wir müssen übers Putzen reden.«
... »Nicht schon wieder!«
»Es ist immer dasselbe, du drückst dich um deinen Anteil an der Arbeit.«
Er fand es aber schon nicht mehr nötig zu antworten. Er holte ein Bier aus dem Kühlschrank und sah sie herausfordernd an. Sie verlor allen Mut. Diesem passiven Widerstand

hatte sie nur hilflose Wut oder ebenso hilflose Tränen entgegenzusetzen.
»Du bist ein Scheißtyp!« schimpfte sie weinend vor sich hin.
Das nahm er zum Anlaß, die Wohnung zu verlassen.
Während Sie wahrscheinlich bei Sigrid (aus dem ersten Beispiel) gleich erkennen, wie sie verliert, ist es bei Edith weniger offensichtlich. Auf den ersten Blick hat nichts, was geschieht, mit Lächeln oder Unterwerfung zu tun. Dennoch haben beide Geschichten die gleichen Wurzeln. Keine der beiden Frauen glaubt wirklich daran, Einfluß darauf zu haben, was ihr Partner zur Familienarbeit beisteuert. Auch das sind Formen passiver Selbstaufgabe, auch dieser *Machtverzicht* gehört zur Mona-Lisa-Falle. Edith glaubt nicht wirklich daran, ein Recht zu haben, seine Mithilfe zu fordern. Das macht sie wütend, denn irgendwie spürt sie, daß etwas schiefgeht, denn sie sieht seine müden Augen und gerät unversehens in die *Verständnisfalle*. Eine Stimme sagt ihr: »Das darfst du doch nicht verlangen, er ist doch schon so kaputt.« Bei sich selbst zeigt sie deutlich weniger Verständnis für Müdigkeit.

 Stellen Sie sich vor zu sagen: »Ich verstehe, daß du müde bist, dennoch erwarte ich...!« – Erlauben Sie sich, von anderen etwas zu verlangen.

Welche Mentalität vor der Mona-Lisa-Falle schützen kann, zeigt der *gelungene* Versuch von Gesine. Sie und Günther, ihr Freund, leben seit acht Monaten in einer gemeinsamen Wohnung. Gesines Grundprinzip:
Keine Angst vor klaren oder harten Auseinandersetzungen.
Mit dieser Einstellung brachte sie Günther dazu, seinen Teil des von beiden gehaßten Putzens beizusteuern. Gesine ging einen eindeutigen Weg. Sie wußte genau, was sie wollte. Nach einem fröhlichen Plausch am Kaffeetisch fragte sie ihn fast beiläufig:

»Günther, wann putzt du das Bad?«
Er schaute sie erstaunt an:
»Ich habe noch nie das Bad geputzt!«
Gesine: »Eben! – Und ich will, daß das anders wird!«
Günther: »Das kommt überhaupt nicht in Frage!«
Gesine blieb ungerührt: »Ich bin seit Monaten verärgert darüber, daß du dich drückst. Ich werde das nicht weiter tolerieren. Entweder wir finden eine gemeinsame Lösung, oder es wird eine sehr ernste Auseinandersetzung über unsere Beziehung stattfinden, von der weder du noch ich wissen, wie sie ausgehen wird.«
So schnell waren beide an dieser dramatischen Schwelle angelangt. Und Gesine hatte sich alles reiflich überlegt. Sie wußte, auf Dauer würde sie die Magdrolle nicht aushalten, zum Schluß würde es, so oder so, auf diese Frage hinauslaufen. Günther fühlte sich erpreßt, und er war es auch. Doch Gesine wußte, wenn sie hier nachgeben würde, könnte sie gleich ausziehen. Gesine saß zornig und ärgerlich vor ihrem Freund. Sie war stocksauer und nicht gewillt, einen Zentimeter von ihren Vorstellungen abzuweichen. Das spürte Günther. Ärgerlich und nachdenklich zugleich sah er sie an. Innerlich mußte er ihr recht geben. Dennoch versuchte er ihre Unnachgiebigkeit zu erschüttern.
Er schmeichelte ihr: »Du kannst das doch besser.«
Er drohte ihr: »Es endet alles im Chaos, wenn jeder für alles zuständig ist!«
Er stellte die Beziehung in Frage: »Ich glaube, daß deine Gefühle zu mir sich stark verändert haben.«
Er versuchte, zärtlich zu ihr zu sein. Er schrie sie an.
Gesine blieb hart. »Du wirst das Bad putzen!«, war ihre klare und unnachgiebig aufgestellte Forderung. Seine Versuche, sie umzustimmen, kommentierte sie sehr ernst, wütend oder belustigt. Sie hatte es *unumkehrbar* entschieden. Entweder diese Marotte, sich vor den Hausarbeiten zu drücken, verschwand, oder die Beziehung wäre zu Ende.

Vor genau dieser Konsequenz scheuen sehr viele Frauen zurück. Sie können sich nicht vorstellen, daß sie ihre Beziehung in Frage stellen, und werden Opfer jeder Erpressung, die ihnen direkt oder indirekt mit dem Ende der Beziehung droht. Die meisten Frauen werden an dieser Stelle wahrscheinlich sagen: Die Beziehung in Frage stellen wegen einer solchen Lappalie? Und sie werden äußerst skeptisch und ungläubig dreinschauen. Doch leider ist es so, es sind die vermeintlichen Lappalien, die allein genommen wie eine Lächerlichkeit wirken, doch gerade die lassen Frauen mit winzigen Bewegungen in die Verliererrolle rutschen. Letztlich sind es immer Kleinigkeiten, die Partner voneinander fordern. Häufig glauben Frauen, erst die Summe der Unterwerfungen entscheidet. Doch genaugenommen sind es diese einzelnen, kleinen, scheinbar harmlosen Gefälligkeiten, die eine Frau zur Unterlegenen machen.

Wenn Sie diesen Abschnitt gelesen haben, könnte es sein, daß Ihnen etwas flau in der Magengegend wird oder Ihnen ihr eigenes Gesicht blasser erscheint. – So genau wollten Sie es nicht wissen, was es heißt, aus der Mona-Lisa-Falle auszusteigen. Denn die Forderung ist radikal. Mit geduldiger Anpassungsbereitschaft bleibt man selbst letztlich immer auf der Strecke.

Wer seine eigenen Interessen nur indirekt wahrnimmt; wer Umwege in Kauf nimmt; wer einer ehrlichen Konfrontation ausweicht; wer die Konsequenzen scheut, die er ziehen muß, wenn er die Selbstachtung behalten will, der wird kein tragfähiges Selbstbewußtsein aufbauen können, sondern mit seinen Handlungen die eigene Emanzipation torpedieren und unmöglich machen.

Aussteigen aus der Rolle der verzagten, nachgiebigen Lächlerin – das heißt, ehrlich und offen für die eigenen Interessen kämpfen und einstehen. Und genauso konsequent aus einer Verbindung aussteigen, wenn viele grundlegende *Kleinigkeiten* zu Ihren Ungunsten geregelt bleiben.

Das macht keine keifende Alte oder bösartige Xanthippe aus Ihnen, sondern einen selbständigen Menschen.

Der Ausstieg aus dem Mona-Lisa-Lächeln macht das Leben radikaler, unabhängiger, weniger behütet, weniger vorgezeichnet, weniger ruhig, aber auch deutlich weniger fad, weniger fremdbestimmt, weniger abhängig, weniger künstlich.

Wenn Frauen ihre Gleichberechtigung ernst nehmen wollen, dann müssen sie dazu stehen, daß nur eine selbständige Frau gleichberechtigt sein kann. Es gibt nicht ein bißchen gleichberechtigt, genausowenig wie ein bißchen schwanger.

Die Frau, die glaubt, mit Verzicht auf Gleichberechtigung wirklich gesicherter dazustehen, stößt sich mit einiger Sicherheit in absehbarer Zeit erheblich den Kopf. Denn auch sie kann verlassen werden, auch sie kann betrogen werden, auch sie kann gedemütigt werden. Ist sie in der Mona-Lisa-Falle, so wird sie in einem bedauernswerten Zustand erwachen, ohne Berufsausbildung, ohne eigenes Geld. Sie war ein Leben lang *die brave Frau*, hat vieles geschluckt, noch mehr ertragen, hat gehofft. Und sie wird zum unguten Schluß bis ins Mark erschüttert sein von soviel Ungerechtigkeit. Sie hat sich doch immer aufgeopfert, alles getan, selbst im Bett stillgehalten. Alles umsonst. Sie wird abgeschoben, isoliert, kleingemacht. Ein schmerzliches Erwachen.

Ihnen kann das nicht passieren? Sie haben Ihren Mann fest im Griff, er liefert sein ganzes Gehalt ab, er trägt Sie auf Händen? Mag sein. Aber können Sie *ihn* noch ertragen, haben Sie nicht längst die Nase voll? Denken Sie nicht heimlich daran, einen Partner zu haben, an dem Sie sich reiben können? Falls nicht, sind Sie eine seltene Ausnahme.

Die Beziehungsfallen

Fünf Beziehungsfallen möchte ich unterscheiden:
Verständnisfalle
Helferfalle
Opferfalle
Bescheidenheitsfalle
Mitleidsfalle
Es gibt viele Formen weiblicher Unterwerfung. Oft ist es ein erster Schritt der Befreiung, dem eigenen Muster einen klaren Namen zu geben. In allen Beziehungsfallen gibt es die dramatischen Fälle, ich schildere sie, um zu zeigen, wohin harmlose Anfänge sich auswachsen können, wenn Frauen darauf verzichten, aus der eigenen schädlichen Lebenshaltung auszusteigen. Gleichzeitig möchte ich die Wahrnehmung der Frauen schärfen. Wachsamkeit ist immer geboten. Jede Frau steht mit einem Bein in dem Versuch, lächelnd eigene Positionen aufzugeben.

Die Verständnisfalle

Das Leit(d)motiv:
»Ich muß Verständnis haben für die seelischen Schwierigkeiten meines Partners.«
»Das kann ich gut verstehen.« – »Dafür habe ich Verständnis.« Solche Sätze kommen oft gedankenlos über die Lippen. Es wird toleriert, wenn jemand zu spät kommt, es wird verstanden, wenn jemand ungerecht behandelt wird. Frauen haben für vieles Verständnis, selbst unverschämtes und rücksichtsloses Verhalten anderer findet oft milde oder verständnisvolle Kommentare, auch dann, wenn sie selbst die Konsequenzen ertragen müssen.
Es werden Verhaltensweisen toleriert, die letztlich nicht tolerabel sind. Verhaltensweisen, die deutlich kritisiert werden müßten, für die eine klare Entschuldigung angemessen

wäre, werden mit einem verständnisvollen Lächeln hingenommen. Bei einer großen Zahl von Fehlleistungen zeigt das Opfer Verständnis. Da wird in einem fröhlichen Gespräch die intellektuelle Fähigkeit einer Frau diskreditiert: »Das versteht mein Schatzi nicht!« Doch SIE lächelt, anstatt klar Position zu beziehen und mit gleicher Münze heimzuzahlen. Die Tragweite dieses Verhaltens wird uns selten bewußt.

 Zeigen Sie falsches Verständnis?
Fragen Sie sich, sobald Sie das Wort *Verstehen* benutzt haben:
Was verstehe ich eigentlich?
Warum verstehe ich es?
Wie tief geht mein Verständnis?
Wie sehr stimme ich dem Zusammenhang wirklich zu, von dem ich behaupte, daß ich ihn verstehe?

Ein Beispiel: Verstehen Sie es wirklich, wenn die Freundin Ihnen kurz vor dem zugesagten Termin mitteilt, sie könne doch nicht mit zum Konzert gehen, weil ihr Mann sonst verärgert, allein oder mißtrauisch wäre? Oft setzen Frauen die Erkenntnis, daß sie einen anderen nicht ändern werden, mit »Verständnis haben« gleich. Mit *Verstehen* hat dies natürlich weniger zu tun. Und selbst wenn sie seine Motive nachvollziehen können, so ist das kein Anlaß, sich alles gefallen zu lassen.

Ursprünglich bedeutet *Verstehen*, ein Zusammenhang, eine technische oder logische Struktur, kann nachvollzogen werden. So könnte man den Widerspruch zwischen Kapital und Arbeit *verstehen* oder den Lösungsweg einer quadratischen Gleichung. Daneben spiegelt sich im Verstehen die Bereitschaft, emotionale Zusammenhänge nachzuvollziehen. Man versteht die Trauer um einen Toten, den Liebeskummer eines Freundes oder die Wut eines seelisch verletzten Menschen. Als Nebenbedeutung kommt eine oberflächliche Form von Toleranz hinzu. Leider treten aber die Nebenbedeutungen immer stärker in den Vordergrund. Heute heißt *verstehen* schon oft: *wegsehen, ausblenden, sich heraushalten.* Es ist aber durchaus möglich, eine Handlungsweise zu verstehen und sie dennoch zu mißbilligen.

Oft duldet man aber die Handlungsweise eines Menschen nur, weil der Mut fehlt, sie offen zu mißbilligen. Damit hat sich die ursprüngliche Bedeutung – logisches oder akustisches *Verstehen* – allmählich zum Synonym für die Duldung einer an sich mißbilligten, verachteten oder sogar verwerflichen Handlungsweise gewandelt.

Wir benutzen das Wort *Verstehen* auch in einem gewissen höflich-pädagogischen Zusammenhang. Er entspricht einer gesellschaftlichen Konvention: Man verwendet das Wort *Verstehen*, wenn man ausdrücken möchte, daß man ein Verhalten nicht billigt, aber darüber hinaus erwartet, daß sich das kritisierte Verhalten in Zukunft ändern wird. Man benutzt Verstehen als Floskel. Man will dem Kritisierten eine deutlichere Zurechtweisung oder einen Tadel, aus welchen Gründen auch immer, ersparen. Mimik und Tonfall signalisieren die Mißbilligung hinreichend. Die Worte drücken Besonnenheit und Höflichkeit dem Kritisierten gegenüber aus. Dagegen ist sicher nichts einzuwenden, und in vielen Zusammenhängen wird das Wort Verständnis auch so eingesetzt.

Wichtig ist, daß man sicher sein kann, daß alle Gesprächspartner die Nuancen und Unterschiede von verbalen und nonverbalen Botschaften gleich entschlüsseln.

Doch zu oft wird *Verstehen* nicht höflich, sondern zudeckend verwandt, fadenscheinige Freisprüche werden damit eingeleitet. Das Wort zielt dann darauf, auch unentschuldbares Verhalten ohne weitere Prüfung nicht der persönlichen Verantwortung des *Täters* zuzuschreiben, sondern einer anderen außerhalb seiner Verantwortung liegenden Ursache. Die persönliche Verantwortung des Kritisierten wird durch *Verstehen* letztlich aufgehoben.

Selbst grobes Fehlverhalten, z. B. rüdes oder aggressives Auftreten, wird als fatales Ergebnis einer schlechten Erziehung oder als unabwendbar erklärt und *verstanden*. Ein drastisches Beispiel solch fatalen »Verstehens« wird uns heute häufiger bei der Interpretation der auflodernden Gewalt der rechtsradikalen Szene geboten. »*Die Täter sind arbeitslos, aufgewiegelt und ohne Perspektive, man kann ihre Verärgerung zum Teil verstehen*«, erklärt mir ein dreißigjähriger Lehrer. Die vermeintliche Relativierung durch das Kürzel »zum Teil« geht ins Leere. Das gefährliche Muster, eigene Schwierigkeiten mit Aggression gegen Fremdes scheinbar zu lösen (zu verdrängen), wird damit zum unvermeidlichen Ergebnis der Lebensgeschichte. Niemand fordert mehr wirkliche Rechenschaft vom ausrastenden Grobian oder seinen geistigen Mittätern.

Verständnis um jeden Preis?
Verständnis ist ein zwiespältiger Begriff. Ihn kritischer zu sehen, hilft, die Mona-Lisa-Falle »Verständnis« deutlicher zu erkennen. Wenn Sie verstehen, warum Ihr Chef schlechte Laune hat, könnten Sie schon in die Verständnisfalle geraten sein. Haben Sie Verständnis für Ihren launischen Mann, dann sind Sie sicher in die Verständnisfalle geraten.

Die Verständnisfalle hat viele Gesichter. Für Frauen ist es oft schwierig, die kleinen alltäglichen Ausgestaltungen dieser Falle wahrzunehmen, denn Frauen und Mädchen wird *das Verstehen anderer* als große Tugend und erstrebenswerte Verhaltensweise eingetrichtert. Es ist geradezu ein Symbol weiblicher Tugend geworden, Verständnis zu haben für die Schwächen der anderen. Auch dann, wenn diese Schwächen einem Schlag in das eigene Gesicht gleichkommen.

Man versucht Kindern, besonders Mädchen, beizubringen, daß diese Art *zu verstehen* ein Ausdruck von Menschlichkeit sei. Ich habe diesen Zusammenhang nie recht verstan-

den, denn mir erschien es so, als würde Frauen von klein auf beigebracht, etwas Schlechtes zu dulden oder indirekt sogar gutzuheißen, anstatt klar und deutlich zu sagen: »Das hat mir nicht gefallen!« – »Das fand ich boshaft!« oder »Das war wirklich großer Mist, was du da veranstaltet hast!« Verstehen wird damit gleichbedeutend mit verzeihen, dulden oder gutmütig ertragen.
Zur persönlichen Falle wird Verständnis, wenn man auch solche Verhaltensweisen versteht, die gegen einen selbst gerichtet sind. Solange man selbst von einer Verhaltensweise nicht betroffen ist, ist es mangelnde Zivilcourage oder Furcht vor Konfrontation, die jemanden zurückhält, das Kind beim Namen zu nennen und deutliche Gegenpositionen zu beziehen. Selbstzerstörend wird Verstehen dann, wenn gegen die eigene Person gerichtete Boshaftigkeiten, intrigantes Verhalten oder in krassen Fällen sogar Gewalt duldend hingenommen werden. Die Folgen reichen von einer andauernd gedrückten Stimmung über tiefsitzende Ängste und Minderwertigkeitsgefühle bis zu seelischen und körperlichen Krankheiten. Einmal in den Kreislauf der Selbstaufgabe eingetreten, geraten Frauen oft unaufhaltsam in einen Strudel aus Verzweiflung und völliger Hilflosigkeit.
Körperliche Bedrohung steht in der Verständnisfalle selten im Vordergrund, wenn überhaupt, gesellt sie sich erst nach langen Jahren duldsamen Verständnisses hinzu. Kaum eine Frau erkennt deshalb bereits am Anfang, in welche Gefahr sie sich begibt. Zum einen ist es heute schick, Verständnis zu haben (das Wort *Liberalität* wird oft in diesem überduldsamen Sinne angewandt oder interpretiert), zum anderen zeigen wir, wenn wir *etwas verstehen*, menschliches Mitgefühl. Ein Wert, den fast alle Frauen akzeptieren. Mitgefühl schreibt man sich gern zu. Es ist leicht zu erkennen an Sätzen wie: »Ich kann gut zuhören« oder »Ich kann mich gut in andere hineinversetzen oder einfühlen.« Ge-

meint ist oft, die Handlungs- oder Denkweisen werden kritiklos anerkannt, selbst dann, wenn sie einem Dritten Schaden zufügen.

Sobald die duldsame Frau resigniert, schnappt die Verständnisfalle vollends zu. Jetzt lautet das Kapitulationssignal an den Drangsalierer: »Ich habe aufgegeben! Ich werde deiner Methode, mir zu schaden, keinen Widerstand mehr entgegensetzen.« Findet eine Frau keinen Ausweg aus dieser Unterwerfung, dann sind dramatische Entwicklungen zwangsläufig. Jeder kennt Frauen, die in absolut ruinösen Beziehungen leben und keinerlei Versuche wagen, aus diesen Gefängnissen auszubrechen. Sie harren aus bis zum bitteren Ende.

Der Weg in diese Falle kann recht harmlos aussehen: Hilge, eine Juristin, heiratete einen selbständigen Rechtsanwalt. Ihre Träume flogen hoch. Eine gemeinsame Kanzlei, jeder ein eigenes großzügiges Arbeitszimmer, diskutieren über Rechtsfragen, die knappe Freizeit intensiv gemeinsam verbringen. Es kam ganz anders. Gunnar, Hilges Mann, verwehrte ihr, bei Gericht aufzutreten; er glaubte, ihr fehle die notwendige Ausstrahlung und Überzeugungskraft. Also wälzte Hilge die Kommentare. Das konnte sie wirklich besser als er, sie hatte das deutlich bessere Examen geschrieben und auch ihre mündlichen Prüfungen mit Bravour abgelegt. Hilge verstand und verzieh: Gunnar wollte sich einen Namen machen, da kam ihm diese Arbeitsteilung sehr gelegen. Sie besorgte die hieb- und stichfesten juristischen Argumente, er trug sie vor. Den Erfolg heimste er für sich ein.

Auch die Organisation des Büros überließ er Hilge, sie schrieb die Schriftsätze, die Rechnungen, verwaltete seinen Terminkalender. Er knüpfte in der Zwischenzeit Mandantenkontakte, was in Wirklichkeit bedeutete: Er saß in einem Café und las die Morgenzeitung. Jeder wußte Bescheid, auch Hilge, aber sie hatte Verständnis. Es war sicher ein

Fehler, sich so kleinzumachen, aber schlimm wurde es erst für sie, als Gunnar begann, sie mit ihrer Sekretärinnenarbeit zu sticheln. Sie stand plötzlich da, als wäre sie zu anderen Arbeiten nicht fähig, als wäre es seine Großzügigkeit, Hilge für sich arbeiten zu lassen. Die Klienten kannten Hilge nicht, sie bestanden darauf, von Gunnar vertreten zu werden. Die internen Verhältnisse waren für sie nicht erkennbar. Fast niemand wußte überhaupt, daß sie ebenfalls Juristin war. Zum Schluß war Hilge völlig konfus. Die Verdrehungen machten ihr sehr zu schaffen, Fehler schlichen sich in ihre Arbeit ein, sie war zunehmend verstört, wagte es nicht, etwas gegen Gunnar zu sagen. Daß er zum Schluß für Rechtschreibfehler Ohrfeigen verteilte, rüttelte Hilge allerdings wach, sie packte ihre Koffer. Sie ist heute von Gunnar geschieden und Juniorpartnerin in einer renommierten Kanzlei.

In Hilges Fall war allen Freunden klar, ihr Verstehen war ein schlimmer Fehler. Und sicher haben ihre Gespräche mit Freunden dazu beigetragen, den Absprung spät – aber erfolgreich – zuschaffen.

Leider schnappt die Verständnisfalle schon bei harmloseren Zusammenhängen zu. Nimmt eine Frau hin, daß ein ausrastender Mann, der tobt und lamentiert, sich für dieses Verhalten nicht auf irgendeine Art entschuldigt, schnappt die Verständnisfalle zu.

Ganz wichtig: Ausrasten allein ist nicht ausschlaggebend, jedem Menschen können irgendwann die Pferde durchgehen. – Erst wenn die Partnerin auf eine ernsthafte Entschuldigung verzichtet, wird es zu einem Problem.

Lippenbekenntnisse sind keine ausreichende Kompensation für schroffes Verhalten.

Mußten Sie sich schon einmal dafür entschuldigen, daß Sie aufbrausend waren? – Das ist ein gutes Zeichen dafür, daß Sie nicht so schnell in die Mona-Lisa-Falle tappen.

Wer sich immer beherrschen kann und darauf stolz ist, übersieht möglicherweise die eigene Angst vor den Folgen eines Ausrasters. Ab und an mal toben, das ist keine Schande. Doch man muß sich entschuldigen können. Dabei kann es in der Regel nur der Ton sein, in dem man sich vergriffen hat; der inhaltliche Kern sollte viel seltener zurückgenommen werden.

Eine Entschuldigung für schroffes Verhalten muß nicht wörtlich oder gar förmlich vollzogen werden, aber sie muß deutlich sein, und sie muß von beiden Streitpartnern als solche eingeordnet werden. Es hilft Ihnen nicht, wenn *Sie* den Blumenstrauß als Entschuldigung betrachten, Ihr Mann oder Freund hingegen darin eher ein Schmerzensgeld sieht, mit dem alles wieder abgegolten wird. Sie würden für Stillhalten mit Blumen entlohnt, ein schlechtes Geschäft.

Eine äußerlich harmlose, innerlich aber gefährliche Form der Verständnisfalle tritt in Beziehungen auf, in denen an der Oberfläche kaum ernstliche Differenzen erkennbar sind. Der warme Mantel der gegenseitigen Arrangements wird nur selten gelüftet. Wenn er aber plötzlich aufgerissen wird, dann erscheint, schlagartig beleuchtet, die häßliche Fratze der unterschwelligen Feindschaft. Jemand fällt unerwartet aus der Rolle, meist im Zusammenhang mit Alkohol, beruflichem Streß, wenig Schlaf, Erziehungsproblemen, Krach mit Eltern oder Schwiegereltern. Scheinbar aus heiterem Himmel tun sich Abgründe auf. Menschen zeigen dann ihren tiefen, sonst gut getarnten, gegenseitigen Haß. Wenn Sie solche Erfahrungen kennen und schon festgestellt haben, daß Sie in manchen Situationen rüpelhaft, verletzend oder schroff angegangen werden, und daß es danach keine wirkliche Entschuldigung gibt, die zeigt, daß es Ihrem Gegenüber ernsthaft leid tut, was ihm oder ihr herausgerutscht ist, dann stehen Sie nicht vor einem einmaligen Ausrutscher, sondern Sie sitzen in der Verständnisfalle. Alle Warnsignale sollten auf Rot stehen, wenn Sie sich selbst Sätze sagen hören, wie: »Er ist nun mal so«, »er kann ja nichts dafür«, »er meint es nicht so«, »wenn er getrunken hat, ist er eben ein anderer Mensch«, »er hat einen weichen Kern«.

Wenn Frauen spüren, daß sie nach Zusammenhängen suchen, die unentschuldbares Verhalten dennoch entschuldigen oder erklären, dann sitzen sie bereits in der Mona-Lisa-Falle. Schlimmer noch ist es, wenn sie keinen Ausweg sehen, außer der stillen Duldung. Die ausweglose Situation wird verschärft, weil das Opfer solcher Attacken mit seiner Duldung eine Botschaft sendet, die so nie ausgesprochen würde. Die unterschwellige Botschaft an den Kontrahenten lautet: »Ich habe es verdient, ich bin selbst schuld an meiner Misere und der Art, wie du mich behandelst.« Der Gegner erfährt eine indirekte Rechtfertigung seiner Attacke. Dadurch wird es ihm zunehmend leichter, sein Opfer auf solche Weise anzugreifen und seelisch oder sogar körperlich zu verletzen. Und er wird sich dabei noch im Recht finden. Denn das Opfer rechtfertigt unabsichtlich das Täterverhalten.

Die körperliche Attacke tritt dabei eher selten und höchstens im Streit auf. In der Verständnisfalle überwiegen die seelischen Attacken und das Ausharren und Hoffen auf einen Sinneswandel beim verletzenden Partner. Gewalt als Teil der Falle tritt eher im Zusammenhang der Opferfalle auf.

Die Helferinnenfalle

Das Leit(d)motiv:
»Wenn ich ihm/ihr helfe, werde ich seine Aufmerksamkeit und Zuwendung erlangen.«
Die Helferinnenfalle ist in den meisten Fällen eine Steigerung der Verständnisfalle. Falsch verstandene altruistische Motive spielen eine Rolle. Helferinnen wollen die Gestrau-

chelten auf den rechten Weg führen, ihn oder sie vor dem scheinbar oder real drohenden Untergang bewahren oder aus dem selbstverschuldeten Elend retten.
Die besondere Qualität der Helferinnenfalle liegt im aggressiven Potential der Helferin, es kann recht groß sein. *Helferinnen* können heftigen Frust und große Vorwürfe bei ihrem *Pflegling* abladen, sie können ihm/ihr seine ganze Misere aufs dramatischste ausmalen. Oft genießen sie es sogar, dem Schützling genau zu beschreiben, wie er/sie in Not geraten ist. Sie werden bei solchen Schilderungen möglicherweise ein besorgtes Gesicht machen, aber häufig wird auch ein sanftes oder gar triumphierendes Lächeln ihren Mund umspielen.
Eines aber tun Helfer nie, sie ziehen keinen Schlußstrich. Und sie lassen den Gestrauchelten nicht wirklich auf die Beine kommen, nie wird er das Ziel erreichen. Die Helferin ist ein Baustein des Systems, doch sie weigert sich standhaft, dies anzuerkennen. Helferinnen erhalten das System des anderen mit aufrecht, sie tolerieren es oder schlimmer noch, sie mißbrauchen den Strauchelnden für ihr eigenes Selbstwertgefühl. Deshalb unterstützen sie sein System mehr oder weniger. Sie können auf sehr vorwurfsvolle Art ihrem Mitspieler die Leviten lesen (meist abwechselnd mit sehr viel Zuwendung), doch letztlich signalisieren sie: »Ich toleriere dich und dein schädliches Verhalten.«
Das klassische Beispiel dieser Falle sind die Partner von alkoholkranken Menschen. Alkoholismus ist eine äußerst schwerwiegende psychische Erkrankung, und ich will auf keinen Fall alle Angehörigen von Suchtkranken in ein schiefes Licht rücken, doch vor allem bei Spiegeltrinkern (Menschen, die immer ein mittleres Niveau von Alkohol suchen und sehr häufig im normalen Alltag gar nicht als solche zu erkennen sind, weil sie großen Wert darauf legen, nicht als Problemfall erkannt zu werden) machen Angehörige oft gute Miene zu einer schleichenden Selbstzerstörung des Trin-

kers. Sie tolerieren oder unterstützen ihn durch vielerlei Alibiverhalten. Sie leugnen vor Hausärzten, nahen Verwandten und oft vor sich selbst und dem Trinker die wahren Ausmaße der Sucht. Der Trinker wäre kein Süchtiger, würde er solche Hilfe nicht dankbar annehmen und dazu nutzen, auch vor sich selbst die Schwere seiner Problematik herunterzuspielen.

Hier interessieren uns die Motive des *Helfers*. Welchen Gewinn hat die Helferin von solchem Leugnen? Augenfällig ist der soziale Gewinn; denn wer gesteht schon gern ein, daß ein Familienmitglied süchtig ist. Noch schwerer ist es zuzugestehen, daß der eigene Partner der Problemfall ist. Hier beginnt das Mona-Lisa-Syndrom, denn die Mehrzahl solcher Helfer fühlt sich machtlos dem Trinkenden ausgeliefert. Kaum jemand weiß, wie mit den Lügereien, Manipulationen und regelmäßigen Versprechungen oder halbherzigen Entzugsversuchen von Süchtigen sinnvoll umzugehen ist. Das Helfenwollen wird zur Selbstlüge. Die Furcht zu handeln verschleiert die Angst vor unangenehmen Konsequenzen. Das hilflose Lächeln spiegelt auch die Scham der Helfer wider, weil sie wissen, daß auch sie selbst Hilfe suchen sollten. Hilfe, die sie mobilisieren könnte, mutige und klare Schritte zu gehen und Entscheidungen zu fällen.

Die alltäglichen Helferfallen

Natürlich gibt es das Helfersyndrom auch in kleiner Münze: Die unmerkliche Helferfalle klappt zu, wenn Menschen einen anderen auf den rechten Weg zurückbringen wollen, und nicht wahrnehmen, daß sie selbst heimlichen Gewinn vom Fehlverhalten des anderen haben. Im stillen können sie sich besser fühlen, sie können die Abhängigkeit genießen, in der ihr Opfer steckt. Die harmlosen Varianten sind Partner von Rauchern, Übergewichtigen oder Ängstlichen. Sie selbst haben – zumindest nach außen – diese Probleme im Griff und stehen tolerant der kleinen Sucht des Partners gegenüber. Auch die Frauen von Muttersöhnchen, die den Versuch starten, ihn aus der Mutterbindung zu lösen, und dabei eine neue, ebenso nachteilige Bindung zwischen sich und dem Partner aufbauen wollen, gehören dazu.

Von Aktivisten und Nesthockern
Auf einer weiteren Stufe der Helferinnenfalle stehen oft Frauen von beherzten Bergsteigern, leidenschaftlichen Sportlern oder engagierten Weltenbummlern. Um IHM seine totale Selbstverwirklichung zu ermöglichen, verzichten sie auf eigene Lebensziele. Bei den Aktivisten werden die Fluchttendenzen immer wieder hingenommen, unterstützt und ausgeglichen von der versorgenden Helferin.

Doch die Helferinnenfalle schnappt auch zu bei einem lebensängstlichen Partner oder einem Partner, der vor Gesellschaft oder Menschen flüchtet. Auch hier bietet sich ein lohnendes Feld für den Verzicht auf ein eigenes Leben: Die Helferin tröstet oder zankt sich mit dem Lebensflüchter über den gemeinsamen tristen Alltag hinweg. Bei den ängstlichen Flüchtern wird eine Mutterrolle reinstalliert oder bruchlos fortgesetzt. Die Helferin tut alles, die Hürden, die sich aus diesen Ängsten ergeben, wie eine Mutter aus dem Weg zu räumen.

Beides fordert keinen wirklichen Wandel.

Zwei Beispiele.

Der *Badmintonspieler*. Er ging völlig in seinem Sport auf, er fuhr zu Badminton-Turnieren, er spielte in der ersten Mannschaft seines Vereins. Er machte Waldläufe für seine Kondition, zweimal in der Woche trainierte er in seinem Verein, und an einem Abend gab er selbst Unterricht. Beim Treffen mit anderen drehte sich alles um den Sport, die neuesten Schuhe, die neuesten Bälle, Schläger, Bespannungen, die Gegner, die Tagesform, die Tabellenstände. Und so weiter. Kaum ein anderes Thema konnte angesprochen werden. Leider hatte seine Frau nur wenig echtes Interesse am Sport, doch sie konzentrierte sich darauf, IHM sein ein und alles, das Spielen, zu ermöglichen. Sie stellte keine Forderungen nach Unterstützung bei der Hausarbeit, nach gemeinsamer Zeit, nach Befriedigung *ihrer* Bedürfnisse, sie »war glücklich, wenn er glücklich war«. Vielleicht war sie stolz auf ihn, vielleicht genoß sie stellvertretend sein Engagement, sein Aufgehen in seinem Hobby? Richtig deutlich wurde es nie. Sie saß nur sanft lächelnd dabei, sorgte für Getränke, Essen, frische Wäsche. Etwas anderes habe ich von dieser Helferin nicht wahrgenommen. Sie hatte keine sichtbaren eigenen Interessen.

Der *Gärtner*. Er verbrachte 90% der freien Zeit in seinem Gewächshaus. Er verdiente gut, und sie besaßen ein großes Haus mit einem wirklich sehenswerten Gewächshaus und einem ebenso imposanten Garten. Seine Frau genoß diese Perfektion, es war ein wirklicher Genuß fürs Auge. Ihr aber fehlte die rechte Hinwendung zu den Pflanzen. Sie zog sich deshalb zurück, las Romane oder kaufte nach seiner langen Liste Gartenutensilien. Ihm war es zu lästig, mit Verkäufern zu verhandeln, zu bestellen, nachzufragen, und auch das viele Fahren. IHR Satz war stets: »Er braucht das, und ich helfe ihm gern.« Sie liebte das Theater, doch häufiger als einmal im Jahr konnte sie ihn nicht bewegen, sie zu begleiten, und ohne ihn wollte sie nicht. Sie konnte es ihm nicht antun, ihn so dasitzen zu lassen. Freunde kamen selten ins Haus, er zeigte zwar gern die Pracht seines Gartens und erzählte auch darüber, aber niemand durfte lange bleiben. Mit anderen einfach zu plaudern, das war ihm suspekt. Er langweilte sich schnell und wußte nicht, was er erzählen sollte. SIE hatte keine wirklichen eigenen Interessen und richtete ihre ganze Fürsorge darauf, ihm zu ermöglichen, *ganz in seinem Hobby aufzugehen.*

Beide Geschichten gehören zusammen, beide Frauen haben ihre Selbstaufgabe so verinnerlicht, daß es nicht einmal mehr zum Konflikt kommt.

Die Opferfalle

Das Leit(d)motiv:
»Es ist meine Bestimmung, mich für das Glück eines anderen zu opfern.«
Vor einigen Jahren haben Psychologen untersucht, wie es kommt, daß manche Menschen häufiger Opfer von Verbrechen werden als andere. Es ist schwierig, die Beteiligung eines Opfers an dem Verbrechen, das an ihm begangen wurde, sachlich zu untersuchen. Einige Vorwürfe lauteten, man mache die Geschädigten zu Mittätern am eigenen Schaden. Eine Mitschuld des Opfers, das war nur schwer zu akzeptieren. Schuld sollten allein die Täter tragen. Die Diskussion lief am eigentlichen Forschungsgegenstand vorbei: Frauen glaubten, sie dürften keinen Minirock mehr tragen oder müßten sich weniger schminken. Die Diskussion beschränkte sich auf einen sehr geringen Teil der eigentlichen Opferforschung (Victimologie). Im Kern fanden diese Untersuchungen heraus, daß solche äußerlichen Faktoren für Mehrfachopfer untypisch waren. Eher war das Gegenteil der Fall. Es waren unscheinbare, schüchterne, ängstliche Menschen, denen – scheinbar zufällig – immer wieder die Handtasche geraubt wurde, oder Frauen, die zwei- oder sogar dreimal Opfer einer Vergewaltigung wurden.
Es ist nicht einfach, als Opfer von Gewalt oder Kriminalität zu akzeptieren, daß man selbst irgendwie verstrickt ist in das Geschehen. Und es ist leider auch typisch, daß Menschen mit der Neigung, sich ungewollt als Opfer anzubieten, schuldbewußt, verschüchtert und hilflos reagieren, wenn man ihnen solche Zusammenhänge aufzeigt. Mit einem Satz könnte man sagen: Menschen werden dann häufiger Opfer von Gewalt, wenn sie in ihrer Erscheinung und ihrer Mimik etwas Ängstliches und Wehrloses ausstrahlen und darüber hinaus *erwarten*, daß ihnen etwas Derartiges passieren wird.

Bei Helen, einer 34jährigen Bürokauffrau, klang es so: »Ich weiß, solche Sachen passieren mir: Ich werde verdächtigt, in der Firma eine teure Adressiermaschine durch einen Bedienungsfehler ruiniert zu haben, oder ich bin für Gerüchte in der Nachbarschaft verantwortlich, obwohl ich versuche, mich so weit wie möglich herauszuhalten. Und mein Mann behauptet, ich trage die Schuld an unseren Ehekrisen. Was mir keine Ruhe läßt ist, daß ich irgendwie das Gefühl habe, daß an all dem, was andere sagen, etwas dran sein könnte.«

Bei anderen Frauen kam die Schuld an den Verfehlungen der Kinder oder mangelndes sexuelles Interesse des Partners oder der Verlust des Arbeitsplatzes hinzu. Immer fühlen sie sich irgendwie schuldig. Schluchzend erklärte mir Helen, wie sie litt und wie sie die Beschuldigungen magisch auf sich zog. Selten fand sie einen Weg, falsche Anschuldigungen zu entkräften. In der Firma glaubte sie, bei der Bedienung der Adressiermaschine wirklich etwas falsch gemacht zu haben, obwohl keine sachlichen Gründe dafür sprachen. Nach einem Familienstreit fielen ihr die kritischen Gedanken wieder ein, die sie dem Onkel gegenüber hegte. Sie suchte förmlich nach Argumenten, die gegen sie sprechen könnten. Stets lieferte sie selbst Munition für ihre Widersacher. Es ist kaum verwunderlich: Bei einem unverschuldeten Verkehrsunfall konnte erst ein Anwalt ihre Unschuld darlegen. Sie selbst hatte sich in ein Netz von Selbstbezichtigungen verstrickt. Mangelndes Selbstwertgefühl und ständige Schuldgefühle ziehen Unglück scheinbar magisch an.

Sich opfern für andere?

Häufig fügen Frauen der Eigenschaft, Opfer zu werden, eine weitere Methode der Selbstzerstörung hinzu. Diese Frauen glauben, ihre Opferrolle durch absolut tadelloses Verhalten wettmachen zu können. Sie taten alles für ihre Verwandtschaft, für ihren Mann, ihren Chef und die Kolleginnen und erhielten keinerlei Dank. Was diese Frauen auch aufopferten, es erschien den anderen als selbstverständlich. Und die anderen hatten eine Menge Anlaß, wenig Schuld bei sich zu suchen, denn niemand hatte die Opferwillige ernstlich aufgefordert, immer und überall ohne zu murren das Letzte zu geben. Sie sorgten allein für die kranke Tante, sie waren die einzigen, die klaglos jeden Abend Überstunden absolvierten. Sie waren das Familienmitglied, das den Wagen zur Reparatur fuhr, obwohl Männer oder erwachsene Söhne zu Hause saßen und sich vor dem Fernseher langweilten oder sonst die Zeit totschlugen.

Es fällt den Aufopferungsbereiten nicht leicht, sich so zu quälen, sie sind häufiger krank. Sie leiden unter der selbstauferlegten Last und verrichten sie dennoch klaglos. Höchstens ihre Mimik verrät die Überwindung oder Anstrengung, die es sie kostet, die jeweilige Arbeit zu verrichten. Werden sie bei einem solchen Gesichtsausdruck ertappt, dann quälen sie sich schnell ein Lächeln ins Gesicht, koste es, was es wolle.

Das eigene Leiden als Ziel?

Vieles spricht dafür, daß die Frauen es so erleben. Der eigene Schmerz wird zum Garanten des Glücks und des Wohlwollens der anderen. Und dafür lebt die Opferbereite: Den anderen soll es gutgehen.

Unser Rollenbild der Mutter ist mit einer Vielzahl solcher Aspekte kaschiert: Hauptsache der Familie geht es gut, Hauptsache die Kinder sind fröhlich, Hauptsache man kann uns nichts Schlechtes nachsagen. Diese Gedankenwelt hat viele masochistische Anteile. Diese Frauen schließen einen Pakt mit dem Teufel, denn sie hoffen, durch eigenes Leid das Glück ihrer Familie zu erkaufen. Das Ziel bleibt trotzdem oft unscharf, als einzig sichtbares Muster bleibt übrig: »Ich muß mich quälen, opfern, verzichten, zurückstehen.« Manchmal glaube ich, die Frauen wußten gar nicht mehr, wofür sie sich eigentlich aufopferten, das Sichopfern war Selbstzweck geworden. Ein in sich geschlossener Lebenskreislauf war in Gang gesetzt. Der Sinn des Lebens war es zu leiden. Häufig ist diese Lebenseinstellung mit einer fatalistischen Schicksals- oder Gottergebenheit verbunden. Dabei steht keine echte Frömmigkeit hinter dieser Lebenseinstellung, denn die ist auf einer verdeckten Weise auch fordernd. Im Kapitel über Erlernte Hilflosigkeit habe ich die Lebensbedingungen in Kindheit und Jugend näher beschrieben, die für die Mona-Lisa-Fallen typisch sind. Die Opferfalle ist besonders durch die Erlernte Hilflosigkeit geprägt.

Oft sind solche Frauen in Beziehungen mit Partnern eingebunden, die es ihrerseits als selbstverständlich erachten, daß Opfer für sie gebracht werden. Partner, die sich ausruhen auf der bedingungslosen Hingabe ihrer Frauen oder Lebensgefährtinnen. Auch Frauen, die Opfer von Männergewalt werden, gehören dazu. Frauen, die wissen, daß sie innerhalb einer Beziehung nichts anderes als weitere Gewalt erfahren werden, und dennoch den Absprung nicht schaffen.

Zwei Beispiele zur besseren Identifizierung der Aufopferungsfalle.

Iris hatte einen cholerischen, wahrscheinlich psychisch kranken Partner. Er tat ihr zwar keine Gewalt an, doch er schaffte es, ohne Pause, zwei bis drei Stunden lang, laut über die Welt, ihre Beziehung und sein Lebensunglück zu lamentieren. Er geriet dabei meist in einen monoton aggressiven Singsang, der sporadisch von Wutausbrüchen begleitet war. Er sorgte während solcher Auftritte stets dafür, daß seine Frau ihn hören konnte, lief ihr von Zimmer zu Zimmer nach und redete auf sie ein. Erwiderte sie etwas, steigerte er seine Lautstärke und machte unwirsche Handbewegungen. Es dauerte oft mehrere Stunden, bis er sich erschöpft ins Bett fallen ließ und einschlief. Iris hielt diese Verhaltensweise für relativ normal, ihr kam nicht in den Sinn zu fragen, ob es wirklich normal sei. Noch weniger fragte sie sich, ob sie eine solche Tortour, denn das war es für sie, länger ertragen wollte. »Er ist mein Mann!« antwortete sie, wenn jemand Zweifel anmeldete, ob diese Duldsamkeit angebracht wäre.

Ein anderes Beispiel. Eine junge Frau hat ihr gesamtes elterliches Erbe für den Computerladen, den ihr Mann unbedingt eröffnen wollte, hergegeben. Obwohl sie genau wußte, daß seine Vorstellungen vom schnellen Geld (»Ich komme dann nur noch, um die Tageseinnahmen abzuholen.«) völlig an der Wirklichkeit vorbeigingen. Sie konnte ihm nicht widersprechen. In seinem Beruf hatte er sich schon schwergetan, war weder mit Vorgesetzten noch mit anderen Mitarbeitern ausgekommen. Er wurde schnell aggressiv und reagierte mit verbalen Tiefschlägen, wenn ihm etwas gegen den Strich ging. Außerdem kam er nie mit seinem Gehalt aus. Jetzt sah er seine große Chance. SIE glaubte, ihm diese Chance nicht rauben zu dürfen, obwohl sie ein schlechtes Gefühl hatte. Genaugenommen wußte sie, daß seine Vorstellungen nicht zu verwirklichen waren. Das Erbe ging vollständig verloren, zum Schluß war sie froh, nicht auf einem hohen Schuldenberg zu sitzen.

Moderate Formen der Aufopferung
Sie halten die beiden letzten Beispiele für traurige Auswüchse einer übergroßen Aufopferungsbereitschaft? Sicher sind sie das, doch das Phänomen des Aufopferns begegnet mir tagtäglich.

Da ist die 22jährige, die den Freund nicht im Stich lassen will, obwohl er ihr Sparbuch geplündert hat. Da ist eine 38jährige, die ihrem Mann das Rasierzeug zur Wohnung seiner Geliebten bringt. Da ist die 29jährige, die ihr Gehalt auf das Konto ihres arbeitslosen Mannes überweisen läßt, weil er Schulden hat. Da gibt es die Oma, die regelmäßig den Söhnen und Töchtern ein Drittel der Rente überweist. Sie selbst sitzt in einem kalten Zimmer, um sich diese Großzügigkeit erlauben zu können. Besucht wird sie selten. Da ist die Ehefrau, die ihren Mann, weil er soviel arbeitet, allein auf eine Südamerikareise schickt. Für eine so weite Reise *zu zweit* würde das Geld nicht reichen. Da ist die Frau, die duldet, daß ihr Mann teure Motorräder fährt, obwohl sie den langen gefährlichen Weg zu ihrer Arbeitsstelle mit dem Fahrrad zurücklegen muß.

Aber opferbereit sind auch Frauen, die mit ihren Männern ein ums andere Mal in einen Film gehen, der sie persönlich absolut nicht interessiert, Frauen, die hinnehmen, daß er für sein Hobby ein Drittel des Familieneinkommens ausgibt. Da sind die Frauen, die eine Putzstelle zusätzlich zu ihrem Job annehmen, weil der Mann Spielschulden gemacht hat. Da sind die Frauen, die ihren Männern nachsehen, daß der Herrenabend, von dem sie nicht erfahren, wo er statt gefunden hat, leider einen Tausender verschlang.

Viele Beispiele, und oft höre ich überaus duldsame und entschuldigende Sätze: »Das ist doch nicht so schlimm.« – »Männer brauchen das eben.« – »ER ist nun mal so. Ich kann ihn nicht ändern, soll ich ihn deswegen verlassen?« – Hilflose Selbstaufgabe, Verzicht auf Einfluß, Opferrolle.

Ein markantes Merkmal dabei ist die vorauseilende Bereitschaft, es allen leichtzumachen, ohne eine Bitte oder Forderung überhaupt abzuwarten. Von den Augen abzulesen, was ein Gegenüber wünscht, braucht oder angenehm empfinden würde. Diese antrainierte »Hellsichtigkeit« erfüllen Frauen bescheiden und unauffällig. Sie opfern und verzichten, als gäbe es kein höheres Gut.

Die Bescheidenheitsfalle

Das Leit(d)motiv:
»Es ist eine wahrhafte Tugend, eigene Forderungen, eigene Interessen zurückzustellen.«

Bescheidenheit ist eine Zier, doch weiter kommt man ohne ihr.
Wie oft beschmunzelt man diesen Satz, wie oft kommentiert man damit die Unverfrorenheit eines Draufgängers, die Kaltschnäuzigkeit eines Rüpels oder die eiskalte Berechnung eines freundlichen Händlers, der gerade jemanden über den Tisch gezogen hat. Selbst das Opfer belächelt die Gerissenheit des Täters.
Die ironische Verherrlichung der Unbescheidenheit billigt man Männern oft augenzwinkernd oder schulterklopfend zu, doch für Frauen bleibt Bescheidenheit die unverzichtbare Tugend. Das erklärte Ziel heißt, niemand soll eine Frau an Selbstlosigkeit übertreffen können. Selbstlosigkeit ist das Markenzeichen für perfekte Weiblichkeit.
Bescheidenheit hat viele Wurzeln, fast immer spielen mangelndes Selbstbewußtsein, die Erwartung himmlischer oder irdischer Belohnung, die Angst vor Konflikten und nicht zuletzt die Hoffnung auf Schutz und Achtung wichtige Rollen.
Viele Frauen verstecken hinter ihrer Bescheidenheit geschickt den Zweifel an der eigenen sachlichen Kompetenz und ihrer Lebenstauglichkeit. Sie hoffen, durch ihre ehrerbietige, verdeckte Unterwerfung vor Angriffen oder Kritik durch Kollegen oder den Partner besser geschützt zu sein.
Einige Beispiele falscher Bescheidenheit.
Nicole lebte mit einem älteren Mann zusammen. Aus vielen Gründen wollten und konnten sie nicht heiraten. Er drängte sie deshalb immer wieder, eine Lebensversicherung für ihn abzuschließen, um ihr wenigstens eine kleine Absicherung über seinen Tod hinaus zu ermöglichen. Es hätte steuerlich große Vorteile, wenn *sie* die Versicherung abschließen würde, weil dann keine Erbschaftssteuer anfallen würde. Er war Steuerberater, er wußte genau, wovon er sprach. Selbstverständlich würde ER die Beiträge bezahlen. Er bat sie

immer wieder, eine solche Versicherung abzuschließen. Nicole war gerührt von soviel Fürsorge, aber ein solches Geschenk wollte sie nicht annehmen. Daß sie besonders hübsch lächelte, wenn sie seinen Vorschlag zurückwies, wird kaum verwundern: Das wäre zuviel, sie wolle nur glücklich mit ihm leben, dieses »Versorgen« könne sie auf keinen Fall akzeptieren.
Wahrscheinlich wäre mir diese Episode nicht in Erinnerung geblieben, wenn die Liebe nicht ein tragisches Ende genommen hätte. Der Partner starb, völlig unerwartet, an einem Hirnschlag. Sie mußte aus der gemeinsamen Wohnung ausziehen, und obwohl der Schmerz sie zerriß, hatte sie keine andere Wahl, als sich nach vier Wochen wieder an die Arbeit zu quälen. »Jetzt ein halbes Jahr aussetzen und innerlich Ruhe finden, das hätte mir einen Abschied ermöglicht, wie wir ihn uns beide immer gewünscht haben, aber dazu war kein Geld vorhanden. – Ich hätte seinen Vorschlag annehmen sollen, für dieses halbe Jahr Pause hätte ich das Geld gut nutzen können.«

Falsche Bescheidenheit
Das Beispiel Elena ist weniger dramatisch. Sie arbeitete in einer sozialen Einrichtung zur Betreuung alter pflegebedürftiger Menschen. Ihr Job machte ihr Spaß. Sie hatte Organisationstalent und viel Geschick im Umgang mit Kollegen und Patienten. Der Trägerverein bot ihr die Stelle einer Stationsleiterin an. Elena bat um Bedenkzeit, lehnte dann aber den Posten ab: Ein älterer Kollege hatte sich auch auf diesen Posten beworben. Sie wußte, wenn sie verzichtete, würde er diese Stelle bekommen. Sie hielt es für ungerecht, ihn zu übergehen. Lächelnd berichtete sie mir von ihrem ausgeprägten Gerechtigkeitssinn. – Ich hielt es für falsche Bescheidenheit. Die Vorstellung, ein anderer muß zurückstehen, weil ich einen Job bekomme, trifft auf nahezu jede Stellenbesetzung zu, ob ich denjenigen kenne oder nicht.

Ein weiteres Beispiel. Rieke ist Mutter eines einjährigen Sohns. Ihr Mutterschaftsurlaub geht zu Ende. Sie hat Schwierigkeiten, denn ihre Firma will ihr den alten Arbeitsplatz nicht länger garantieren. Wenn sie in den nächsten drei Monaten ihre Arbeit nicht wieder aufnimmt, will die Firma ihre Position neu besetzen. Ihr Mann sah das Dilemma. Nach einigem Zögern bot er ihr an, ein Jahr Erziehungsurlaub zu nehmen. Es fiel ihm nicht leicht, er fürchtete die Hänseleien, aber es war für ihn auch eine Art Herausforderung. Als Beamter gab es für ihn keinerlei Schwierigkeiten mit der Behörde. Seinem Antrag wäre entsprochen worden. Doch Rieke zierte sich, sie wollte nicht, daß er sich opferte. Nach langem Hin und Her sagte sie ihrem Arbeitgeber ab. Sie nahm eher in Kauf, ihre alte Arbeit nicht wieder aufnehmen zu können, als das Angebot ihres Mannes zu akzeptieren: »Das kann ich nicht von ihm verlangen. Er wird mit der Situation nicht zurechtkommen, von den Kollegen gehänselt zu werden, den ganzen Tag zu Hause zu sein, oder mit den Frauen in der Krabbelgruppe zu sitzen.« Alles Ausreden. Ihr Mann hatte längst entschieden.

Auch Rieke ist ein Opfer ihrer Bescheidenheit. Im Kern konnte sie nicht aushalten, daß ihr Mann ihr zuliebe gewisse schiefe Blicke und ketzerische Bemerkungen aushalten wollte, weil es für sie richtiger wäre, jetzt wieder in ihren Job einzusteigen. Sie hatte Spaß an ihrer Arbeit und wäre eigentlich froh gewesen, wieder an ihrem Schreibtisch in der Materialprüfung zu sitzen. Falsche Bescheidenheit ließ sie eine fragwürdige Entscheidung treffen.

Falsche Bescheidenheit tritt seltener innerhalb von Beziehungen auf, obwohl sie auch dort zu finden ist, wie die aufgeführten Fälle zeigen. Meist zeigt sie sich im Arbeitsbereich im Umgang mit Kollegen, Freunden oder Bekannten.

Falsche Bescheidenheit schleicht sich unmerklich ein: Ein dickes Lob für eine selbständige Arbeit wird tatkräftig heruntergespielt. Die eigene Leistung wird allein auf Zufälle und die Unterstützung von anderen zurückgeführt. Und dazu ein süßes, verschämtes Lächeln. Auch die Berufstätige, die einen Stellenwechsel, der ihr ein neues und spannendes Arbeitsfeld eröffnen würde, immer wieder hinausschiebt, weil ihr Chef sie braucht, sitzt in der Falle, sogar einer doppelten Falle. Die *bescheidene Helferin*, das ist ein echter Doppelfehler.

»Ich bin klein, mein Hirn ist rein, Kraft und Stärke sollen niemals hinein«, lautet der ketzerische Spruch einer Aussteigerin. Sie war überzeugt: »Das Schlimmste an der Bescheidenheitsfalle ist die unausgesprochene Selbsteinschätzung, zu dumm zu sein, und deshalb kein Recht zu haben, Forderungen zu stellen.«

Darin liegt viel Wahres. Möchten uns die Bescheidenen auch einreden, sie lebten ein höheres Lebensziel oder Mitmenschlichkeit; ich hatte jedesmal den Eindruck, daß der Selbstzweifel die entscheidende Triebfeder für den Verzicht darstellt – gleich welche hehren und ehrenvollen Motive sich jemand einzureden versuchte.

Bei Bescheidenheit gibt es meines Erachtens auch die stärksten Linien sozialer »Vererbung«. Oft leiden Mütter und Töchter gleichermaßen am Symptom des falschen Verzichts. Bizarr kann dieses Spiel werden, wenn die beiden ungewollt gegeneinander antreten im Wettbewerb um die höchste Befähigung zur Bescheidenheit. Wenn äußerst höflich, vermeintlich freundlich, aber hinter der bescheidenen Fassade ausgesprochen zäh, darum gerungen wird, wer nun das höhere Maß an Bescheidenheit produzieren kann, wer verzichten darf. Dann beschleicht den wissenden Zuschauer eine heimliche Freude; oft wird sichtbar, daß im echten Gefecht Bescheidenheit gegen Bescheidenheit, Frau gegen Frau (seltener Mann gegen Mann) ungeahnte Kämpferqualitäten durchschlagen, die sonst gut getarnt bleiben.

Ich habe ein solches Paar, Mutter und Tochter, säuselnd

darüber diskutieren gehört, wer von beiden eine wertvolle Silbervase einer verstorbenen Tante erhalten soll. »Bei dir paßt sie besser in die Wohnung.« – »Du wirst länger etwas davon haben.« – »Du hast dich viel mehr mit ihr beschäftigt.« – »Du warst ihre Lieblingsnichte.« – »Nimm du sie doch, bitte.« – »Nein, das kann ich auf keinen Fall annehmen.« – Zum Schluß nahm eine entfernte Verwandte die Vase in ihre Obhut: »Wenn ihr euch nicht einigen könnt...«
Sozialisiert wird Bescheidenheit zum einen durch Vorbilder, aber auch durch elterliche Belohnung von bescheidenem Verhalten. Besonders liebevolle, starke Eltern schaffen es häufiger, überbescheidene Kinder zu erziehen. Bescheidenheit ist die Methode dieser Kinder, sich diesen Eltern zu unterwerfen. Denn die räumen ihrem Kind wenig echten Freiraum ein. Sie haben überaus präzise Vorstellungen, was aus ihren Kindern einmal werden soll.

Die Mitleidsfalle

Das Leit(d)motiv:
»Weil ich mitleide, muß das Leid verschwinden.«
Mitleid zu empfinden, ist eine wichtige menschliche Fähigkeit. In Beziehungen aber kann Mitleid keine Liebe ersetzen. Mitleid und Liebe passen schlecht zusammen.
Die deutlich ausgeprägte Mitleidsfalle ist relativ leicht zu erkennen. Jeder nimmt auf Anhieb wahr, wenn sich eine Frau aus Mitleid an einen Partner bindet, wenn die Defizite seiner Lebenstauglichkeit deutlich erkennbar sind. Sie nimmt sich des weichen Mannes an, der im Beruf herumgeschubst wird, oder sie schützt den Mann, der als kleiner Bruder nie aus dem Schatten des größeren Bruders herausgetreten ist. Sie tröstet den Mann, der als Sohn den starken Vater bewundert hat, aber hilflos blieb, wenn es galt, seinen Spuren zu folgen. Sie hätschelt ihn, denn er ist nie der Rolle

des ängstlichen Sohnes oder schlimmer des Versagers entwachsen. Sie liebt ihn nicht. Wäre er nicht so bedauernswert, sie hätte ihn längst verlassen.

Katastrophale Folgen
Schwierig wird es, das schädliche Mitleid zu erkennen, wenn das Leid des Bemitleideten (z. B. Selbstzweifel, Depression, Arbeitsplatzverlust) nur im engen Kreis geäußert wird und kaum nach außen dringt. Dann trifft man auf die scheinbar intakten glücklichen Familien, über die plötzlich aus heiterem Himmel eine Katastrophe hereinbricht. Wie es zu solchen Katastrophen kommt?
Bemitleider haben oft die schädliche Wirkung, keine ernstliche Hilfe zu sein, sondern auf eine widersinnige Weise zum beschwerenden Ballast beizutragen. Der Mann verliert seinen Arbeitsplatz, nach außen aber wird eine andere Fassade aufrechterhalten. Bemitleider bieten oft nur diese Hilfe an. Der eigentlichen seelischen Not wird keinerlei Ventil oder Entlastung oder gar Hilfestellung angeboten. Scheinbar unvorhersehbare Familientragödien haben manchmal solche Vorgeschichten. Knappe Zeitungsüberschriften (»Mann erschießt Frau und Kind«) schildern den dramatischen Ausgang. Sieht man die Vorgeschichten, werden manche Wahnsinnstaten zumindest einigermaßen erklärbar:
Der sowieso schon schwache Partner verliert jeden Halt. Die einzige »Lösung«, die ihm bleibt, weil er letztlich nicht zu seinen Schwächen stehen darf/kann, heißt für ihn, *alle* aus dieser Lebensqual zu befreien.
Viele Beziehungen werden durch einen guten Pendelmechanismus stabilisiert: Ist der eine unten, dann ist der andere oben und kann Stütze sein. Dieser Ausgleich versagt in den genannten Fällen.
Wie wirkt das Mitleid auf den Leidenden?
Diese Frage bietet eine treffsichere Methode, echtes von falschem Mitleid zu unterscheiden. Echtes Mitleid aus einer

starken, in sich ruhenden Grundhaltung heraus hat meist eine beruhigende und entlastende Wirkung. Oft ermöglicht sie dem Leidenden, eigene Lösungspotentiale zu aktivieren, zumindest aber eine Entspannung einzuleiten und ein wenig Ruhe und Abstand zu gewinnen.

Ganz anders wirkt das falsche Mitleid. Es ist der gut getarnte Versuch, durch letztlich geheucheltes Mitleid die eigene Angst vor dem Versagen des Leidenden zu bewältigen. Nach dem Motto: Ich bemitleide dich, sei bitte wieder stark, oder nimm mir wenigstens die Angst vor deiner Schwäche.

Aber es gibt hier noch einen weiteren Aspekt: Menschen, die in ihrer Kindheit leiden mußten, sei es an Gewalt, Überforderung, Lieblosigkeit oder Einsamkeit, diese Menschen entwickeln häufiger eine Tendenz, den eigenen erlittenen Mangel symbolisch am Mitmenschen oder an Tieren aufzuarbeiten. Leider müssen manche Tierschützer, so richtig ihre grundsätzliche Haltung auch ist, hier eingestuft werden. Oft spürt man sogar die verdeckte Aggression im Inneren solcher Aktivisten, die eine Widerspiegelung der erlittenen eigenen Pein bedeutet.

Richtet sich das entgegengebrachte Mitleid und damit die symbolische Befreiung auf einen Mitmenschen, wird ein Circulus vitiosus in Gang gesetzt. Das Mitleid verfehlt seine Wirkung – zumindest langfristig. Die Bemitleiderin erlebt eine seelisch belastende Enttäuschung, denn ihr Versuch zu helfen scheitert. Damit wird sie ungewollt in die Rolle gepreßt, unter der sie wahrscheinlich früher einmal gelitten hat: Niemand hat ihr geholfen, und jetzt spürt sie die eigene Unfähigkeit zu helfen. Sie ist genauso schlecht wie das Umfeld ihrer Kindheit, das ihr Hilfe verweigerte.

Mitgefühl ist oft an eine visuelle Erfahrung geknüpft. Wären im Fernsehen keine Bilder des Leidens zu sehen, das Mitleid der Zuschauer, ausgedrückt in Spendenbereitschaft, wäre deutlich geringer.

Den positiven Wortsinn trifft dieses Mitleid aber nicht. Denn ernsthaftes und bedeutsames Mitleid entspringt einer anderen Quelle; hier wird unser Mitgefühl angeregt, weil wir eine herzliche Bindung zu einem Menschen besitzen. Auch ohne visuelle Darbietung versetzen wir uns in ihn oder sie hinein und leiden mit.

Beim falschen Mitleid ist der Anspruch oder die Selbsteinschätzung, dem Bemitleideten aus seiner Not helfen zu können oder zu sollen, eher klein oder gar nicht vorhanden. Meist ist deshalb diese Form des Mitleids mit einem hilflosen Aktionismus gekoppelt, der das ›Opfer‹ eher beunruhigt denn beruhigt. Oft neigt der Mitleider oder die Mitleiderin stärker zu Tränen oder zerfließt darin als der eigentlich Leidende. Letztlich bemitleidet sich der Bemitleider immer selbst, er leidet immer doppelt. Dennoch wollen Mitleider eine eigenwillige Fassung bewahren, was in der Regel heißt, ein verzerrtes Lächeln. Meist steht der Gedanke oder das Gefühl im Hintergrund, nicht auch noch dadurch unattraktiv zu wirken, daß die eigenen Gesichtszüge vollends außer Fassung geraten. Ein dramatisches Damoklesschwert schwebt über dem Bemitleider: die Sorge, selbst Mitleid zu erregen. Das ist häufig eine der bedrohlichsten Vorstellungen, obwohl der Wunsch, bemitleidet zu werden, sehr tief verankert ist und gelegentlich mit Macht hervorbricht, doch wenig später wird dieser Wunsch wieder mit Energie verdrängt.

Die zahme Frau

Frauen brauchen Mitstreiterinnen

Frauen müssen sich Unterstützung und Rückenstärkung bei denen holen, die wirklich etwas verändern wollen. Und sie müssen klar erkennen, daß auch gute Freundinnen oft gern

alles beim alten lassen möchten, selbst wenn sie sich anders äußern.
Wenn Sie aufmüpfig sind und alte Klischees hinter sich lassen, werden Sie in den Ruf geraten, ein Mannweib, eine Xanthippe oder Schlimmeres zu sein. Doch das darf Sie nicht stören. Der Versuch, einen eigenen Weg zu finden, der Wunsch, etwas klarzustellen, die Hoffnung auf Veränderung sind Triebkräfte, die Unterstützung brauchen. Gleichgesinnte müssen gesucht und gefunden werden. Alte Freundschaften bekommen einen neuen Akzent.
Es ist wichtig zu akzeptieren, daß diejenige, die Veränderung anstrebt, aus ihrem Freundeskreis ausscheren wird. Freunde finden sich, weil sie etwas Gemeinsames haben. Wenn sich die Gemeinsamkeit verändert, verändert sich auch die Freundschaft. Für die neuen Ideen und Ziele müssen einerseits neue Menschen hinzukommen, andererseits werden wenige »alte« Freundinnen mitmachen. Sie müssen aber auch damit rechnen, daß Ihnen beste Freundinnen in den Rücken fallen, sie fühlen sich vielleicht vernachlässigt oder durch Ihre Aktionen bedroht.
Am effektivsten ist es, sich dort Verbündete zu suchen, wo die Interessenlage gleich ist. Die Veränderungen, die Sie anstreben, sind auch dann noch schwer genug in die Tat umzusetzen, wenn mehrere an einem Strang ziehen. Alles läßt sich aber leichter durchhalten, wenn man sich gegenseitig stärkt und Mut macht.
Frauen müssen aufhören, über die bestehenden Machtstrukturen und Rollenbilder zu jammern und sinnlos zu leiden. Das bringt niemanden weiter. Sie müssen selbst aufmerksam werden und sich gegenseitig aufmerksam machen, wenn sie wieder in alte Muster geschlittert sind. Sie müssen sich mit Rat und Tat zur Seite stehen und Tiefpunkte gemeinsam überwinden.
Jeder Veränderungsprozeß ist langwierig, gleichgültig, ob es eine persönliche Veränderung ist oder ob es sich um einen

gesellschaftlichen Prozeß handelt. Sicher ist, daß Veränderungen gesellschaftlicher Strukturen, konkret: eine neue Positionierung der Frau, vielschichtig sind. Deswegen braucht es vielleicht Generationen, um sie zu verändern. Selbst wenn in den Köpfen bereits Einsicht herrscht (auch im eigenen): Der Weg zu einer endgültigen Verhaltensänderung ist beschwerlich und mit Rückschlägen gepflastert. Dennoch müssen Frauen diese Schwierigkeiten durchstehen. Wer sollte sich sonst für sie einsetzen?
Auch wird es keine Frau weiterbringen, den Männern alle Schuld zuzuweisen und ihre Kräfte in Schimpftiraden oder gar im Haß auf das andere Geschlecht zu verschwenden. Diese Angriffe gehen ins Leere oder wenden sich gegen die Frau. Konstruktivität, nicht Destruktivität ist angesagt. Selbst handeln, nicht warten, daß man aufgefordert wird, ist der einzige Weg.
Männer wehren sich gegen die Konkurrenz von Frauen im Beruf. Dabei ist das Infragestellen der »weiblichen Qualifikation« sicher die willkommenste Argumentation. Aber das hat nicht unbedingt etwas mit Frauenfeindlichkeit zu tun. Wer die Chance hat, die Hälfte aller Konkurrenten auszuschalten, wird es tun. Der »Geschlechterkampf« ist lediglich ein Pulver, mit dem irrelevante oder unsachliche Argumente verschossen werden. Das gilt es zu enttarnen.
Stellen Sie sich vor, daß der Kollege Angst vor Ihrer Qualifikation hat und deswegen Chauvisprüche klopft. – Lassen Sie sich dadurch nicht bremsen. Verfolgen Sie Ihre Ziele gelassen weiter.

Frauen blockieren sich gegenseitig
Weit schwerer bremsen Frauen sich selbst. Das fängt mit dem Schlankheitsideal an, das in vielen Frauenköpfen spukt. Diese Normen sind meist nur in Frauenköpfen, Männer beschäftigt dieses Thema weniger. Die Frauen kreieren die Norm, fordern sie *und* legen sie Männern in den Mund.

Die harmlose Bemerkung einer Freundin: »Hast wohl etwas zugelegt!« trifft tiefer als die Kritik eines Mannes. Offenbar nehmen Frauen das Urteil ihrer »Geschlechtsgenossinnen« ernster und wichtiger als das der Männer. Den meisten Männern ist es nicht so wichtig, ob ihre Frau nun ein paar Kilo mehr oder weniger auf die Waage bringt. Vielen fällt es nicht einmal auf.
Und auch das Vorurteil, Männer wollten sich ständig bedienen lassen, stimmt nur bedingt, denn jeder läßt sich gern bedienen. Aber Männer sind durchaus in der Lage, sich nach einer Gewöhnungszeit damit abzufinden, abends kein fertiges, warmes Essen vorzufinden. Vielleicht grummelt der hungrige Ehemann mißgelaunt vor sich hin, aber daß dies der braven Frau ein schlechtes Gewissen macht und sie veranlaßt, auf der Stelle loszuspringen, liegt einzig und allein an ihr. An dieser Stelle muß sie »nein« sagen. Zuerst innerlich zu sich selbst und später auch ihm.
Um Mißverständnisse auszuschließen, sei es noch einmal gesagt:
Männer sehen Frauen sicher meistens lieber als abhängige Geschöpfe und legen Fallstricke aus für jede Frau, die unabhängig und eigenverantwortlich leben will, aber die größte Bremswirkung steckt in den Frauen selbst.

Woran erkennt SIE Ihr unterwürfiges Verhalten?
Der folgende Abschnitt beschränkt sich auf einzelne Verhaltensmuster. Es dreht sich dabei um die Frage: Wie kann eine bestimmte Frau ihre konkrete Situation in den Griff bekommen? Woran *erkennt sie* ihr unterwürfiges Verhalten, und wie kann sie es ablegen?
Unterwürfiges Verhalten verbirgt sich oft hinter den »guten weiblichen« Eigenschaften, die ja in der Tat gut sind, wenn sie von innen heraus kommen, wenn sich das, was man tut, und das, was man will, deckt. Meistens handelt man aus einem Impuls heraus, ohne Überlegung, welche Konsequen-

zen das eigene Verhalten mittel- und langfristig hat. Der momentane Effekt mag gut sein, etwa ein vermiedener Streit, aber auf Dauer können Verluste groß sein: ein schwächeres Selbstwertgefühl oder Krankheit, um nur zwei mögliche Folgen zu nennen.
Woran kann eine Frau erkennen, ob sie wirklich aus eigener Überzeugung, aus eigenem Interesse gehandelt hat, oder ob sie vor allem Bereitschaft zur Unterwerfung signalisiert?
Fühlen Sie sich hinterher schlecht, wenn Sie hilfsbereit gewesen sind, dann sind Sie in eine Falle geraten!

Nachgiebige Frauen
Grit: Er will italienisch essen, sie lieber griechisch. Um langen Diskussionen aus dem Weg zu gehen, beschließt sie, daß es ihr nicht so wichtig ist, und gibt nach.
Chris: Er will einen Power-Sport-Urlaub machen, sie hätte gern Kultur. Sie denkt: »Bewegung wird mir sicher ganz guttun«, und gibt nach. Wildwasserfahren in der Ardèche ist angesagt, und wie jedes Jahr paddelt er ihr mit voller Kraft davon.
Susan: Fünfmal schon sind sie wegen seines Jobs umgezogen, das sechste Mal steht an. Sie weigert sich. Schließlich hat sie selbst einen attraktiven Job, den sie nicht aufgeben will. Ihr Lenorgewissen flüstert ihr Schuldgefühle ins Ohr, die sie butterweich werden lassen. Seiner Karriere im Weg stehen, das geht zu weit. Sie wird schon wieder einen Job finden.
Geli: Er wollte Kinder, gleich zwei kurz hintereinander. Für das zweite hat er geschworen, er sei »der Neue Mann«, er nehme Vaterschaftsurlaub. Das Ende vom Lied: Sie sitzt zu Hause. Direkt nach der Entbindung ergab sich seine große Chance. Eine Direktorenstelle in der Mutterfirma in den USA. Er geht allein, »fürs erste«.
Frauen müssen ihre Handlungsmotive ermitteln:
Fragen Sie sich: Immer wenn ich ... bin, bin ich so, weil

ich es wirklich will? Oder verhalte ich mich so, weil andere es von mir erwarten, oder vermute ich, daß andere ein solches Verhalten von mir erwarten?
Erforschen Sie, welchen Nutzen Ihnen das jeweilige Verhalten bringt! Und fragen Sie sich auch, welchen Vorteil Sie sich erhofft haben!
Finden Sie in kritischen Situationen konkrete Antworten auf diese Fragen:
Was sind meine Wünsche?
Welches Motiv bestimmt mein Handeln?
Was erwarte ich dafür, wenn ich mich in einer bestimmten Art verhalte?
Welche Wege führen noch zu meinem Ziel?
Welche alternativen Gesten, Sprach- und Handlungsmuster habe ich außer denen, die mir sofort einfallen?
Wie ist jetzt gerade meine Stimmung?
Was würde ich am liebsten tun?
Was ist das Beste für mich?
Was könnte geschehen, wenn ich das durchziehe?
Welche Befürchtungen halten mich ab?
Wie *fühle* ich mich dabei, wenn ich deutlich erkenne, daß ich meine Interessen übergehe und mich damit selbst verleugne?
Wie *werde* ich mich *fühlen*:
morgen/nächste Woche/nächsten Monat/nächstes Jahr?
Wie *habe* ich mich in vergleichbaren Situationen *gefühlt*?
Das Ziel ist es, individuelles Abhängigkeitsverhalten zu enttarnen. Es geht um das Verhalten, das in jeder Frau wurzelt. Erst danach kann man seine persönlichen Abwehrstrategien erarbeiten.
Unterwerfung hat viele Gesichter. Ich habe drei Kategorien festgelegt, um sie besser identifizieren zu können:
Unterwerfungsrituale sind Handlungen, die Unterwürfigkeit, Nachgiebigkeit und Demut signalisieren.

Unterwerfungsgesten beschreiben nonverbales Ausdrucksverhalten: Körpersprache, Mimik, Gestik.

Unterwerfungssprache meint zum einen das gesprochene Wort, die Wortwahl, aber auch die Metabotschaften, also das »zwischen den Zeilen Gesagte« und die Stimmlage. Unterwerfungsbotschaften werden in diesen drei Bereichen entlarvt. Sie führen dazu, daß Frauen sich selbst in ihrer Entwicklung behindern und es anderen leichtmachen, sie zu benutzen. Das ist unbewußte Selbstsabotage.

Unbewußte Selbstsabotage

Frauen bestätigen Männern das Vorurteil der eigenen Überlegenheit durch unterwürfiges Verhalten. Eine Frau, die sich demütig oder unterwürfig gibt, festigt damit das Machtgefälle. Das ist Selbstabwertung. Sie bestätigt Barrieren, die SIE später nur noch schwer überwinden kann.

Unterwerfungsrituale: Eine Direktorin bleibt »höflich« ihrem unverschämten Abteilungsleiter gegenüber. Ihre Reaktion gleicht einer Anstandszeremonie: Sie wählt freundliche Worte, ihre Stimme bleibt leise, gedämpft. Sie lächelt, während er sie unterbricht. Er nennt sie: »Gnädige Frau Direktor« und belehrt sie mit dröhnender Stimme. Doch sie bleibt eine gezielte Abwehrstrategie schuldig. Sie läßt zu, daß er sie in einer Abteilungsleiterkonferenz vor allen abkanzelt.

Eine Personalchefin sucht sich ihre Akten zusammen, verschiebt wichtige Arbeiten, weil sie ihre Sekretärin nicht belasten will und diese ohnehin zu lange suchen würde. Sie degradiert sich selbst.

Unterwerfungsgeste: Es werden Ihnen wiederholt Nebenarbeiten aufgedrückt. Sie lehnen diese mit einem Nein ab, *lächeln aber entschuldigend und blicken scheu nickend nach unten*. Das kommt der Aufforderung gleich: »Versuch es noch mal, ich sage vielleicht doch ja, weil ich mir sonst faul, schäbig oder kleinlich vorkomme.«

Unterwerfungssprache: Sie äußern Ihre Meinung, sind sich Ihrer Sache sicher, beenden den Satz aber mit dem vorsichtig zurücknehmenden Schluß: »Ist doch so, oder?« oder: »Glauben Sie nicht auch?« Damit schreiben Sie dem Urteil anderer mehr Wert zu als dem eigenen.

Der kurzfristige Nutzen der Unterwerfung

Es stellt sich die Frage: Welchen Nutzen hat Unterwerfung? Viele Frauen krümmen und verbiegen sich und glauben am Ende selbst, daß Lächeln, Bitten, Weinen, Quengeln oder Bravsein gute weibliche Erfolgsstrategien sind. Auf den ersten Blick scheint das System zu funktionieren. Häufig stellt sich zuerst ein positiver Effekt ein. Meist erfolgt die gewünschte Reaktion, das kleine Mädchen, das brav ein Bonbon abgibt, wird gelobt. Das große Mädchen, das brav Überstunden macht und die Arbeit der Kollegen zu Ende führt, wird gelobt. Der hilflos dreinblickenden Autofahrerin wird beim Reifenwechsel geholfen, und der ängstlichen Ehefrau wird alles Angstauslösende aus dem Weg geräumt.

Auch Britta floh vor beruflicher Herausforderung in die Unterwerfung. Nach 17 Semestern schaffte sie endlich ihren Abschluß, fand dann aber jahrelang keine Arbeit und lebte auf Kosten ihres Partners. Sie argumentierte geschickt. Sie verkaufte sich selbst als intelligente Akademikerin, die sich zu gut ist, nur einen Schreibjob anzunehmen, bis sie eine richtige Stelle in ihrem Beruf gefunden hat. Eine Weile schenkte man ihr Glauben. Als sie endlich ihre Traumstelle gefunden hatte, war das Spiel trotzdem bald beendet. Denn sie wurde schwanger: Sie flüchtete sich im wahrsten Sinne des Wortes vor der beruflichen Verantwortung in die Mutterschaft. Diese Flucht wurde ihr leichtgemacht. Schwanger zu werden ist für Frauen ein akzeptabler Ausweg aus beruflichem Streß. Der Preis, den sie zahlte, war hoch. Ihr Partner verlangte immer mehr häusliche Dienstleistungen. Er kümmerte sich wenig um das Baby, und sie blieb mit ihren Problemen allein.

Der kurzfristige Nutzen war gegeben. Doch der Schaden, den das unterwürfige Verhalten verursachte, war schwerwiegend und dauerhaft. Er setzt im tiefsten Inneren an: Das eigene Selbstwertgefühl bekommt Risse. Auch die ersehnte Achtung anderer bleibt letztlich aus. Das ist zwangsläufig so, denn die Hoffnung, daß andere mehr an einen glauben als man selbst, muß enttäuscht werden. Die Folgen werden erst spät sichtbar, dann, wenn hinter andauernder Unzufriedenheit Erschöpfungszustände, Müdigkeit und Krankheitssymptome ans Licht kommen. Die Wirkung bei Kollegen, Freunden und Bekannten zeigt sich, wenn diese den Kontakt langsam einschlafen lassen.

Der lange Weg der Selbstfesselung

Die Ursachen und Zusammenhänge sind im nachhinein schwer aufzuspüren. Meist liegen die Anfänge Jahre zurück, vielleicht hat alles mit einer scheinbar harmlosen Anpassung seinen Anfang genommen. Ein lächelnd runtergeschluckter Ärger, die unterdrückte Wut auf einer Familienfeier, das verhängnisvolle Verständnis für eine Freundin. Und wahrscheinlich wurden die ersten Warnsignale nicht erkannt. Die kleinen Hinweise, das hilflose, enttäuschte oder resignierte Lächeln, der verspannte Nacken, der grummelnde Magen, Rückenschmerzen, Kopfweh.
Frauen passen sich den Gegebenheiten an, sie bestätigen die Vorurteile, gegen die bereits Generationen von Frauen kämpfen. Sie warten darauf, daß jemand ihnen zu Hilfe eilt, sie hoffen darauf, aus mißlichen Situationen gerettet zu werden. Das Verhalten ist gelernt. Das Heimtückische daran ist, manchmal funktioniert es, wenn auch nur kurzfristig. Untersuchungen haben gezeigt, daß Jungen dazu angehalten

werden, Probleme selbst zu lösen, Mädchen aber wird geholfen, ihnen werden die Schwierigkeiten aus dem Weg geräumt. Sind sie erwachsen, glauben sie, daß das immer so weitergeht. Sie stecken in der Zwickmühle: eine Herausforderung anzunehmen würde bedeuten, selbst etwas zu tun. Sei es einen Reifen selbst wechseln, einen neuen Job annehmen oder eine Reise organisieren. Es würde bedeuten, sich die Finger schmutzig zu machen, hart zu arbeiten, Fehlschläge zu verkraften. Also Verantwortung für sich selbst zu übernehmen und auch allein für die Folgen geradezustehen. Dagegen steht die Chance (?), zu warten, bis jemand kommt und seine rettende Hand zur Verfügung stellt. Das kann eine kurzfristige Erleichterung sein.

Petra zum Beispiel glaubte, nicht mehr autofahren zu können. Ganz harmlos hatte alles angefangen. Seit sie mit ihrem Partner zusammenlebte, war fast immer er gefahren. Er fuhr zügiger als sie. Und sie mochte seine Kommentare nicht anhören, wenn sie fuhr. Ihr war leicht mulmig, wenn er rasant fuhr, aber das war immer noch besser zu ertragen als seine »witzigen« Bemerkungen. Kritisch wurde es für Petra, als sie in zwei kleinere Auffahrunfälle verwickelt wurde. Danach fuhr sie immer seltener, und nach einer Weile war sie so unsicher, daß sie ihren Wagen rückwärts gegen eine Hauswand setzte. Sie bewies sich, daß sie wirklich nicht fahren konnte, obwohl sie die beiden Unfälle nicht verschuldet hatte. Aber ihr Vater hatte sie schon immer für eine ungeschickte Fahrerin gehalten. Immer, wenn sie im Begriff war wegzufahren, mußte sie eine Litanei *guter Ratschläge* mit auf den Weg nehmen. Heute glaubt sie, daß er wahrscheinlich recht hatte mit seiner Einschätzung.

Petra fand sich mit ihrem kleinen Handikap ab. Irgendwie freute sie sich sogar, daß ihr Mann sie so liebevoll unterstützte. Er übernahm alle Großeinkäufe und fuhr sie, wenn sie zum Sport wollte oder ins Kino. Ihre Fahruntüchtigkeit schien Vorteile zu haben. Es war wesentlich bequemer, im-

mer gefahren zu werden. Und es war schön zu spüren, daß jemand da war, wenn man ihn brauchte. Unter dem Strich also ein Gewinn?
Wohl kaum. Petra ist gefangen. Jeder Schritt, den sie tut, ist durch andere kontrollierbar. Ihre Abhängigkeit wird immer stärker, und sie kann bald keine Entscheidungen mehr allein treffen. Eine unsichtbare Spirale ist in Gang gesetzt. Petra wird immer ängstlicher und lebensuntauglicher. Es gibt bald nichts mehr, was sie allein tun kann. Immer braucht sie ihren Mann, und selbst wenn er bei ihr ist, steigt oft eine schwache und undefinierbare Angst hoch.
Petra ist kein Einzelfall. Viele Frauen leben mit starken Alltagsängsten, die sie an Heim und Herd fesseln. Fast immer haben diese Ängste schleichend von ihnen Besitz ergriffen. Und oft schützt sie diese Angst vor eigenen Entscheidungen, die sie vielleicht veranlassen könnten, aus dem Eheraster auszubrechen. Es klingt grotesk, doch Angst hat auch einen Nutzen, zumindest kurzfristig.

Frühe Wurzeln

Die Weichen für eine solche Lebensbeschränkung werden oft in der Kindheit gestellt, wenn Eltern und andere Erwachsene oder größere Kinder Einfluß nehmen auf Normenbildung und Rollenerwartung. In dieser Zeit wird der Grundstein dafür gelegt, ob sie sich stark, klug, mathematisch begabt oder hilflos, schwach oder dumm einschätzen. Unbewußt erziehen Eltern bereits in den ersten Lebenswochen ihre Babys zu Jungen oder zu Mädchen. Die Erziehung zum Mädchen ist nahezu gleichbedeutend mit der Erziehung zur Hilflosigkeit. Früh lernen Mädchen, daß sie nur wenige Dinge allein können. Eine hilfreiche Hand räumt ihnen Hindernisse aus dem Weg, bevor diese als solche erkannt sind.
Ungewollt stillen Mütter Mädchen schneller als Jungen, be-

rühren sie seltener und nehmen sie nicht so oft auf den Arm.

Auch heute erkennt man Jungen am blauen Strampler, das Mädchen am rosafarbenen. Und so bleibt der Blaumann auch später eine typische Männerkleidung, ob edel, nadelgestreift oder dreckig.

Über dem Mädchenbett baumeln Mobiles mit Blumen, Püppchen, Engeln, während über den kleinen Jungen Flugzeuge, Autos, Pferde und Schiffe schaukeln. Früh erfährt der Bub, was seine spätere Welt sein wird. Er ist schon jetzt ein kleiner Pilot. Wen verwundert es: Mädchen sind bereits in den ersten Lebensmonaten stärker an Bildern mit Menschen interessiert und Jungen an Bildern mit Objekten!

Auch wenn sich die wissenschaftlichen Geister an der Frage scheiden, ob bestimmte Verhaltensweisen nun angeboren sind oder sozial erworben wurden: Tatsache bleibt, geschlechtsspezifische Erziehung beginnt bereits im Säuglingsalter, wenn nicht schon im Mutterleib. Da wird dem strampelnden Fötus Männlichkeit angedichtet, weil er aktiv ist. – Sicher wird es ein strammer, lebenstauglicher und selbstbewußter Bub!

Wilde Mädchen hingegen sind böse Mädchen. Ihnen wird unterstellt, ihre Mütter ärgern zu wollen. Mädchen sollen lernen zu spielen, um zu spielen – nicht um zu gewinnen. Höflich und stets freundlich sollen sie sein. Sie werden auf Harmonie getrimmt und zu Friedensstifterinnen erzogen.

Da fordert ein Vater seine achtjährige Tochter zum Händchengeben auf, sie reagiert schüchtern, ziert sich – sein Kommentar: »Na, mach schon, du Biest.« Biestiger Eigenwille, der ist bei Mädchen nicht gefragt. Und immer, wenn das kleine Mädchen seine Idee durchsetzen will, seinen Bewegungsdrang ungehemmt ausleben will, ist es bösartig, dickköpfig und eigenwillig.

Der väterliche Blick drückt Verachtung und Ärger aus. Ei-

nem Jungen hätte er sicher verziehen. Die sind eben trotzig. Jungs müssen ab und an ihren Kopf durchsetzen. Sich die Hörner abstoßen, das ist gesund.
So werden aus fröhlichen, unbeschwerten Kindern harte Männer und süße Damen geformt.
Ihr ungestümes, wildes Benehmen verzeiht man Mädchen noch, solange sie im Grundschulalter sind, später wird Damenhaftes erbarmungslos trainiert. Fehltritte werden nur kurze Zeit hingenommen, spätestens mit Einsetzen der Pubertät wird der Druck verstärkt. Diejenige, die sich nicht beugt, verliert Anerkennung und Zuneigung von Erwachsenen und Altersgenossinnen gleichermaßen. Der angebliche Himmel auf Erden wird ihnen sibyllinisch versagt, das goldene Gittertörchen am ebenso glänzenden wie erstrebenswerten Käfig droht ihnen vor der Nase zuzuschnappen. Und wenn all diese Drohungen nicht fruchten, spätestens dann munkelt man, daß bei der Kleinen etwas nicht stimmt. Die subtile Weise, mit der Rollenverhalten anerzogen wird, ist heute schwerer aufzudecken als früher, denn das Bemühen, rollenneutral zu erziehen, ist echt, dadurch verschwinden rollenspezifische Muster unter einem Tarnnetz von Großzügigkeit, Liberalität und Toleranz. Und so werden alte Vorurteile ungewollt bestätigt:
Frauen sind weniger aggressiv, haben weniger Interesse an Technik, sind passiver, unselbständiger, weniger ehrgeizig als Männer, kreativ sind sie in feinmotorischen Bereichen, sie stricken, handarbeiten, töpfern – und das alles möglichst zum Nutzen der Familie.
Das, was später als natürlich weiblich oder als natürlich männlich gilt, wird unterschwellig in der frühen Kindheit, ja bereits im Säuglingsalter implantiert und später dann als angeboren interpretiert.
Je früher ein Verhalten gelernt wird, um so schwerer ist es als erworben erkennbar. Doch was »erworben« ist, ist auch veränderbar.

Das kleine Mädchen, das auf den Arm genommen, liebkost *und* festgehalten wird, sobald es sich von seiner Mutter entfernt, wird schneller zurückgeholt als der gleichaltrige Junge. Es lernt, daß es falsch (gefährlich? unschicklich?) ist, sich die Umwelt zu erobern.

Die deutlichste Methode, mit denen Mädchen gedrillt werden, sich auf Personen einzustellen, sich für Menschen zu interessieren (mehr als für Sachverhalte und Objekte), ist das Schenken von Puppen, die kleine Mädchen schon als Säuglinge bekommen. Jungen nicht. Bereits mit 10 Monaten wiegen sie ihre Puppen, manche Forscher nennen es den Puppenwiege-Reflex. Ironie oder bittere Fehlinterpretation? Fälschlich wird dies Verhalten als Mutterinstinkt interpretiert, es handelt sich aber um »das Ergebnis eines unablässigen Weiblichkeitsdrills«[20].

Die Liste der Beispiele, wie aus kleinen Kindern typische Männer und typische Frauen werden, ist lang. Einige sind augenfällig und bekannt: Jeder weiß, wie ein Mädchen gelehrt wird, mit Puppen zu spielen und daß Jungen mehr technische Spielsachen bekommen. Doch auch diese Fälle sind alltäglich: Eine Erzieherin berichtet begeistert, wie sie sich freut, wenn die kleinen Jungen sie über den Tisch ziehen. Sie amüsiert sich über den Witz und die Pfiffigkeit, mit denen sie sich den Regeln entziehen und ihre Pflichten vernachlässigen. Sie erzählt schmunzelnd, wie sie stillschweigend, manchmal mit ein wenig Widerstand, die Regelwidrigkeiten der Jungen hinnimmt. Bewunderung schwingt mit, wenn sie schildert, wie sie mit leisem Groll billigt, daß Jungen Abmachungen nicht einhalten. Jungen verunsichern sie, Mädchen kommen nicht so leicht bei ihr durch.[21]

Jungen erhalten mehr Spielsachen. Mädchen bekommen öfter etwas Nützliches, bis hin zur Aussteuer: Jungen haben Spaß, Mädchen bereiten sich auf ihre Hausfrauenrolle vor. Mädchen werden häufig entlastet, sie brauchen keine schweren Sachen zu tragen. Sind sie zu schwach? Während ihrer Menstruation sollen sie keinen Sport treiben, nicht schwimmen. Sind sie krank?

»Sei vorsichtig!«, eine Mahnung, die Mädchen immer wieder mit auf den Weg bekommen. Mädchen können nicht achtsam genug sein, überall lauern Gefahren. Unter dem Schein der Fürsorge lernt das Mädchen, nichts zu riskieren, und kappt sich später die Chance zu gewinnen. Sie erinnern sich: Ohne Risiko keine Chance auf Gewinn! Die Konkurrenz »Frau« wird früh ausgeschaltet.

Eine heimtückische Fallgrube für Frauen ist ihr Glaube, derjenige, der ihnen schadet, meine es in Wirklichkeit »nur« gut mit ihnen. Hinter der Bevormundung, hinter der Sanktion oder der »Unterstützung« stehe ein hehrer, uneigennütziger Wunsch zu helfen. Dafür müßte man dankbar sein. Selbst dann, wenn die Folgen nicht zum eigenen Besten waren. »Der gute Wille zählt.« Die Methode ist eine Form von *double-bind*: Das Verhalten enthält zwei widersprüchliche Botschaften. So geraten Frauen in eine hilflosmachende Situation. Gleichgültig, wie sie reagieren, es wird falsch sein. Die Beförderung im Beruf wird verweigert, unter dem Deckmantel der Fürsorge: »Du wirst dich übernehmen, davor schütze ich dich.« Die Falle darin: Kämpft die Betroffene für ihren Aufstieg, ist sie undankbar. Steckt sie zurück, verliert sie an Selbstbewußtsein.

Selbstbewußtes Entscheiden wird aber schwierig, wenn das Gespür, was einem guttut und was nicht, abhanden gekommen ist. So stand am Ende weiblicher Rollenerziehung oft ein Fakt: Frauen ziehen immer den kürzeren. Sie reagieren unlogisch, sind weitschweifig, listig und intuitiv. Der psychisch gesunde, reife Erwachsene ist deutlich anders, er ist analytisch, genau, abstrakt und direkt – ein typischer Mann. Frauen haben demnach entweder eine problematische Psyche oder sie sind Männer! Sie sind damit ungeeignet für verantwortungsvolle Aufgaben, eher prädestiniert dafür, unter Anleitung zu arbeiten.

Heute ist das doch alles anders, wird manche Leserin denken. Ich erziehe mein Kind zu einem selbständigen Erwachsenen, gleichgültig, ob das nun ein Mädchen oder ein Junge ist. Doch leider werden die Rollenstereotype unserer Vorfahren gnadenlos weitervermittelt. Oft ungewollt und unbewußt geben Eltern durch ihr Verhalten, durch ihre Gewohnheiten, durch Familienriten genau das weiter, was sie eigentlich vermeiden wollen:
Eine Flugingenieurin ist schwanger, sie wünscht sich einen Jungen, sie meint, Jungen sind an Technik von Natur aus interessierter als Mädchen und auch begabter.
Sofia ist fünf Jahre alt, sie spielt kaum mit Puppen, die aufgeschlossene Mutter schenkt ihr ein ferngesteuertes Auto – sie ist sich sicher, neutrale Erziehungsmuster zu besitzen. Das Auto, eine Eisenbahn und der kleine Werkzeugkasten sind Beweis genug. Doch die Falle schnappt zu, als Sofia wagemutig versucht, auf einen Baum zu klettern. Da holt ihre Mutter sie erschrocken zurück.
Betty will ihre Tochter zu einem starken Mädchen erziehen, dennoch trichtert sie ihr ein, mit Worten zu kämpfen; auch wenn sie angegriffen wird, nicht zurückzuschlagen, sich mit Worten wehren, nicht mit Fäusten. Tobt die Kleine, weil sie im Spiel verloren hat, erklärt Betty ihr: »Man spielt nicht um zu gewinnen, sondern um Freude *miteinander* zu haben.«
Immer wieder greift man automatisch auf die vertrauten Verhaltens- und Erziehungsmuster zurück. Es sind eben nicht die neuen, sondern die alten Besen, die gut kehren. Und man schlittert, trotz bester Vorsätze, unmerklich in alte Verhaltensweisen. Die sind vertraut, man fühlt sich sicher mit ihnen. Sie sind über Generationen hinweg verankert. Jede Mutter kennt das: Sie sagt einen Satz, gibt einen Kommentar und fühlt beklommen: »Wie meine Mutter.« Da war er, der Satz, der nie über ihre Lippen kommen sollte. Sie spürt förmlich die Betroffenheit ihrer Kindheit, wenn die

Mutter so mit ihr geredet hatte. Wie konnte sie so etwas nur sagen? Erschrocken erkennt man an sich genau die Ticks, mit denen die eigene Mutter die Familie zum Wahnsinn getrieben hat, oder schlimmer noch, Kinder oder Partner beschweren sich über solches Verhalten.
Es sind die frühen »Erziehungserfolge«, die später dazu beitragen, daß man Mädchen als typisch weiblich erkennt. Angeboren ist dieses Verhalten nicht. Es basiert auf geduldigem Training von: Freundlichkeit, Abhängigkeit und Anpassung. Leider bleiben Aktivitäts-, Unabhängigkeits- und Durchsetzungstraining in der frühen Kindheit für Mädchen eher eine Ausnahme.
Mädchen werden zwar auch zu einer Art Selbständigkeit und Selbstsicherheit erzogen, dabei handelt es sich aber eher um den Erwerb von Selbstversorgereigenschaften, wie Einkaufen, Kochen und Hilfsdienste für die Mutter im Haushalt. Mit wirklicher Unabhängigkeit, Selbstbewußtsein und mit Abenteuergeist hat das nichts gemein, es ist nur eine gut getarnte Form von Anpassungserziehung und Vorbereitung auf den zukünftigen Job als Dienende:
Kleinen Mädchen wird vermittelt, daß es gefährlich ist, sich außer Haus frei zu bewegen. Nicht zufällig leiden viele Frauen unter der Angst, den Schutz und die Geborgenheit ihrer Wohnung nicht verlassen zu dürfen. Schon früh wurde ihnen die Furcht eingepflanzt, sie seien draußen verloren, ihnen lauerten die unterschiedlichsten Gefahren, besonders wenn sie vorhatten, abends auszugehen oder gar in fremde Länder reisen wollten. Das ist doch nichts für Mädchen/Frauen, nachts in einer Kneipe rumzustehen oder einen Rucksacktrip durch Australien zu planen.
Die fürsorglichen Warnungen graben sich tief ein. Sie wirken schließlich stärker als die augenfällig andere Wirklichkeit. Eine Situation wird ohne genaue Überprüfung als gefährlich abgestempelt. Auch positive Gegenerfahrungen ändern nichts an der Grundüberzeugung.

Statt Impulsen Freiräume zu schaffen, wird den Mädchen suggeriert, daß sie besser bleiben, wo sie sind. Unter dem Deckmäntelchen von Fürsorge und Liebe werden Mädchen sanft gefesselt. So machen sie die Erfahrung, daß es gut ist, Schutz zu suchen und sich in vertrauter Umgebung, bei vertrauten Personen aufzuhalten.

Mit ähnlich subtilen Mechanismen wird ihnen vermittelt, daß sie keine Begabung für Mathematik oder Managementaufgaben haben, für jene Berufe, die allgemein als erfolgversprechende Männerberufe gelten. Schon früh werden Mädchen bestimmte Dinge abgenommen, sie werden entlastet, im besten Glauben, ihnen damit das Leben zu erleichtern, doch immer mit dem Effekt, sie lebensuntauglich zu machen. Später hält man Frauen höflich die Tür auf, hilft ihnen in den Mantel. Man könnte meinen, sie seien zu ungeschickt, sich selbst anzuziehen. Man öffnet ihnen die Autotür. Der Preis: Sie sitzen auf dem Beifahrersitz. Sie werden gefahren, doch der Fahrer bestimmt Weg und Tempo. Wieder haben sie die passive Rolle. Ein Ehemann sorgt für ihren Lebensunterhalt, sie müssen dafür brav und häuslich sein.

Zwar wissen viele um die fatalen Folgen früher, fürsorglicher Erziehungspraktiken, doch leider ändert das wenig am Erziehungsverhalten von Eltern. Eine Frau hat nichts davon, wenn sie weiß, daß ihre mathematische Begabung in ihrer Kindheit begraben wurde. Ihre Bremse ist ideologisch, doch das Wissen darüber ist ein winziger Schritt auf dem Weg, diese Bremse zu lösen. Diese Frau muß trotz der Überzeugung, nicht gut rechnen zu können, sich das Gegenteil beweisen. Das ist schwer.

Statt sich auf die Suche nach den eigenen versteckten Talenten zu machen, neigen Menschen dazu, ihre negativen Selbsteinschätzungen zu zementieren; auch wenn diese auf dem wackligen Fundament einer vorurteilsbehafteten Erziehung entstanden sind.

Ein siebenjähriges Mädchen erklärte mir: »Wir sind nicht so klug. Ich kann nicht so gut rechnen und schreiben wie die anderen in der Klasse.« Ihre Leistungen waren in Wirklichkeit genauso gut wie die der anderen Schüler. Die Kleine sprach aus, was ihre Mutter dachte. Mit dem »wir« war ihre Familie gemeint. Und die Mutter war der Ansicht: »Wir sind einfache Leute vom Lande, wir sind nicht klug genug. Wirklich gute schulische Leistungen können unsere Kinder nicht bringen.«

Möglich, daß sie tatsächlich nicht so klug war. Ich glaube aber, daß sie mehr gebremst wurde durch die negative Selbsteinschätzung der Familie und die daraus erwachsenden Erwartungen an ihr Leistungsvermögen als durch ihre wirklichen Anlagen. Ein völlig normales Verhalten für ein Kind. Wenn aber erwachsene Frauen ungeprüft Einstellungen und Meinungen aus Kindertagen auf ihr Erwachsenenleben übertragen oder Normen und Regeln anderer ungeprüft übernehmen, dann können sie nicht mehr verantwortlich handeln.

Daß Menschen nicht nur Gutes, sondern auch Schlechtes aus der Kindheit mit ins Erwachsensein nehmen, ist eine Tatsache. Vermeidbar hingegen ist, daß erwachsene Menschen sich ihr Leben lang durch die Mitgift der Kindertage bestimmen lassen. Ebensowenig müssen Frauen sich noch als Erwachsene an die Ratschläge halten, die sie als kleine Mädchen erhalten haben. Einige findet man im Poesiealbum wieder:

»Sei immer hilfreich und gut und verliere nicht den Mut.«

»Sage nicht alles, was du weißt, aber wisse alles, was du sagst.«

Oder allgemeine Lebensregeln, die Kinder mit auf den Weg bekommen, einige kennen Sie bereits aus dem »großen Betrug«:

Langes Fädchen, faules Mädchen!

(*Wer sich die Arbeit erleichtert, tut etwas Unrechtes.*)
Der Mann muß hinaus ins feindliche Leben!
(*Frauen sollen dankbar sein für das Leben am Herd.*)
Frauen dürfen arbeiten, Männer müssen!
(*Frauenarbeit ist unwichtig, Männerarbeit zählt.*)
Wer schön sein will, muß leiden!
(*Frauen müssen leiden.*)
Das Brautkleid deckt alles Herzeleid!
(*Das Wichtigste im Leben eines Mädchens ist die Heirat.*)
Mädchen, die pfeifen, und Hühner, die krähen, soll man beizeiten die Hälse umdrehen!
(*Frauen, die sich selbst behaupten, die unabhängig sind, müssen bekämpft werden.*)
Andere Botschaften werden eindeutig vermittelt:
Lächle, sei immer höflich, auch wenn dir nicht danach ist.
Laß deine Launen nie an anderen aus.
Mit einem Lächeln erreicht man mehr als mit tausend Argumenten.
Jede, die sich daran hält, bleibt in der Rolle des braven, unscheinbaren Mädchens und schürt eigene Vorurteile und bestätigt fremde.

Der trügerische Nutzen von Vorurteilen

Sozialpsychologisch oder tiefenpsychologisch betrachtet, haben Vorurteile durchaus ihren Sinn, sie dienen der Abgrenzung und der Aufwertung der Eigengruppe.[22]
Es entsteht ein Wir-Gefühl. Man grenzt sich zu Fremdgruppen ab. Man fühlt sich solidarisch, vertraut und sicher. Weicht man von der Norm der Eigengruppe ab, gleicht das einem Sprung in unbekannte Gewässer. Entweder man ertrinkt oder man erlebt etwas sehr Belebendes. Doch Vertrautes und Sicherheit aufzugeben, erfordert Mut.

Außerdem sichern Vorurteile bestehende Machtverhältnisse. Das hilft Menschen, sich zu orientieren, und bietet eine gewisse Verläßlichkeit. Aber es bedeutet auch, daß eingefahrene Verhaltensmuster und Rollenklischees stabil bleiben. Für Frauen heißt das, sie sind an ihrer »Ohnmacht« selbst beteiligt, solange sie die Vorurteile der traditionellen Frauenrolle bestätigen.
Andererseits schützen Vorurteile vor Angst und Selbstkritik. Sie stabilisieren das Selbstwertgefühl, sowohl das positive bis hin zur Selbstüberschätzung, aber auch das negative bis hin zum Minderwertigkeitskomplex.
Jede Form der Unterwerfung hält einen Menschen um so fester in seiner Abhängigkeit, je mehr er selbst glaubt, in diese Rolle hineinzupassen, hineinzugehören oder unwiderruflich darin gefangen zu sein.
Immer dann, wenn Frauen sich klein machen, brav sind, unmotiviert lächeln, dann stärken sie diejenigen, die sie abwerten und diskriminieren und schwächen – und damit sich selbst.
Und fatalerweise glauben sie irgendwann selbst, nicht viel wert zu sein. Um sich gut zu fühlen, brauchen sie die Bestätigung durch andere. Auch das ist Unterwerfung.
Unterwerfung kann dabei viele Gesichter haben. Betrachten wir uns einige genauer:

Formen der Unterwerfung

Lächeln ist eigentlich etwas sehr Schönes. Es drückt ein freudiges, behagliches Lebensgefühl aus. Jemanden anlächeln bedeutet, in Kontakt treten, Akzeptanz entgegenbringen. Lächeln wird aber zur Falle, wenn Frauen unangemessen lächeln, wenn das Lächeln zum Zwang wird. Dieses Dauerlächeln spiegelt die Selbstverleugnung.
Lächeln wird zur Unterwerfung, wenn es signalisiert: Ich will mich anpassen, ich mache mich klein, ich bin brav.

Meistens erfahren Frauen nicht, daß sie durch ihr Lächeln eine *Metabotschaft* senden, die sie hilflos und unterwürfig werden läßt:
Sie lächeln bittend, obwohl sie eine Forderung stellen.
Metabotschaft: Nimm meine Forderung nicht so ernst. Sie lächeln fragend, obwohl sie eine richtige Entscheidung getroffen haben.
Metabotschaft: Findest du die Entscheidung auch richtig?
Sie lächeln bissig, wagen es aber nicht, sich zu wehren.
Metabotschaft: Ich bin dir ausgeliefert, mir bleibt keine Wahl, ich halte den Mund.
Sie lächeln dumm und verbergen ihre Klugheit.
Metabotschaft: Ich bin dumm, ich brauche dich, du mußt dich nicht vor mir fürchten.
Sie lächeln verlegen, obwohl sie gute Leistungen gezeigt haben.
Metabotschaft: Es ist mir peinlich, wenn ich erfolgreich bin. Ich werde mir nichts darauf einbilden.
Sie lächeln gutmütig und täuschen über ihren Ärger hinweg.
Metabotschaft: Ich bin verärgert, aber ich habe nicht den Mut, es direkt zu zeigen.
Sie lächeln kokett, sie glauben, nur mit Koketterie ans Ziel zu kommen.
Metabotschaft: Verzeih mir meine Ungeschicklichkeit oder Dummheit, ich will auch immer lieb sein. Ich bin doch nur *eine Frau.*
Sie lächeln ertappt, wenn sie doch mal an sich selbst gedacht haben.
Metabotschaft: Ich werde es nie wieder tun. Verzeih mir.
Sie lächeln hilflos, wenn sie nicht weiterkommen.
Metabotschaft: Ich bin völlig harmlos, nur du kannst mir helfen.

Sie lächeln entschuldigend, obwohl sie sich zu Recht durchgesetzt haben.
Metabotschaft: Es tut mir leid, daß ich bekommen habe, was ich wollte. Ich bin bereit, das Ganze rückgängig zu machen.
Sie lächeln zögerlich, obwohl sie ihrer Sache sicher sind.
Metabotschaft: Ich bin bereit, meine Meinung zu ändern.
Auch Männer zeigen ähnliche Muster. Auch sie wollen beschwichtigen, einer direkten Konfrontation ausweichen. Dahinter stecken allerdings oft andere, selbstbewußtere Metabotschaften:
Ich bin im Recht und werde mich auf keine Diskussion einlassen.
Ich bin meiner Sache sicher. Tut mir leid, wenn du nicht mitziehen kannst.
Ich bin der King, du kannst reden, was du willst, ich denke mir meinen Teil.
Ich schweige nur, weil ich kein Theater haben will. Zustimmung bedeutet das nicht.
Die Metabotschaft der Männer lautet: *Ich will keinen Streit, aber im Zweifel gehe ich meinen eigenen Weg.*
Die Metabotschaften von Frauen zielen im Kern darauf: *Ich bin unsicher, im Zweifel werde ich zurückstecken.*
Die Liste des Unterwerfungslächelns ist lang. Und jedes Lächeln kann mehrere Metabotschaften beinhalten.

Frauen machen sich selbst abhängig

Wenn Frauen raffiniert und cool ihr Lächeln einsetzen, um andere gezielt hinters Licht zu führen, dann ist Lächeln eine wirksame Waffe. Wenn das Lächeln aber zu wesentlichen Teilen nur das Verstecken von Angst widerspiegelt und den Gegner beschwichtigen soll, dann ist es Unterwerfung.

Doch in vielen sozialen Situationen folgen Frauen der gesellschaftlichen Rollenvorgabe, höflich und versöhnlich zu agieren. Werden die Situationen kritisch oder unangenehm, dann sind sie damit beschäftigt, die Fassung zu bewahren. Auf den Gedanken, sich zu wehren, eine Attacke mit gleicher Münze heimzuzahlen, kommen sie nicht.

Neben der Angst, die vielen Frauen keine andere Reaktion als den lächelnden Rückzug läßt, schwingt für viele die Drohung mit, unweiblich und unattraktiv zu werden, wenn sie sich aggressiv und konsequent wehren. Sie verhindern damit, daß ihre natürlichen kämpferischen Impulse zum Vorschein kommen. Sie machen sich hilflos. Aggressive Impulse werden systematisch unterdrückt. (Viele Frauen behaupten sogar, solche Impulse nicht zu besitzen.) Ich glaube, ein solcher Verzicht auf Gegenwehr führt unweigerlich dazu, daß man von anderen nicht wirklich ernst genommen wird. Denn ein wehrloser Mensch löst höchstens Mitleid aus, wenn er die eigenen Belange nicht selbst regeln kann, er wird nicht als Partner betrachtet oder sonst irgendwie ernst genommen.

Mit der Entscheidung, auf eigene Wehrhaftigkeit zu verzichten, werden Frauen zwangsläufig zu Duckmäusern. Leider wird mit einer Vielzahl dieser unbewußten kleinen Entscheidungen eine Spirale der Unselbständigkeit und Abhängigkeit ausgelöst. Denn der Wehrlose braucht Schutz durch andere. Aber damit ist die Abhängigkeit nicht zu Ende: Jeder Mensch, der ohne konkrete Not seinen Handlungsspielraum begrenzt, also auf Fähigkeiten verzichtet, die er besitzt, wird in immer weiteren Bereichen eigene Unfähigkeit, sprich Hilflosigkeit, zeigen und sich im Laufe der Zeit sogar »beweisen«, daß er keine Fähigkeiten besitzt. Viele Frauen glauben, mehr oder weniger bewußt, daß ein starkes Selbstbewußtsein der Bereitschaft der anderen entgegenstehe, einer Frau Schutz zu gewähren. Sie fürchten, Selbständigkeit mit dem Verlust von Nähe, Vertrautheit, Intimität und Geborgenheit bezahlen zu müssen. Auch deswegen machen sie sich lieber abhängig, als selbstbewußt zu werden. Obwohl das Gegenteil der Fall ist. Menschen, die souverän und selbstbewußt sind, vermitteln, daß sie ihr Leben selbst meistern können. Brauchen sie mal Unterstützung, gewährt man sie gern. Der Helfer weiß, daß er nicht ausgenutzt wird. Es handelt sich um eine Ausnahme, jeder kommt ab und zu in die Situation, einen Rat oder eine Gefälligkeit in Anspruch nehmen zu müssen.

Nur am Rande möchte ich noch auf die Rolle von Kleidung in diesem Zusammenhang eingehen: Je höher der Absatz des Schuhes, um so unsicherer der Stand. Je enger der Rock, desto eingeschränkter die Bewegungsfreiheit. Auch wenn manche glauben, auf wackligem Fuß erreiche eine Frau leicht alles, was sie will, so bleibt diese »reizende Hilflosigkeit« doch eine Form der Selbstbeschränkung.

Die Spirale der Abhängigkeit dreht sich immer weiter, bei vielen kommt früher oder später eine wirtschaftliche Abhängigkeit hinzu, die fast immer mit einem weiteren Verlust an Selbstwertgefühl endet.

Am Schluß der Spirale kann eine schwere seelische Krankheit stehen. Sie entwickelt sich aus andauernder Überanpassung und Unterwerfung, in der ständigen Furcht vor Ablehnung. Der Mensch, der nur noch darauf schielt, daß er es allen recht macht, kann keine Nähe und soziale Verbundenheit mehr wahrnehmen. Er ist durch Verlustängste geprägt und wird die Freuden des Zusammenlebens nicht mehr spüren.

Eine gleichberechtigte Partnerschaft rückt in weite Ferne. Die Abhängigkeit von Eltern, Ehemännern, Lebenspartnern, Vorgesetzten eskaliert. Am Ende können sie wirklich nicht mehr für sich selbst sorgen. Sie sind nicht mehr in der Lage, allein Entscheidungen zu treffen, sich ihren Lebensunterhalt zu verdienen, einen Scheck auszufüllen, eine Klage bei Gericht einzureichen.

Der weibliche Verzicht

Es hat mich oft wütend gemacht zu erkennen, in welch vielfältiger Weise Frauen verzichten. Die Formulierung *Verzicht ist ein Frauenübel* hat sich mir aufgedrängt. Und dieser Verzicht geht fast immer mit Lächeln einher, wenn es auch jedesmal ein gequältes Lächeln ist. Aber es gibt auch eine andere Seite des weiblichen Lächelns. Wenn eine Frau ihr Lächeln oder ihr freundliches Gesicht bewußt als Strategie einsetzt, dann hat das druchaus seine Berechtigung. Es ermöglicht ihr, etwas leichter durchzusetzen, es überwindet Widerstand, oder es kann eine effektive Beschwichtigungsstrategie sein. Wenn ein Mensch aber in nahezu jeder Gemütsverfassung ein eingefrorenes Lächeln präsentiert, dann ist dieses Lächeln krank.

Es ist nicht so einfach, Lächeln den einzelnen Kategorien zuzuordnen: Lächelt man spontan oder funktional? Und wenn jemand funktional lächelt, geschieht dies mit einer ängstlichen Bereitschaft, sich zu unterwerfen, zu besänftigen oder mit einer starken inneren Zielsetzung und dem klaren Willen, den anderen zu steuern? Das erste nenne ich Unterwerfungsgrinsen, das zweite Lächeln nenne ich Machtlächeln.

Das Unterwerfungslächeln wird fast immer von Unterwerfungsgesten oder -ritualen begleitet.

Dazu zählen zum Beispiel folgende Handlungen. Sie lassen sich immer als Verzicht beschreiben:

- Verzicht auf Widerspruch
- Verzicht auf Intellektualität
- Verzicht auf Selbstbehauptung (Durchsetzungsfähigkeit)
- Verzicht auf eigene Normen
- Verzicht auf eigenes Einkommen, Erfolg und Anerkennung
- Verzicht auf Raum und Zeit

Ausschlaggebend für die Unterwerfung bleibt dabei die

Handlung. Das Lächeln ist lediglich ein Signal, darauf zu achten, ob jetzt eine Unterwerfung stattfindet.

Verzicht auf Widerspruch

Widerworte geben Frauen nur selten, sie laden sich die Bürde auf, fast jede Last klaglos hinzunehmen.
Gerlind beschreibt, wie sie bei ihrer Arbeit immer wieder Störungen erduldet. Sie sitzt in einem Durchgangszimmer, schon dagegen hat sie nicht protestiert. Jetzt fühlt sie sich verpflichtet, jeden Gruß wenigstens mit einem Blick zu beantworten, obwohl sie schwierige Zahlenkolonnen in den Computer eingeben muß und jeder Blick nach oben sie aus ihrer Zeile bringt.
Christel, ein ebenso braves Mädchen, arbeitet rund um die Uhr als Verkäuferin in einer Boutique, sie »freut« sich, wenn sie anderen einen Gefallen tun kann, auch wenn sie eigentlich etwas anderes vorhat. Im letzten halben Jahr hat sie an neunzehn Dienstleistungsdonnerstagen gearbeitet, rein rechnerisch käme sie jeden vierten Donnerstag an die Reihe. Auf dem nächsten Rangplatz steht eine Kollegin mit fünf Donnerstagen. Brave Mädchen verzichten widerspruchslos auf verdienten Lohn. Sie begnügen sich mit der wackligen Gewißheit, für ihre Freundlichkeit beliebt zu sein. Weiter bringt sie dieses Verhalten nicht.
Sie reiben sich verwundert die Augen, wenn die unfreundlichen, egoistischen »Zicken« an ihnen vorüberziehen und dabei nicht einmal Sympathie einbüßen. Hinter ihren Rükken wird getuschelt, doch immer schwingt Bewunderung mit, und die Tuschlerinnen suchen heimlich oder offen sogar die Anerkennung solcher »Powerfrauen«.
Ich habe mich auf sehr wenige Beispiele von mangelndem Widerspruch im Beruf beschränkt, denn dieser lächelnde Verzicht ist meist leicht zu erkennen. Diese Widerspruchslosen senden indirekt die Botschaft:

»Ich bin es nicht wert, um meiner selbst willen gemocht zu werden.«
»Wenn ich widerspenstig bin, will keiner etwas mit mir zu tun haben.«

Verzicht auf Intellektualität

Frauen begnügen sich oft damit, sich über ihr Aussehen und ihre Anpassungsbereitschaft zu definieren. Sie glauben, je schöner eine Frau, desto begehrter ist sie auch. Je anpassungsbereiter eine Frau sich verhält, um so größer wäre ihre Chance, daß eine Beziehung Bestand hat. Dafür sind sie bereit, alle anderen Eigenschaften aufzugeben, die einen Menschen selbstbewußt und unabhängig sein lassen. Sie verzichten darauf, ihren Verstand einzusetzen, sie verzichten darauf, ihre kritischen Gedanken zu formulieren oder danach zu handeln.

Eine intellektuelle Selbstverwirklichung streben sie nicht an, anspruchsvolle Lohnarbeiten erstreben sie nur optional, eine Notlösung. Sie hätten schon gern einen angesehenen Beruf und würden gern richtig Geld verdienen. Aber unbedingt muß das nicht sein, viel investieren möchten sie dafür nicht.

Zum Schluß reicht es doch aus, wenn sie einen Mann haben, der eine gute Stellung erreicht oder in Aussicht hat. Sie selbst suchen sich dann nur noch einen Job, für einige Stunden in der Woche, etwas Beschäftigung brauchen sie schon. Für diejenigen, die um jeden Preis einen Mann im Haus haben wollen, ist diese Strategie nicht mal verkehrt. Amerikanische Untersuchungen haben es gezeigt: Die Attraktivität einer Frau für die Ehe sinkt, je mehr Geld sie verdient, also je unabhängiger sie ökonomisch ist.[23]

Andere Studien[24] zeigen die Wechselwirkung zwischen intellektueller Herausforderung und der abnehmenden Sorge um das eigene Aussehen. In sogenannten Shopping-Unter-

suchungen fand man heraus: Je zufriedener eine Frau sich in ihrem Job fühlt, um so seltener kauft sie Kleidung ein.
Daß Aussehen angeblich wichtiger ist als Verstand, lernen junge Mädchen schon früh. In der Pubertät werden aus selbstsicheren, waghalsigen Mädchen – wenn sie je die Gelegenheit hatten, diese Potentiale aufzubauen – unsichere, nur noch auf ihr Äußeres bedachte Kichertanten. Sie verlieren ihre energische Unbekümmertheit. Aus unüberhörbaren, lauten und robusten jungen Mädchen werden unscheinbare, durchsichtige, zerbrechliche Geschöpfe. Sie konkurrieren nur noch darum, wer die Schönste an der Schule ist, wer sich am besten zurechtmacht, wer trägt, was »in« ist. Leistung ist kein echtes Thema mehr.
Jahrzehnte später, beim Klassentreffen erinnern sich Frauen selten an die rhetorische Gewandtheit, die Forschheit oder die Bereitschaft der Mitschülerinnen, ungestüm eigene Interessen zu vertreten. Sie erinnern sich eher daran, wie die anderen aussahen als an deren Fähigkeiten oder Talente.
Auch der Schmerz über eigene äußerliche Unzulänglichkeiten bleibt für viele Frauen ein Leben lang präsent. Sie leiden an zu dünnen Beinen, zu wenig oder zu viel Busen, daran, daß sie schon immer gern Locken gehabt hätten oder eine andere Haarfarbe und daran, daß ihre Augen zu eng beieinander stehen oder zu klein sind.
Und auch heute noch weinen junge Mädchen über ihr Aussehen. Sie verbringen Stunden damit, sich den jeweiligen Schönheitsidealen anzupassen, und leiden sehr, falls das nicht gelingt. Sie üben von klein an zu gefallen.
Die unausgesprochenen Intellektualitätsverzichte kumulieren:
»Da ich sonst nichts vorzuweisen habe, muß ich wenigstens möglichst gepflegt aussehen.«
»Mit einem angenehmen Äußeren kommt man weiter als mit Klugheit.«

Verzicht auf Selbstbehauptung

Mangelnde Durchsetzungsfähigkeit ist ebenso eine subtile Form der Unterwerfung wie die anderen Verzichte vorher. Beispiele finde ich täglich in meinen Seminaren. Frauen wehren sich zu leise. Ihr Widerstand, ihre Kritik und ihr Ärger verpuffen wirkungslos. Sie halten letztlich doch still, wenn ihnen Unrecht geschieht, wenn sie ausgenutzt oder respektlos behandelt werden.
Ines arbeitet seit drei Jahren halbtags im Büro eines Familienunternehmens. Sie war für die gesamte Büroarbeit allein zuständig. Vor seinem letzten Winterurlaub bat ihr Chef sie, während seiner Abwesenheit ganze Tage zu bleiben. Ines willigte sofort und selbstverständlich ein. Auf der nächsten Gehaltsabrechnung war keine einzige Überstunde vergütet worden. Als sie fragte, wann die Überstunden vergütet würden, war ihr Chef empört, daß Ines Geld verlangte. Schließlich sei es doch nur eine Gefälligkeit gewesen, schließlich habe sie fast nichts zu tun gehabt, außer einige Telefonate anzunehmen. Ines grummelte ein paar Sätze, sie hatte Angst, ihren Chef zu verärgern und ihren Ruf als engagierte und zuverlässige Mitarbeiterin zu verlieren.
Die Frau des Chefs sagte ihr Monate später, ihr Mann hätte kein Geld zu verschenken, und ohne Verabredung bräuchte er ihr wirklich nichts für ihre Mehrarbeit zu zahlen, aber wenn sie deutlich »auf den Putz geschlagen hätte«, wäre sie sicher an ihr Geld gekommen. Der Rat kam zu spät. Die Arbeit hatte ihr immer weniger Spaß gemacht, sie war das Gefühl, betrogen worden zu sein, nicht losgeworden. Ein halbes Jahr später kündigte sie. Ihr Geld hat sie nicht bekommen.
Selten bekommt man das, was man »verdient hat«, freiwillig.
Maike ist Abteilungsleiterin in einem Großunternehmen. Ihr Assistent übergeht sie, selbst wenn es sich um wichtige

Entscheidungen handelt, die er zwingend mit ihr absprechen müßte. Maike ist darüber sehr aufgebracht, zumal seine Entscheidungen selten ihre Zustimmung finden. Dennoch weist sie ihn nicht in seine Schranken. Sie macht auch seine Entscheidungen nicht rückgängig, selbst wenn sie falsch sind und die Firma teuer zu stehen kommen. Sie will vermeiden, daß er sein Gesicht vor den Mitarbeitern verliert, sie tut so, als trage sie seine Entscheidungen mit.
Dieser Respektlosigkeit kann nicht mit Zureden und Abwarten begegnet werden. Maike hat nur eine Chance, ihre Stellung dauerhaft zu behaupten: sie muß ihren Assistenten deutlich maßregeln, die falsche Entscheidung korrigieren, die übrigen Mitarbeiter in Kenntnis setzen und die Kompetenzen verdeutlichen.
Mit problematischen Einstellungen »wehren« Frauen sich häufig gegen kämpferische Selbstbehauptung:
»Mein weiblicher Führungsstil muß sich von den aggressiven Mustern der Männer deutlich abheben.«
»Zurechtgewiesene Mitarbeiter werden mir nicht mehr vertrauen.«
Der Abschied von den weiblichen »Tugenden« fällt schwer.

Verzicht auf eigene Normen

Frauen neigen dazu, sich weitgehend den gesellschaftlichen und sozialen Normen zu fügen, auch dann, wenn sie sich schlecht dabei fühlen. Sie zweifeln an sich, nie an den Regeln.
Diese Form des Verzichts wird besonders bei Müttern sichtbar. Sie stecken tief in dem Gefühl, sie müßten mindestens die ersten drei Lebensjahre bei ihrem Kind bleiben. Die Regelungen des Mutterschutzes verleihen diesem Aberglauben einen amtlichen, gesetzlichen und tarifvertraglichen Anstrich.

Untersuchungen liefern aber Hinweise, daß dem kleinen Erdenbürger kein Schaden zugefügt wird, nur weil seine Mutter nicht ständig um ihn herumhüpft.
Selbst die Mütter, die vielleicht Zweifel an den alten Regeln hegen, halten sich indirekt doch daran. Ihre Ausrede: Sie hätten nichts von ihrem Kind, wenn sie arbeiten. Untersuchungen zeigen jedoch, berufstätige und nicht berufstätige Mütter befassen sich etwa gleich lange mit ihrem Nachwuchs. Gemeint ist die Zeit, die wirklich mit dem Kind verbracht wird, vorlesen, spielen etc., *keine* Taxidienste, kein Essen zubereiten und ähnliches.
Trotzdem unterwerfen sich jedes Jahr Hunderttausende von Frauen der Norm: Eine gute Mutter gehört (zu) ihrem Kind. Nach längerer Berufspause stellen sie fest, die Rückkehr an den Arbeitsplatz ist wesentlich schwerer, als ihnen vorgegaukelt wurde. Jedes Jahr versuchen in Westdeutschland 320 000 Frauen wieder im Arbeitsleben Fuß zu fassen. Doch ihre Einstiegschancen sind schlecht, und an eine gute Position oder an Aufstieg ist nicht zu denken.
»Sie haben zu deutlich gezeigt, daß sie an Arbeit nicht wirklich interessiert sind«, sagte ein Personalleiter. Sie haben sich an eine überkommene Regel gehalten und werden damit zum unsicheren Kandidaten am Arbeitsplatz abgestempelt.
Denkweisen, die Frauen in diesen traditionellen Normen gefangenhalten, klingen ungefähr so:
»Ich habe es leichter, wenn ich mich an das halte, was die meisten machen, dann ist mein Risiko kleiner, etwas falsch zu machen bei der Kindererziehung.«
»Wenn ich mich nicht an die anerkannten Regeln halte, bin ich voll verantwortlich, wenn etwas schiefgeht. Dann steht keiner an meiner Seite, es hagelt nur noch Kritik.«
Solche Überlegungen stellen, aus meiner Sicht, den schwerwiegendsten Verzicht auf eigene Vorstellungen dar. Wenn Frauen die Rollenmuster des eigenen Geschlechts aufbre-

chen wollen, dann ist ein Normenwandel unerläßlich. Das heißt, Abschied nehmen von den häuslichen Standards: täglich Betten machen, wöchentlich Staubwischen, mindestens eine warme Mahlzeit am Tag, und anderes ist passé. Nur geschminkt aus dem Haus gehen, darauf bedacht sein, einen guten Eindruck zu machen, auch mit der Kleidung der Kinder, täglich die Hausaufgaben begleiten – das alles kann nicht das Wichtigste sein.

Verzicht auf wirtschaftliche Unabhängigkeit

Wenn ich materielle Unabhängigkeit für Frauen oder von Frauen fordere, ernte ich die größten Widersprüche. Frauen glauben zu gerne an den Geschlechtervertrag, der ihnen männliche materielle Absicherung garantiert. Sie verzichten auf eigene Rentenabsicherung, auf berufliche Herausforderungen und eigenen Besitz.
Sie stellen über 50% der Abiturienten, knapp 50% aller Studierenden, aber nur 5% aller Manager. Die Zahlen sprechen für sich. Frauen verzichten auf eine qualifizierte, anspruchsvolle Beschäftigung und zementieren ihren geringen Anteil an gesellschaftlicher Macht.

Verzicht auf Ausbildung

Mädchen und junge Frauen wissen selten genau, was sie tun, wenn sie auf eine zukunftsträchtige Ausbildung verzichten. Sie geben ihre Zukunft in die Hände eines fiktiven Mannes, von dem sie nichts wissen, an den sie aber ungewollt ihre Lebenschancen abtreten.
Doerte verzichtete auf die Möglichkeit, Zahnmedizin zu Ende zu studieren, um die Praxis ihres kinderlosen Onkels zu übernehmen. Statt dessen heiratete sie einen angehenden Biologen. Der fand nach dem Studium allerdings keine adäquate Anstellung, sondern hält sich als Handelsreisender

über Wasser. Sie litt sehr unter seiner Misere und äußerte ihr Bedauern darüber, daß er unfähig ist, einen guten Job an Land zu ziehen, der ihrem gewohnten Lebensstil angemessen wäre. Beide haben wohlhabende Eltern, die dem »Studentenhaushalt« zuschossen. Sie schämt sich für *seine* Mißerfolge. Sie kommt nicht auf die Idee, daß sie für *ihr* Leben genauso verantwortlich ist. Daß sie keine erfolgreiche Ärztin geworden war, betrachtete sie lediglich als eine Erleichterung für ihren Mann: »Er wäre sonst noch niedergeschlagener.« Sie hätte mit Sicherheit die Fähigkeit dazu gehabt, Ärztin zu werden, doch der Gedanke, selbst zu arbeiten, kommt ihr nicht.
Sonny, Apothekenhelferin, arbeitete drei Jahre hart auf dem Abendgymnasium, sie wollte danach Pharmazie studieren. Sie verzichtete dann aber doch auf ein Studium, denn sie hatte einen Mann kennengelernt, der kein Akademiker war. Für ihn wäre es, nach ihrer Vorstellung, beschämend, wenn sie eine bessere Ausbildung hätte als er. Sie wurde Hausfrau und Mutter.
Das sind Beispiele für Frauen mit sehr guten Bedingungen für eine berufliche Ausbildung. Für Frauen, bei denen die Voraussetzungen schlechter sind, wird der Verzicht auf Ausbildung eine alltägliche, kaum noch registrierte Normalität. Für Frauen mit Hauptschulabschluß heißt das: gleich in die Fabrik oder in den Supermarkt. Sie nehmen einen Anlernjob und freuen sich über 200 Mark mehr im Monat, wenn sie sich mit der Freundin vergleichen, die eine Lehre macht. Bei einem mittleren Abschluß machen die meisten Frauen heute eine Lehre und schließen sie auch ab, aber dann verzichten sie auf einen ohne weiteres möglichen Wechsel zu einer Fachhochschule.
Der Lebensentwurf ist auf allen schulischen Bildungsstufen letztlich gleich: Viele Frauen verzichten darauf, ihre Grundbildung zu einem maximalen beruflichen Abschluß zu ergänzen.

Verzicht auf beruflichen Erfolg

Wenn Frauen heiraten und das erste Kind bekommen, setzt sich die Kette des Verzichtens fort. Für fast jede Frau bedeutet Mutterschaft einen absoluten Karriereknick, für viele sogar einen Karriereabsturz.

Wenn das Einkommen der Frau kein unverzichtbarer Teil des Familieneinkommens ist, zögert sie in der Regel den beruflichen Wiedereinstieg lange hinaus, ihre Aussichten auf adäquate Entwicklung ihrer beruflichen Möglichkeiten werden dadurch immer schlechter.

Aber Verzicht auf Beruf, das kann es selbst nach einem akademischen Abschluß und besten Berufsaussichten geben. Grete und ihr Mann hatten beide Forstwirtschaft studiert. Grete nahm nach ihrem Studium keine Stelle an. Sie hätte sich zwangsläufig auf die gleichen Stellen beworben wie ihr Mann, und eine solche Konkurrenz schien ihr »unredlich«. Sie hatte einen besseren Abschluß und in Vorstellungsgesprächen wahrscheinlich wirklich bessere Aussichten. Sie hat bis heute, etwa vier Jahre danach, keine Stelle angenommen, sondern sie ist mit ihrem Mann in ein niederbayerisches Forstrevier gezogen.

Frauen, die glauben, ohne eigenes Einkommen sicher durchs Leben zu kommen, liefern damit die Basis für ihr Sklavendasein. Mangelnde Ausbildung, lange Beschäftigungspausen, Verzicht auf Qualifizierung, das sind die Mosaiksteine des abhängigen Lebens.

Mit Dutzenden von Frauen habe ich diese Frage diskutiert, und immer wieder bestätigten sie: Wer letztlich fragen muß, um eine Ausgabe zu tätigen, bleibt immer etwas schuldig. Auf dieser Schuld läßt sich kein tragfähiges Selbstwertgefühl aufbauen und wahrscheinlich auch keine echte Partnerschaft.

Die geschrumpfte Frau
Frauen verzichten nicht nur auf eigenes Einkommen und finanzielle Unabhängigkeit, sondern sie verzichten auch auf eigene Zeit und einen eigenen Raum, wobei beides oft zusammenhängt. Diesen Verzicht leisten sogar viele Frauen, die über eigenes Einkommen verfügen. Dieser Verzicht wird selbst in ihrer Körpersprache sichtbar. Sie erinnern sich: Frauen machen sich häufig schmal, nicht nur um einem Schönheitsideal zu entsprechen.

Frauen haben heute selten ein »Zimmer für sich allein«. Die wenigsten haben einen eigenen Platz in der Wohnung. Einige haben ein Bügel- oder Nähzimmer, so groß wie eine Abstellkammer, und das auch nur, weil sie dort Dienstleistungen für die Familie verrichten, ohne daß die Wohnräume durch herumliegende Bügelwäsche ungemütlich werden.

Frauen sollen die gesamte Wohnung oder das ganze Haus als ihres ansehen, damit sind sie dann überall für Ordnung und Sauberkeit zuständig. Sie sind gezwungen, sich mit ihren Freizeitbedürfnissen der Familie anzupassen. Freundinnen kommen zum Kaffee und verschwinden wieder, wenn der Ehemann heimkommt. Bücher können gelesen werden, solange bis irgend jemand das Fernsehgerät einschaltet. Und mit dem Telefon muß die Frau in den Flur verschwinden, wenn sie ein längeres Gespräch führen will.

Frauen stimmen ihren Tagesablauf so ab, daß keiner zu kurz kommt. Ihre eigenen Wünsche planen sie nicht ein. Zeit für sich nehmen sie dann, wenn noch etwas übrigbleibt. Das geschieht so gut wie nie, und wenn sie dann am Abend oder am Wochenende entschieden haben, wenigstens die Hausarbeit liegenzulassen, sind sie zu erschöpft, etwas zu unternehmen, das ihnen Freude bereitet.

Die geschrumpfte Frau zeigt: »Das, was ich tue, ist nichts Wichtiges, ich benötige für mich keinen bestimmten Ort oder besondere Ruhe. Ich habe keine eigenen Interessen, für die ich ungestört sein müßte.«

Der Alltag vieler Frauen folgt diesem Prinzip. Sie verzichten auf Platz, und sie sind schnell bereit, Platz abzugeben oder wegzurücken. Treffen Mann und Frau auf dem Bürgersteig aufeinander, weicht meistens die Frau aus. Wenn auch die Höflichkeitsregel der Dame den Vortritt zubilligen würde, wird er doch nur attraktiven oder selbstbewußten Frauen gewährt, was das Ganze noch schlimmer macht.
- Weichen Sie vor Konfrontation nicht aus!
- Gönnen Sie sich ausreichend Bewegungsraum!
- Bestehen Sie auf Ihrem Recht, ungestört zu sein!

Frauen verfügen im Beruf oft über deutlich kleinere Räume und über schlechter gelegene Büros. Eine Chefsekretärin berichtete, in ihrem Büro stehe der »Küchenschrank« mit Kaffeemaschine, Waschbecken und Abfalleimer. Alle paar Minuten käme jemand herein, grüße, erzähle etwas, koche Kaffee, werfe Essensreste weg oder spüle kurz einen Apfel ab. Jedesmal werde sie dabei in ihrer Arbeit unterbrochen. Ihre Proteste wurden übergangen, man bezeichnete sie als feindselig und wichtigtuerisch. Man sagte ihr nach, sie täte so, als würde sie hochqualifizierte, Konzentration erfordernde Arbeit leisten. Sie wollte nicht arrogant wirken. Niemand nahm sie ernst. Kein Wunder, eine leicht gerümpfte Nase, ein »schiefer« Blick reichten aus, sie zum Schweigen zu bringen.

Heute hängt ein Schild an ihrer Tür: Bitte nicht stören! Daran halten sich sogar die Abteilungsleiter, nachdem sie es wagte, ihren ganzen Zorn über ihre Arbeitsmisere herauszulassen.

Genauso leicht wie auf Raum verzichten Frauen auch auf Zeit. »Keine Zeit, diesen Satz gibt es bei mir nicht«, verkündet Elisabeth stolz. Sie nahm es als Tugend für sich in Anspruch: Immer Zeit für andere zu haben. Sie würde niemals jemanden warten lassen, wenn sie es irgendwie einrichten könnte.

Dabei war es gleichgültig, was sie gerade tat (und sei es noch so wichtig für sie persönlich, sie hörte einfach damit auf) oder was derjenige von ihr wollte. Andere Menschen hatten immer Vorrang. Elisabeth will aber noch (?) besser werden, denn oft ärgerte sie sich über ihre Ungeduld. Sie wird »kribbelig«, wenn Leute zu lange bleiben. Sie bekommt dann sofort Schuldgefühle, weil sie nicht »freundlich« genug fühlt.

Sie nimmt sich selbst so unwichtig, daß sie sich immer den Zeitdiktaten anderer unterwirft. Wenn die Kinder, 13 und 16 Jahre alt, mit ihr reden wollen, hört sie auf zu lesen und wendet sich ihnen zu. Wenn die Großeltern sonntags zum Kaffee kommen wollen, sagt sie den Spaziergang mit Freunden ab und kümmert sich um Oma und Opa.

Wenn Freunde abends sehr lange bei ihr bleiben, lächelt sie freundlich und unterdrückt ihr Gähnen, damit die Gäste sich nicht hinauskomplimentiert fühlen.

Zeit zu haben, ist ein »Privileg« der Machtlosen. Die Mächtigen gehen mit der Ressource Zeit knausrig um. Sie behaupten, keine Zeit zu haben, und drücken damit aus, daß sie Wichtigeres tun müssen.

Die Armen, die Arbeitslosen, die Machtlosen und die Frauen haben stets Zeit. Sie haben Zeit zu verschenken.

Zeit ist Geld, das gilt nur für die, die entschieden haben, ungestört und konzentriert zu arbeiten.

Die Zeit der Mächtigen ist ein teures Gut. Um mit ihnen in Kontakt zu kommen, braucht man einen Termin. Und nicht jeder bekommt Zeit eingeräumt, je mächtiger der Betreffende ist, desto weniger Menschen wird Zugang zu ihm gewährt. Weibliche Vorgesetzte setzen diese Regel außer Kraft. Sie glauben oft, ihre Türe müsse jederzeit offenstehen. Sie halten es für den neuen, weiblichen Führungsstil. Die offene Tür als Symbol für Einfühlung und sensible Führung.

Sie haben immer und für jeden Zeit. Es ist eine Methode, sich zu unterwerfen.

Wie alle Unterprivilegierten verfügen Frauen nicht wirklich selbst über ihre Zeit. Die Ehefrau richtet sich nach den Zeitvorgaben ihres Mannes. An jedem schönen Sommertag strömen zwischen 16.00 und 16.30 Uhr Heerscharen von Frauen aus dem Schwimmbad, um vor ihrem Mann zu Hause zu sein, sie bereiten ihm das Essen und öffnen ihm die Tür.
Gerade in der letzten Woche erlebte ich eine häßliche Szene. Ein Ehemann kommt von der Arbeit heim und brüllt seine fast erwachsene Tochter an, wo denn die Mutter sei, sie wisse doch, daß er jetzt nach Hause käme und seinen Kaffee wolle. Jeden Nachmittag war Mutter zur Stelle, diesmal hatte sie sich verspätet, sein Wutgeheul dröhnte durch das Haus. Rüttelte da etwa jemand am Machtgefüge? – Wehret den Anfängen!
Die Szene ist keine Ausnahme. Jeden Abend, jeden Sonntag, jeden Urlaub und jeden Feiertag springen Frauen und Kinder nach der Zeitpfeife des Mannes und Vaters, manche stehlen sich unter Vorwänden davon, aber viele funktionieren gut, schließlich ist er es, der das Geld nach Hause bringt.
Wer das Geld hat, hat die Macht. – Eine Binsenweisheit, aber auch eine Realität.
Wer Macht besitzt, kann nicht nur über seine eigene Zeit frei verfügen, sondern auch über die Zeit der anderen. Das ist im Privaten so und im Beruf.
Die Frau hat einen niedrigeren Status als der Mann, sie hat nicht das Recht, ihn warten zu lassen. Ebensowenig, wie ein Angestellter seinen Vorgesetzten warten läßt oder ein Patient seinen Arzt. Wartet die Ehefrau nicht auf ihren Mann, so nimmt dieser an, daß er an Wert verliert. Sie hat offensichtlich Wichtigeres zu tun – das bedroht ihn, und er verteidigt aggressiv sein Zeitterrain.
Viele kennen das Gefühl, vor Prüfungen warten zu müssen oder vor einem Bewerbungsgespräch. Je länger die Wartezeit, desto unruhiger wird der Wartende, und desto mehr

sinkt das eigene Selbstwertgefühl. Überschreitet die Wartezeit eine individuelle Toleranzschwelle, findet man sich in einem desolaten Zustand wieder, man kann sich und seine Fähigkeiten nicht mehr angemessen an den Mann bringen.

Die Erwartung, Frauen hätten immer Zeit, wird leider durch das Verhalten vieler Frauen bestätigt. Sie verbauen sich ihr Recht auf eigene Zeit, eigene Interessen und Selbstbestimmung, und schließlich sind sie abgehetzt und überarbeitet, sie haben zugelassen, daß andere sich ihrer Zeit bemächtigen. Sie tun, was man ihnen sagt. Am Ende fühlen sie sich herumgestoßen, wertlos, ungeschickt und dumm.

Anders die bösen Mädchen: Sie nehmen sich jeden Tag eine Spanne Zeit, in der sie etwas tun, was ihnen persönlich Spaß macht, wichtig ist oder einfach nur guttut. Egal ob sie berufstätig sind oder »Nur-Hausfrau«, gleich ob sie Sport treiben, spazierengehen, sich hinlegen, etwas lesen, sich ein Bad gönnen oder einfach nur Däumchen drehen und Löcher in die Luft gucken. Sie tun, was gut für sie ist – ohne Schuldgefühle.

Böse Mädchen kommen überall hin
– auch in den Himmel ... auf Erden!

Aufmüpfige Mädchen sind keine neue Erscheinung der heutigen Zeit.
Schon Florence Nightingale, die Begründerin der ersten Krankenpflegeschulen, gehörte auf ihre Art dazu. Sie verweigerte den Eltern den Gehorsam, sie schlug eine »aussichtsreiche« Heirat aus und nahm einen heftigen und langanhaltenden Streit in Kauf. Zwar litt sie unter dem Kummer, den sie ihrer Mutter damit machte, aber sie setzte sich durch: »Wenn man mit Flügeln geboren wird, sollte man alles dazu tun, sie zum Fliegen zu benutzen.«[25]
Viele Beispiele mutiger, kämpferischer Frauen folgten ihr. Zum Beispiel Golda Meir, sicher eine der bedeutendsten weiblichen Politikerinnen. Sie brachte ihren Willen zu Siegen auf die Formel: »Nichts im Leben kommt von selbst. Es genügt nicht, etwas zu glauben; man muß auch die Kraft haben, Hindernisse zu überwinden und zu kämpfen.«[26] Ihr Ziel war Sieg, nicht eine Position. Das Angebot, stellvertretende Ministerpräsidentin zu werden, beantwortete sie mit dem berühmt gewordenen Zitat: »Lieber hauptamtlich Großmutter als halbamtlich Ministerin!«[27]
Auch weibliche Unabhängigkeit hat eine Tradition. Coco Chanel sah den Wert des Geldes, gab ihm aber einen neuen Sinn für Frauen: »Geld hat mir niemals viel bedeutet, die (damit erreichbare) Unabhängigkeit jedoch viel.« Und eine weitere Tugend der bösen Mädchen vertrat Coco Chanel, sie forderte auch von Frauen Stehvermögen in Konflikten und

Fehlschlägen: »Es sind nicht die Erfolge, aus denen man lernt, sondern die Fiaskos.« Ihre Devise: »Gut ist es, wegzustecken und weiterzumachen.«[28]
Frauenmut wird auch heute immer wieder belohnt: Von Sabine Christiansen sagt man, sie habe solange insistiert, einfach von sich behauptet, genau die Richtige für diesen Job zu sein, bis sie ihn bekam, das ursprüngliche Stellenprofil erfüllte sie eigentlich nicht, aber ihre Hartnäckigkeit, ihre Überzeugungskraft und ihr Selbstbewußtsein haben sie nach oben gebracht – Kompetenz allein reicht nie.
Das sind die Sterne am Prominentenhimmel. Doch auch die ganz normale Frau, »die Frau von nebenan«, zeigt zunehmend Biß und Siegeswillen. Unter den Personen, die sich für Selbständigkeit entscheiden, wächst kontinuierlich der Anteil der Frauen. Der Prozentsatz berufstätiger Frauen wächst, der Anteil der Mütter, die nach Schwangerschaft relativ schnell wieder ins Berufsleben zurückkehren, steigt, und mehr Frauen als Männer beantragen die Scheidung.
Was ist diesen Frauen gemeinsam:
Sie verletzen Regeln.
Sie stellen eigene Regeln auf.
Sie stellen unmißverständliche Forderungen.
Sie sagen klipp und klar NEIN.
Sie lassen sich von niemandem verunsichern.
Sie haben eine Vision ihres persönlichen Wegs.
Sie denken groß, nicht klein(kariert).
Sie verschaffen sich Erfolgserlebnisse.
Sie wollen nicht um jeden Preis gefallen.
Sie haben keine Angst vor Kritik.
Sie lassen sich nicht mundtot machen.
Sie akzeptieren: Ohne Risiko gibt es keinen Gewinn.
Sie nutzen ihre Energie für IHRE Ziele.
Sie sind stolz auf ihre Erfolge.
Konkurrieren macht ihnen Spaß.

Sie sprechen eine direkte Sprache und machen sich weniger Gedanken über das, was andere tun und denken könnten.
Die bösen Mädchen haben Lust zu siegen.
Siegen-Wollen ist der starke positive Wunsch, der letztlich zusammenfaßt, worauf Frauen häufig verzichten.
Frauen brauchen eine Siegermentalität. Sie müssen an Hindernissen wachsen wollen und an Widerständen die eigene Kompetenz schärfen. Sie haben gute Chancen. Denn Durchhaltevermögen und Zähigkeit sind weibliche Tugenden.
Streitbare, unbequeme Frauen kommen weiter. Das ist eine Tatsache, obwohl wir in unserem Kulturkreis gelernt haben, daß Ärger und Wut und Durchsetzungswille etwas Negatives sind. Und besonders Frauen leugnen ihre heftigen Gefühle solange, bis sie sie nicht mehr wahrnehmen. Das gipfelt darin, daß »gute Mädchen« sich oft diffus unwohl fühlen und leicht krank werden. Böse Mädchen hingegen haben gelernt, zielgerichtet zu streiten. Sie akzeptieren, daß es keine zwischenmenschliche Beziehung ohne aggressive Gefühle gibt.
Böse Mädchen haben keine Angst vor Aggression, weder vor der eignen noch vor fremder.
Böse Mädchen nutzen ihre Aggression als Energiequelle. Auch wenn sie auf sich selbst zornig sind. Nicht Selbstzweifel und Selbstzerstörung sind *ihre* Lösungen, sondern nach innen und außen gerichteter Mut.
Ärger und Wut aktivieren sie zu Taten. Sie sind bereit zu handeln.
Sie sind wachsam und entlarven versteckte Aggression als das, was sie ist. Krankheitstyrannen können sie nicht beeinflussen. Sie sind nicht erpreßbar. Weder das »schwache Herz« des Vaters noch der Migräneanfall ihres Partners halten sie davon ab, ihre Meinung zu sagen oder ihre Forderung zu stellen. Sie zeigen Verständnis, nehmen in

Grenzen Rücksicht und gehen dabei doch konsequent ihren Weg. Sie wollen andere nicht retten und sehen es nicht als ihre Lebensaufgabe an, bei Männern den weichen Kern unter der harten Schale zu suchen. Sie bestehen darauf, anerkannt und respektiert zu werden.

Sie wehren sich gegen die »Leider«, die versuchen, ihre Interessen auf subtile Weise durchzusetzen. Sie lassen sich nicht einreden, zu deren Krankheit beizutragen, wenn sie sich wehren. Sie haben keine Angst, als herzlos zu gelten.

Sie wissen sich zu wehren, auch gegen diejenigen, die ihnen »helfen« wollen. Sie wissen, daß unter dem Deckmantel der Hilfsbereitschaft oft der heimliche Aggressor lauert. Er blockiert ihre Schritte in die Eigenverantwortlichkeit.

Sie fallen nicht herein auf die Tränen, die Empfindlichkeit, die Zartheit und die Schwäche derjenigen, die sich selbst hilflos machen. Sie demaskieren die Hilflosen, entblößen ihre Stärke, die zu Tage tritt, sobald sie gezwungen sind, massiv und lautstark um ihren Status zu kämpfen.

Böse Mädchen erkennen Vergeßlichkeit, angebliche Mißverständnisse und Hinhaltetaktiken als indirekte Aggression, die dazu dient, sie stolpern zu lassen. Sie wehren sich dagegen, statt hilfloses Verständnis zu demonstrieren.

Das gilt im Beruf und in der Partnerschaft. Sie lassen sich nicht verrückt machen. Ihr Maßstab sind ihre ureigensten Überzeugungen und Emotionen. Signalisiert ihr Gefühl ein diffuses Unbehagen, suchen sie nach den Ursachen. Sie zweifeln dabei nicht an sich selbst, sondern richten ihren Blick nach außen. Sie lassen sich nicht piesacken von denen, die oberflächlich lieb scheinen. Sie lassen sich ihre Sorgen, Schmerzen oder Ängste nicht ausreden von denen, die ihnen einreden wollen, zu wissen, was gut für sie sei. Und sie lassen sich nicht in Panik versetzen von denjenigen, die versuchen, sie in Furcht zu versetzen, sobald sie zaghafte Zeichen von Selbständigkeit zeigen. Droht ihnen jemand Katastrophen an, sobald sie ihre Wünsche äußern, sind sie eher bereit, mit den Folgen zu leben als klein beizugeben.

Im Zweifel trennen sie sich von anderen, nie von sich selbst!

Anmerkungen

1. Robert K. Merton führte den Begriff in die moderne Soziologie ein, bereits 1885 ist der Begriff bei Ebbinghaus zu finden.
   Merton, Robert K.: 1948 The Self-Fulfilling-Prophecey, zitiert nach Peter H. Ludwig
2. Ehrhardt, Ute, Wilhelm Johnen: *Frauen steigen wieder ein*, München 1991
3. *Das moderne Lexikon*, Gütersloh 1974
4. Kück, Marlene: *Der unwiderstehliche Charme des Geldes*, Hamburg 1988
5. Ludwig, Peter H.: *Sich selbst erfüllende Prophezeiungen im Alltagsleben*, Stuttgart 1991
6. McKee, David: *König Rollo auf dem Baum*, München, o. J.
7. Schulz von Thun, Prof. für Kommunikation, zit. nach Ludwig
8. Ludwig, Peter H.: a.a.O.
9. ders.: a.a.O.
10. Glass und Singer, zit. nach Seligman, Martin E. P.: *Erlernte Hilflosigkeit*, Weinheim 1992
11. Hiroto und Seligman, zit. nach Seligman, Martin E. P.: *Erlernte Hilflosigkeit*, Weinheim 1992
12. Seligman, a.a.O., S. 38
13. Seligman, a.a.O., S. 41
14. Scheu, Ursula: *Wir werden nicht als Mädchen geboren*, Frankfurt 1991, S. 108
15. Seligman, a.a.O., S. 57
16. Seligman, a.a.O.
17. Wex, Marianne: *»Weibliche« und »männliche« Körpersprache als Folge patriarchalischer Machtverhältnisse*, Frankfurt 1980
18. Tannen, Deborah: *Du kannst mich einfach nicht verstehen*, Hamburg 1991
19. Tannen, Deborah, a.a.O., Seite 77
20. Scheu, Ursula: S. 75
21. Büttner/Dittmann: *Brave Mädchen – böse Buben?*, Basel 1992, S. 40
22. Frey/Greif (Hg.): *Sozialpsychologie*, München 1983
23. Faludi, Susan: *Die Männer schlagen zurück*, Hamburg 1993, S. 47
24. Faludi, Susan, a.a.O., S. 246

25 Siegel, Monique R.: *Frauenkarrieren*, Tübingen 1991, S. 222 bis 225
26 Siegel, a.a.O., S. 247
27 Siegel, a.a.O., S. 252
28 Siegel, a.a.O., S. 151–154

Wer plant, gewinnt

Deborah Clarke
Betrifft: Beruf
Überlebensstrategien für Frauen
232 Seiten. Broschur
ISBN 3-8105-0345-2

Das Überleben am Arbeitsplatz wird
immer schwieriger, und entsprechend größer
wird auch das Bewußtsein,
daß es konkrete Probleme von berufstätigen Frauen gibt, die überall auftreten.
SZS (Selbstbehauptung/Zeitplanung/Streß-
bewältigung) sind die Grundpfeiler,
auf denen sich solide Strategien für die Bewältigung
von Privat- und Arbeitsleben aufbauen lassen.
Erst mit einem sinnvollen Konzept kann man hoffen,
eigene Schwerpunkte angemessen zu bestimmen
und durchzusetzen.

Wolfgang Krüger Verlag